老王聊历史

秦汉悬疑档案

王磊 著

陕西新华出版传媒集团
未来出版社

意林国学书系

图书在版编目（CIP）数据

秦汉悬疑档案 / 王磊著. -- 西安：未来出版社，2019.5

（老王聊历史）

ISBN 978-7-5417-6719-7

Ⅰ. ①秦… Ⅱ. ①王… Ⅲ. ①中国历史 - 秦汉时代 - 通俗读物 Ⅳ. ①K232.09

中国版本图书馆CIP数据核字（2019）第057349号

老王聊历史·秦汉悬疑档案
LAOWANG LIAO LISHI·QINHAN XUANYI DANGAN

王磊 / 著

著　　者：王　磊		总 策 划：李桂珍　顾　平		
执行策划：汪海英　杜普洲　方晓阳		丛书策划：唐荣跃　徐　晶		
丛书统筹：李　岩　郭妙霞　谢梦冰		责任编辑：唐荣跃		
特约编辑：郭妙霞　谢梦冰　方　杏		美术总监：许歌资源		
美术编辑：杨　倩　李雪菲		封面设计：资　源		
绘　　图：宋清莲		技术监制：宋宏伟　刘　争		
发行总监：樊　川　王俊杰		宣传营销：陈　欣		

出版发行：未来出版社	地　　址：西安市丰庆路91号（710082）
电　　话：029-84288355	经　　销：全国各地新华书店
印　　刷：天津中印联印务有限公司	开　　本：700 mm × 1000 mm　1/16
印　　张：22	字　　数：300千字
版　　次：2019年5月第1版	印　　次：2019年5月第1次印刷
书　　号：ISBN 978-7-5417-6719-7	定　　价：45.00元

版权所有，翻印必究

（如发现印装质量问题，请与印务部联系退换，电话：010-51908584）

第一篇 ◆	帝国落日：秦始皇死了谁最伤心	001
第二篇 ◆	秘不发丧：谁是幕后总导演	007
第三篇 ◆	继承者们：扶苏为什么非死不可	013
第四篇 ◆	败家二世祖：胡亥是熊孩子还是杀人狂	021
第五篇 ◆	天下苦秦：陈胜是谁的粉丝	027
第六篇 ◆	最后的名将：无敌的秦军怎么了	033
第七篇 ◆	权力的游戏：李斯为什么斗不过赵高	039
第八篇 ◆	战神项羽：不读书怎么当学霸	047
第九篇 ◆	饭局的诱惑：项羽为何不杀刘邦	053
第十篇 ◆	国士无双：兵仙为何过不好这一生	061
第十一篇 ◆	霸王别姬：项羽为什么不过江	069
第十二篇 ◆	白登之围：骑马的汉子有多雄壮	075

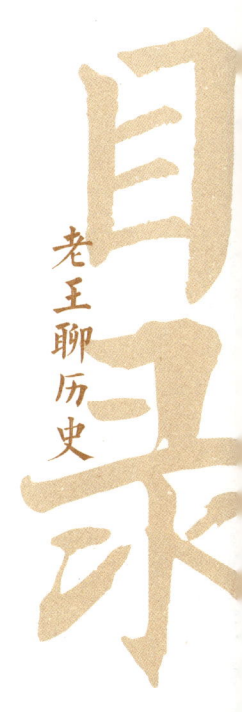

第十三篇 ◆	兔死狗烹：皇帝的焦虑症怎么破	081
第十四篇 ◆	回家的诱惑：贤妻良母是怎么黑化的	087
第十五篇 ◆	平定诸吕：谁是全场最佳	093
第十六篇 ◆	捡漏的皇帝：没实力怎么C位出道	099
第十七篇 ◆	真相不止一个：模范皇帝还是杀人凶手	105
第十八篇 ◆	七国之乱：谁引爆了火药桶	113
第十九篇 ◆	饿死的丞相：死了以后怎么造反	119
第二十篇 ◆	金屋藏娇：土味情话谁教的	125
第二十一篇 ◆	张骞通西域：带回了多少好吃的	131
第二十二篇 ◆	外戚事多：皇帝的遗书是真是假	137
第二十三篇 ◆	凤求凰：非诚勿扰还是婚托诈骗	145
第二十四篇 ◆	推恩令：有毒的馅饼你吃不吃	153

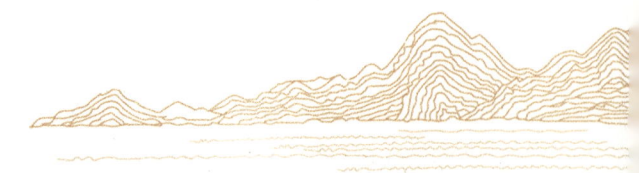

第二十五篇 ◆	我不是豪强：谁害死了郭大侠	159
第二十六篇 ◆	卫青的骑兵天团：没马镫怎么骑马	165
第二十七篇 ◆	造反的淮南王：猪队友能有多猪	171
第二十八篇 ◆	速度与激情：没有卫星怎么导航	177
第二十九篇 ◆	李广难封：为什么封不了侯	183
第 三十 篇 ◆	假戏真做：李陵为什么会投降	189
第三十一篇 ◆	放羊的日子：苏武为什么不投降	195
第三十二篇 ◆	巫蛊之祸：惨案是怎样发生的	203
第三十三篇 ◆	秦皇汉武：谁的落幕更精彩	211
第三十四篇 ◆	权臣霍光：为什么要发明内裤	217
第三十五篇 ◆	从皇帝到平民：刚出道为什么就解约	223
第三十六篇 ◆	故剑情深：谁杀死了朕的皇后	231

第三十七篇	虽远必诛：惹不起还躲不起吗	239
第三十八篇	昭君出塞：美颜滤镜有多重要	247
第三十九篇	政君攻略：太后的任期有多长	255
第四十篇	哀帝很悲哀：谁能懂朕的忧愁	263
第四十一篇	王莽篡汉：穿越者还是改革家	269
第四十二篇	天选之人：主角光环有多强大	277
第四十三篇	光武中兴：为什么娶妻当得阴丽华	285
第四十四篇	投笔从戎：抄书人如何变最强外交官	291
第四十五篇	造纸的蔡伦：宦官是怎么上台的	299
第四十六篇	跋扈将军：如何毒死皇帝	307
第四十七篇	党锢之祸：贤臣得罪谁了	315
第四十八篇	黄巾起义：大汉是怎么没的	321
第四十九篇	董卓之乱：貂蝉到底长啥样	329
第五十篇	东汉末年分三国：曹操为什么被黑	337

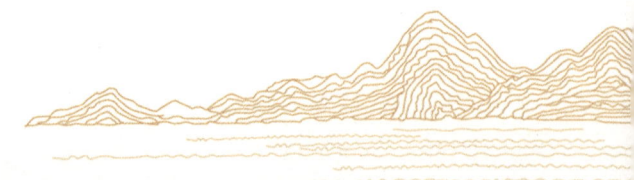

第一篇
帝国落日
秦始皇死了谁最伤心

公元前210年，秦始皇驾崩于沙丘宫平台，就是今天的河北省邢台市广宗县。因为这个地方地势平坦，土壤以沙质为主，到处堆积成丘，故名沙丘[1]。

不要觉得沙丘这个地名听起来有种城乡接合部的感觉，它看似不起眼，但被称为"困龙之地"，因为历史上有三位帝王级别的人物，在人生的最后阶段都和这个地方产生了交集。

第一位是《封神演义》里的大反派商纣王。在小说和电视剧中，他就是在这里聚集了海量的娱乐设施，搞了个"酒池肉林"主题公园，狂歌滥饮，奢靡放荡，最终落得个自焚而死的结局。

第二位是战国时一代雄主赵武灵王。他胡服骑射，锐意改革，带领赵国硬生生挤进了战国时期的强国俱乐部。结果晚年时继承人问题没安排好，被大臣和亲儿子联合造反围困在沙丘宫，活活饿死在这里。

第三位就是一统天下的秦始皇了。算起来他和赵武灵王同属赵氏，没想到

1.《广宗县志》。

两位同样雄才大略的君王竟然是以这样的方式找到了共鸣。

现在大秦帝国的皇帝死了,谁是最伤心的人呢?

一个人死了,想知道谁最伤心,就得从他的社会关系和角色定位说起,而嬴政究竟是谁呢?他是父母的孩子,是儿女的家长,是众多妻妾的丈夫,是朝堂臣子的领导,更是天下黎民的君王。

首先,嬴政的父母会伤心吗?在这里我们应该先把父亲排除。因为如果他爹庄襄王不死,也轮不到他即位。而嬴政的生母赵姬在公元前228年已经去世了,并没有白发人送黑发人的场景发生。如果赵姬有机会长命百岁,会伤心吗?恐怕不会。因为母子早就反目成仇了。

公元前247年,秦庄襄王去世,十三岁的嬴政成为新一任的秦王,而新鲜出炉的秦国太后赵姬很快就和旧情人吕不韦涛声依旧了。但在政治上更有追求的吕不韦显然觉得同时扮演秦国的相国和太后的情人这两个角色,实在是非常玩火的行为,于是把天赋异禀的嫪毐推荐给太后,以求得自己的脱身。

果然,赵姬得到嫪毐后宠爱得无以复加。为了放飞自我,赵姬找了个借口带着嫪毐离开咸阳,避居秦国旧都雍城。脱离了公众视线和朝堂关注后,赵姬和嫪毐生下了两个私生子,嫪毐也凭借太后的宠爱成功封侯,拥有了自己的爵位和封国,成为朝堂上仅次于吕不韦的强大势力[1]。

公元前238年,嫪毐和宫中的侍臣边喝酒边玩游戏,结果为游戏的输赢争吵了起来,嫪毐借着酒劲大骂道:你知道我是谁吗?老子是秦王的后爸!你也敢和我争![2]就因为这句话,嫪毐被人告发了,嬴政开始调查后爸的罪行。

1.《史记·吕不韦列传》。
2.《说苑·正谏》。

于是嫪毐决定先下手为强，趁着嬴政出宫的机会，偷了太后印玺调兵造反。结果被嬴政派兵平定，嫪毐本人身死族灭，那些依附于嫪毐的官员和门客也全都被收拾了，就连太后和嫪毐的两个私生子也被嬴政下令杀死[1]，太后被放逐监视居住，几年后就抑郁而死。所以即便赵姬能长命百岁，母子反目至此，又哪里会有伤心的理由？

其次，嬴政的妻子儿女会伤心吗？这里又引发了另一个让无数历史研究者抓狂不已的谜团。嬴政的皇后是谁？答，不知道。无论是史籍记载、考古发掘，还是文人笔记、民间传说等，统统找不到关于这位皇后的任何蛛丝马迹。

"后"这个字，最早是君主的代名词[2]，大禹的儿子启就称为"夏后氏"，还有传说中射日的后羿，历史上其实是个篡位上台的君主。周朝以前，天子之妻皆称为"妃"，周朝以后，最高统治者称"王"，"后"这个称号才逐渐用来指称周王的正妻，如《礼记·曲礼》中记载："天子之妃曰后。"

秦始皇统一六国之后，改天子为皇帝，并制定了皇帝的正妻为皇后的后妃制度。说白了，就是皇帝掌管朝堂和天下万民的政治事务，皇后则负责打理皇帝的后宫事务，一个主外一个主内，相互配合，互为表里。所以在中国古代，皇后可并不仅仅是皇帝的媳妇而已，更是整个帝国制度的重要组成部分，是和皇帝捆绑销售的原厂标配。自认为德超三皇、功过五帝的嬴政，不可能在这么重要的问题上犯了健忘症。但不管这位皇后是真的不存在，还是某些不知名的原因被人为抹去了存在，结果就是她没有机会为嬴政之死伤心了。

而嬴政的其他妃子，凡没有生育子女的，都在皇帝死后被迫殉葬。他的

---

1. 据《史记·秦始皇本纪》整理，下同。
2. 《说文解字》："后，继体君也，像人之形，施令以告四方。"

三十三个子女里，长子扶苏被假诏书赐死，幼子胡亥忙着搞阴谋继承帝位。而其他的儿女，也很快死在自己兄弟举起的屠刀下，迅速在阴间和嬴政团聚了，根本来不及伤心。所以，通过家庭关系找到伤心者的机会是不大了。

那职场上又如何呢？

战国时著名的军事理论家尉缭曾做过秦国的国尉，就是秦王身边的高级武官，按理说一定和嬴政有过频繁而深入的接触，而这位军事水平一流的尉缭还是个相面高手，他说嬴政是高鼻梁、大眼睛，胸脯像老鹰一样隆起，声音像豺狼一样嘶哑，这样的面相性格刚烈，有求于人时固然虚心又诚恳，但被冒犯时会变得极其残暴，对他人毫不手软。尉缭认为这样的人要是得了天下，那天下人的苦日子就开始了，所以还是趁早开溜的好[1]。于是他屡次拒绝嬴政的示好，一门心思地想逃跑。这样一个让手下想逃跑的老板，会有人怀念吗？

再举个例子，有一天秦始皇在山上的宫殿上往下看，刚巧看到了丞相李斯的随从车马打底下过。一人之下万人之上的丞相，那排场肯定相当隆重甚至招摇了，秦始皇对此流露出了些许不赞同的态度。

按理说这也不是什么上纲上线的大事，没想到当天服侍在皇帝身边的人马上将此事告诉了李斯，李斯知道后很惶恐，立即减少了随从和排场。

结果第二天，秦始皇再看到丞相的阵容时一愣：嗯？这是什么情况，朕的态度丞相竟然马上就知道了？他立刻反应过来，整改的速度这么快，一定是自己身边的人泄露的！于是把当天在场的所有人全都杀掉，一个不留。

尉缭为什么想逃跑，李斯又为什么要探听皇帝的态度？只因为这个人掌握着国家的一切，决定着所有人的生死，而你偏偏对此毫无反抗之力。试问这样

1.《史记·秦始皇本纪》。

的领导，你会怀念吗？

最后，是千千万万大秦的子民，他们会为皇帝的死亡感到伤心吗？这个答案是不言自明的，因为《史记》里写了无数次，"天下苦秦久矣"啊！

我们看到课本里的秦始皇，兼并六国，统一法度，书同文、车同轨，废分封、行郡县，北逐匈奴，南征百越，建驰道，修阿房，封禅泰山，巡行天下，可以记录的丰功伟绩有一卷卫生纸那么长。然而，这些国家级工程，都是建立在对民力透支性使用的基础上，关中的百姓们苦于秦法的严苛和秦政的压迫，都盼着赶紧换一个皇帝让大家喘口气，而关东被秦灭掉的六国遗民，更不会对他有什么感情，皇帝死了不庆祝一下就算够给面子了，还能伤心？

为秦始皇之死伤心的人找不着，想弄死他的倒是大有人在。

秦始皇一生遭遇过四次刺杀。第一次是荆轲图穷匕见，让他体会了一回近身肉搏的紧张刺激。第二次是荆轲的好朋友高渐离，眼睛都瞎了还想用重物砸死嬴政。第三次是张良在博浪沙搞的远距离狙击，结果没命中，还诞生了一个典故叫误中副车[1]。第四次是秦始皇有一天晚上突然决定微服出宫游玩，可能是想去基层体验市井生活，了解下社会的现实吧。结果现实的残酷真就扑面而来了，秦始皇在咸阳城附近的蓝池，遇到了拦路的盗匪，幸亏他带的护卫战斗力强，才又躲过了一劫。

天下之大，想要找一个能为秦始皇之死而伤心的人是真难。当然，以嬴政之骄傲，他不需要别人的伤心，他也的确做到了让别人没时间来替他伤心。因为皇帝死后，历史的大幕徐徐拉开，舞台已经搭好，演员也早已就位，一场死后的阴谋正在酝酿——谁是制片人，谁是总导演，谁又是最佳男主角呢？

1.《史记·留侯世家》。

第二篇

秘不发丧

谁是幕后总导演

公元前210年，秦始皇开始了自己的第五次东巡之旅，不过很可惜，老天爷只给这次说走就走的旅行预订了一张单程的车票。

秦始皇的车队十月出发，一路经过现在的湖北、湖南、安徽、江苏、浙江、山东、河北，翻山越岭，渡江过海，可以说是一次走遍大半个中国的海陆空全方位深度体验游。

秦代虽然有直道沟通四方，但无论如何也不能和今天的高速公路相提并论，而且就算是皇帝坐的车子，也是无减震无弹性的硬木轮板车，能保证一路顺利行驶不出毛病就算不错了，至于舒适性之类的追求更是完全不用期待了。

长期的颠簸劳累，六七月天气的炎热，再加上皇帝早就被繁重政务摧垮的身板，直接导致了一个万分尴尬的局面——皇帝死了，死在回程的路上，而且连个法定的继承人都没有。

面对这种棘手的局面，随行的丞相李斯立即做出了秘不发丧的决定。

李斯这是要搞阴谋吗？

当然不是，丞相李斯的处理方式是非常合理而老到的，因为这跟当时王朝的继承制度有直接的关系。周代以来确定的嫡长子继承制度，从某种意义上来说是一种非常随性的选拔方式。因为它不看颜值，不测智商，不靠人品，无关能力，比拼的不过是投胎的顺序罢了。所以这下一任君主到底是千古名君，还是万年暴君，一切随缘全靠天，堪称佛系选拔的典范。

但这种继承制度有一个天大的好处，那就是更加客观和明确。因为才能、人品这些指标是没有统一的客观标准的。而在中国古代，最高领导更替和最高权力交接的时候，往往是一个政权最容易出乱子的时候，所以嫡长子继承制度虽然无法保证让最合适的人坐到最合适的位置上，但最起码保证了这个交接过程能少出乱子。

现在皇帝死在关东六国故地，远离国家统治中心。而天下刚刚统一，各地的反秦力量还零星存在，可以说皇帝一死，整个大秦的统治都突然变得岌岌可危起来。而且皇帝没有皇后，自然也就没有嫡长子，更没有太子这个备胎可以应急。在这权力真空的关键时刻暴露皇帝的死讯，无疑是非常愚蠢而危险的行为。

所以要收拾这么一个烂摊子，必须瞒下皇帝已死的消息[1]。

于是李斯把皇帝的棺材放进宽敞的辒辌车，相当于古代版豪华房车，然后让平常伺候皇帝的宦官坐在车上，装作一切如常的样子。

后来为了掩盖尸体的臭味，不得不装了一车鲍鱼来混淆味道，而且为了让这出戏演得更逼真，之前的日常都要继续，《李斯列传》里说"百官奏事上食如故"，就是每天送上的饮食与奏章，都保持和原来一样的分量和规律。

我们可以想象，皇帝的饮食肯定不会很简单，如果每天送来一堆后再原样

---

1. 据《史记·秦始皇本纪》整理，下同。

丢掉,难免引人怀疑。演戏演全套,送上来就得全吃掉,那这些原本应该由皇帝吃掉的东西谁来吃,又是在什么样的环境里、伴随着什么样的味道来吃,不得不说是一个细思恐极的情节了。

所以这时候的丞相李斯,他做的一切都是一个成熟政治家的危机公关,并没有什么阴谋,而接下来推动阴谋大剧上演的制片人,另有人在。

这个人,就是赵高。

其实秦始皇对自己的死早有预感,所以提前给远在上郡监军的皇长子扶苏写了一封诏书,要扶苏把军队交给蒙恬代管,赶紧回咸阳来主持葬礼。按照这个意思,以长子身份主持皇帝葬礼的扶苏,自然就是皇帝宝座的第一继承人。

诏书封好后,按照程序拿给掌管印玺的赵高盖章后就可以发出了,但是赵高偷偷把诏书扣留了下来,没有交给使者。也就是说在秦始皇还没死的时候,赵高的阴谋小动作就已经开始了。

而秦始皇死后秘不发丧的这段时间,就给了赵高最佳的运作机会。

赵高首先找到了公子胡亥说,皇帝死了,没有给别的儿子留下只言片语,唯独给长子扶苏写下了诏书,这种表示已经很明显了。等扶苏一回咸阳,就当了皇帝拥有天下,而公子你连寸土都捞不着。公子,这事儿你怎么看?

胡亥很奇怪,说这不是很正常嘛,先皇说了废分封,我就算没有封地又有什么可说的?

赵高继续启发胡亥说,不对,现在整个天下的权柄就掌握在公子你、赵高我和丞相手里,公子你好好合计合计,给别人当臣子,和让别人当臣子,那能一样吗?

胡亥继续拒绝说,废掉哥哥而立弟弟,是不义;不遵守父亲的命令,是不孝；我这水平不行还非得硬往上冲，是无能。这三个条件都不具备，就去夺位，我这不是给自己找罪受，给天下找不痛快吗？

赵高继续给胡亥灌成功学鸡汤说，你看历史上像商汤周武那样以下犯上的，没人说他们是造反。有机会要上，有能力别让，因小失大以后肯定要受害，瞻前顾后未来肯定会后悔。只要下定决心，鬼神都挡不住，一定能成功，我看好你哦！

胡亥被赵高的演说成功洗脑，又哼哼唧唧说，先皇还没安葬，丧礼还没结束，因为这种事去打扰丞相真的好吗？

赵高马上说，时光啊时光，短暂得来不及谋划！像携带干粮骑着快马赶路一样，当然要快马加鞭，怎能耽误了时机啊！

从这段话中就可以看出赵高内心的急迫了。劝完胡亥，他第一时间就带着项目找到了李斯说，皇上死了，传位扶苏的诏书在我手里扣着呢，现在能决定太子之位的就是你我二人了。丞相，这事儿你怎么看？

李斯一听吓了一跳，赶紧拒绝说，这种话哪是臣子应该说的，不行不行。

面对李斯的拒绝，赵高继续说，丞相你自认为和蒙恬比起来，能力、功劳、谋略、人缘，特别是和长子扶苏的关系，谁更好啊？

李斯不得不说，这五方面我都比不上蒙恬，你这话说得也太打脸了。

赵高说，是啊，我赵高的工龄也有二十多年了，从来就没见过哪个丞相下台了还能有好结果的。皇帝这么多儿子里，长子扶苏性格刚毅，有思想有能力，上台后肯定重用蒙恬，到时候还有你的好果子吃吗？反倒是你看胡亥这孩子，既仁慈又敦厚，该尊重谁，该重视谁，嘴上不说心里却清楚得很，这难道不是立为太子的更好理由吗？

李斯还是不松口,表示历史上那么多废长立幼的反例在前,搞得国家动荡,社稷危险,我李斯干不出这种事来。

赵高见李斯油盐不进,终于放出了狠话,说:你要是听我的,富贵长久。你要是不听我的,错过了这次,以后子孙后代跟着遭殃你可别后悔!

这话的威胁意味就很浓了。意思就是代表皇家的公子胡亥现在站在我这边,你要是不上道,以后挨收拾可是自找的。

出于对权力的眷恋和对未来的担忧,李斯最终被赵高说服。各方面的资源都已到位,这出阴谋大戏终于准备开拍了。

在这出戏里,胡亥自然是男主角,他将站在聚光灯下的舞台中央。李斯就像总导演,整个剧情的推动和展开都靠他的最强大脑和操作能力。而赵高,则是整出戏的制片人。正是他发现契机,整合资源,确立项目,最终改变了秦朝,甚至是整个中国历史的命运。

然而,并不是所有的演员都乐意按照三人设计好的剧本推进剧情,有一个人就很可能跳出剧本。

这个人就是秦始皇诏书中召唤的长子扶苏。

他的存在成为整部戏最大的障碍,那么,篡权三人组如何扫除这个障碍,公子扶苏的命运又会如何呢?

第三篇

继承者们

扶苏为什么非死不可

公元前210年，守卫长城的秦帝国北部军团主将蒙恬与监军扶苏，迎来了皇帝陛下的使者，然而这位使者给两人带来了一封措辞非常严厉的诏书[1]。

皇帝在诏书中怒斥扶苏和蒙恬驻守边境十多年，不但没有取得什么像样的功绩，扶苏作为儿子成天只知道说怪话发牢骚，是为不孝，蒙恬作为臣子不能够尽忠职守，是为不忠，所以决定把他们全部赐死。

扶苏听到这个消息后，大哭着走到内室准备自杀。而蒙恬却眉头一皱，觉得事情并没有那么简单。

他拦下要自杀的扶苏说，皇帝巡游在外，却没有太子。派我带着三十万精锐守卫边境，公子为监军，这是把天大的重任托付给我们。今天只是一个使者来说了一句就自杀，怎么知道这里面没有猫腻？还是再核实一下，核实清楚了再死也来得及啊！

然而面对使者的不停催促，绝望的扶苏对蒙恬说，父亲让儿子死，还有什

---

1. 据《史记·秦始皇本纪》整理，下同。

么好核实的！于是自杀。

蒙恬不肯自杀，想要再次申诉，于是被剥夺军权扣押了起来。

了解历史的小伙伴都知道，蒙恬的怀疑是对的。使者是真的，诏书是真的，只有诏书上的内容不是真的。

当时胡亥、赵高和李斯更改了秦始皇的遗诏，拥立胡亥为太子，然后捏造罪名，假冒秦始皇的身份赐死扶苏和蒙恬，就是为了给胡亥登基扫除最大的障碍。

事情进展到这里，很多人都会忍不住问一句，公子扶苏与将军蒙恬手握三十万精锐军团，为什么这么听话说死就死了，怎么就不能起兵反抗搏一把呢？

第一，主观意愿决定了他们不想反抗。

扶苏在史书上的形象，是个和父亲秦始皇截然不同的好人。

"扶苏"一词，出自《诗经·郑风·山有扶苏》，指代一种山上的小树木，也可以形容树木枝叶茂盛，进而引申为美好的事物，是个非常有文艺气息的名字。

长大后的扶苏，性格也确实和他的名字一样充满温情和美好，他在史书中第一次登场，就是给自己的父亲提意见。

公元前212年，深受虚假保健品毒害的秦始皇决定把那群卖假药的方士都活埋了，这就是历史上所谓的"坑儒"事件。

对父亲的大开杀戒，扶苏直言进谏说，天下刚刚安定，边远地区百姓还没有归附，儒生们都在诵读并效法孔子的言论，而今陛下却用严厉的刑法处置他们，臣担心天下会出乱子。希望陛下明察啊。

这本是一句正常的规劝，却惹得秦始皇大怒，皇帝把扶苏发配到蒙恬的北部军团去当监军。

而史书中记载，即便是在被亲爹发配边疆挂职锻炼后，扶苏也还是好几次上书直言劝谏秦始皇，让他收敛铁血强硬的政策，这就是胡亥、李斯和赵高伪造的诏书中指责扶苏"说怪话发牢骚"的来由。

由此可见，扶苏应该是一个比较仁爱且充满同情心的人。这样一个感情丰沛的人，在接到亲爹赐死自己的诏书时，内心该是多么伤心和绝望，所以也不愿意去再次核实这个残酷的现实。

而且他也知道自己屡次劝谏，可能已经惹恼了皇帝。秦法严苛，扶苏又在外监军多年，十分了解父亲在军中的巨大威望，所以对这道诏书既没有怀疑，也生不出一丝一毫的反抗之心。

至于蒙恬，他是秦国三代名将，素有忠信之名，就算觉得事情蹊跷不合常理，也不会生出直接造反干一票的念头。

第二，客观条件决定了他们不能反抗。

整件事中最关键的一点，就在于扶苏和蒙恬当时正处于一种信息不对称的劣势环境中。

在通信如此发达的今天，还有骗子通过各种社交平台冒充熟人诈骗成功。当年扶苏和秦始皇之间又没有即时通信工具，既然使者、诏书、印玺全都是真实无误的，作为儿子和臣子，有什么理由怀疑甚至反抗父亲和皇帝的命令？

而且就算扶苏和蒙恬想反抗，他们又有这个能力吗？

三十万守卫帝国北方边境的精锐虽然听起来很拉风，不过带着部队保家卫国守卫边疆是一回事，扯旗造反就是另一回事了。秦人重法，兵权更是重点监控的领域。虽然之前也有过宗室举兵作乱的事情，如公元前239年，嬴政命令自己的异母弟弟成蟜率军攻打赵国，结果成蟜在前线叛秦降赵。但那都是在秦始皇统一天下之前，当时毕竟列国并存，造秦国的反还能去赵国混口饭吃，可现在天下一统，要是造反失败还能去哪儿？

尤其是嬴政这个皇帝，还是一个攻灭六国、一统天下的开国雄主，在天下军民心目中的地位无人可比，实在让人不敢生出造反的念头。

另外，当时三十万大军驻扎的北部边境，是蒙恬率军从匈奴人手里抢来的，原是匈奴人的势力范围，在当时属于边境贫困区，驻军的粮食保障和后勤补给都只能依靠国内。一旦断粮，空有再多的军队也是摆设。秦始皇敢让三十万大军驻扎在边境，就一定有控制军队的办法。

所以，扶苏的死似乎是注定的了。这又引出了后世的另一个问题。如果扶苏不死，秦国的国运、中国的历史，是否就会不同了呢？

答，不好说。

首先，秦始皇到底想不想传位给扶苏呢？

以《史记》为代表的后世著作，普遍认为扶苏是个仁义之人，尤其是后来的儒家，更是对扶苏之死遗憾不已，将强秦崩溃归咎于胡亥、赵高和李斯的昏君奸臣三人组，更把扶苏包装成悲天悯人善良到极致的人设，这其实是有点夸张的。

扶苏和秦始皇在执政理念上的确有分歧，但赵高在提到扶苏时用的形容词是"刚毅而武勇，信人而奋士"，说明扶苏并不是一个温柔到令人发指的老好人。秦始皇将扶苏发配上郡监军，既可以理解为让这个性格偏软的儿子去战场上锻炼锻炼，也可以理解为将这个继承权优先的儿子打发出去，让他慢慢淡出朝堂政治的圈子。要知道当年晋文公的老爹晋献公想要废太子申生时，用的就是这一招。

虽然很多人通过《史记》里对秦始皇遗诏的记载，认定扶苏是秦始皇中意的继承人。但《史记》里同样记录了秦始皇巡游天下，胡亥请求陪同，秦始皇就答应了。那么多皇子，却只带了他一个，说明秦始皇对胡亥这个小儿子的确另眼看待。

而在另一个人临死前的辩解中，我们也发现了秦始皇对胡亥的认可。这个人就是蒙毅，蒙恬的弟弟，皇帝身边最信任的上卿。当年赵高犯了法，负责审理案件的蒙毅按照法律判处赵高死刑，但秦始皇觉得赵高办事能力不错，最后赦免了他[1]。在生死边缘徘徊了一把的赵高，自然对蒙毅心存怨恨。

所以在胡亥登基后，赵高就说蒙毅当初曾反对胡亥接班，必须要杀掉。于是胡亥派御使对蒙毅说：先皇要立我为太子，你竟然敢阻拦，这是极大的不忠，现在决定赐死你。

蒙毅辩解道，如果我不了解先皇的心意，怎么可能在皇帝身边服侍这么多年？太子独得先皇恩宠，陪伴先皇周游天下，别的公子都比不了。先帝要立太子的心意也已经有好几年了，我哪敢乱说什么谗言啊！

在这里，蒙毅表示因为自己了解秦始皇的心意，才能在皇帝身边干这么多年，而皇帝对胡亥的青睐和想立胡亥为继承人的想法，他好几年前就知道了，又怎么会出言阻拦胡亥上位呢。

然而这段辩白并没有拯救蒙毅的性命，只是留下了一个重要的历史信息，那就是秦始皇不但对胡亥非常疼爱，而且在好几年前已经准备传位给胡亥了。

不仅如此，现代最新发掘的史料《赵正书》[2]中对秦始皇临终前的记载，竟然和《史记》完全相反。

1.《史记·蒙恬列传》。
2.《北京大学藏西汉竹书》。

《赵正书》记载，秦始皇在路上病重，李斯等大臣对皇帝说，现在回家的道路遥远，恐怕留守都城的大臣们搞阴谋，不如赶紧立身边的胡亥为太子吧。秦始皇同意了。胡亥登基后杀扶苏和蒙恬。如果按照这则史料的逻辑，秦始皇根本没打算传位给扶苏，那所谓的阴谋三人组也就根本不成立了。

当然，史料的记载有冲突很正常，就算是《史记》里也有很多截然相反的记载同时并存。司马迁作为一位严谨的史学家，当然不会编故事，但司马迁很喜欢听故事，他也会将自己听到的故事全都记录下来，哪怕这些故事的说法彼此矛盾。

研究历史的态度就是这样，没人有自信能靠自己一个人做出完全正确的取舍和判断，所以司马迁的做法就是将这些史料通通保留，留给后人来评判，毕竟历史无法重现，历史的答案通常也不是唯一。但就算秦始皇真的想传位给扶苏，扶苏也顺利即位，秦朝就不会二世而亡了吗？

秦朝的灭亡，有太多的原因。西汉贾谊写的《过秦论》有一句话道出了秦亡最重要的原因——"仁义不施而攻守之势异也"。打江山和坐江山，本来就是两种不同的执政策略。

自商鞅变法以来，秦国朝堂有三股势力推动着整个国家不断向前：第一是靠变法壮大起来的军方集团，如蒙骜、蒙武和蒙恬三代秦国名将；第二是来自关东六国的文法吏集团，他们以客卿的身份参与秦国国政，如张仪、吕不韦、李斯等；第三是秦国本土宗室和外戚组成的亲贵集团，如号称"智囊"的樗里子、魏冉等。

秦始皇亲政后，把亲贵集团收拾得差不多了，而军方集团和文法吏集团则是两强制衡，既摩擦不断，又相互配合。

从张仪和司马错，到范雎和白起，从李斯和蒙恬，到赵高和章邯，秦国的将相之争其实一直存在。

统一战争期间，军方集团大杀四方，文法吏集团不得不暂时退让。而天下一统后，战争并没有停止，北击匈奴，南征百越，为了获得军功，为了获得更高的爵位和更多的利益，军方集团的开拓不会停止，大秦也就不会有停下来休息的一天。

就像赵高说的，如果扶苏上位，则必任命蒙恬为相，李斯必定没有好下场。蒙恬和李斯之间有私人恩怨吗？没有，只是代表的利益不同罢了。既然扶苏和军方已经联系如此紧密，那以李斯为代表的文臣支持胡亥也就是很自然的选择了。所以就算扶苏上位了，他难道能够抛弃支持他的军方集团，转向休养生息和文治建设吗，对此我们不得不打上一个大大的问号了。

当然，假如扶苏上台，想要比胡亥做得更差的确是挺难的，因为胡亥同学的执政水平确实是没有什么退步空间了。

那么，熊孩子二世祖胡亥，又是怎样在摇摇欲坠的帝国大厦上，抡起了挖墙脚的铁锹呢？

第四篇 败家二世祖

胡亥是熊孩子还是杀人狂

公元前210年,秦始皇浩大的巡行车队,来到了九原[1]。

这里是沟通首都咸阳和北方边境的军事高速公路入口。按理说上高速就是为了快点回家,但是这支散发着奇妙混合香型的队伍,没有快马加鞭争分夺秒,反倒磨磨蹭蹭地不急着赶路,直到一个使者带回了一个重要的消息。

扶苏死了,蒙恬下狱。

这个消息让悬着一颗心的胡亥、赵高和李斯阴谋三人组喜出望外,因为扶苏二人是胡亥登基这出大戏中最大的变数。如果赐死扶苏和蒙恬的假诏书露馅了怎么办,或者扶苏和蒙恬抗旨不遵甚至兴兵造反又怎么办?

毕竟阴谋三人组手中最大的王炸,就只有秦始皇这张其实已经不存在的牌。

为了让自己的计谋不被识破,他们特地让秦始皇巡游的车队按照原定的路线来到九原,就是为了给扶苏和蒙恬营造一种皇帝马上就到,现在赐死你们是给父子君臣之间留一点体面的错觉。

---

1. 今内蒙古包头市。

结果就是三人组赌赢了。秦始皇的长子、理论上的皇位第一继承人扶苏自杀了，北部军团的统帅蒙恬也被控制了。

现在，是时候发布秦始皇的死讯啦！

于是三人组立即争分夺秒走直道返回咸阳，向天下昭告秦始皇驾崩的消息。胡亥终于走到前台，即位为二世皇帝，赵高升任为郎中令，常居于宫中参与决策，李斯也继续做他的大秦丞相，统领朝堂。

然而之前看起来很乖很听话的胡亥，一登基立马开始了自己疯狂的败家和屠杀之路。

那么，胡亥到底是个熊孩子，还是杀人狂呢？

答，都是，也都不是。

很多人以为胡亥即位的时候年纪很小，这其实是司马迁搞出来的乌龙。胡亥在《史记》中并没有独立的篇幅，关于他的事情都零散地记载在别人的故事里，司马迁在《秦始皇本纪》的正文里先写"二世皇帝元年，年二十一"，也就是说胡亥登基时已经二十一岁了，但他在结尾处总结秦国历代君王时写"二世生十二年而立"，一下子又把胡亥登基的年龄变成了十二岁。

造成这种矛盾的原因，有可能是司马迁在前后引用了不同的史料，也可能只是司马迁的一次笔误而已[1]。

按照主流观点，胡亥登基的时候应该已经是一个成年人，无论如何都算不上孩子的称呼，但是他的确是秦始皇最宠爱的小儿子，所以皇帝要巡游天下，胡亥申请陪伴左右，皇帝也就同意了。

胡亥在一开始的表现，并不像一个在政治上非常有野心的人。他常年陪伴

1.《剑桥中国秦汉史》。

在工作狂父亲的身边，见识过这个天下至尊之位带给秦始皇身体和精神上的双重摧残，而且胡亥对自己的能力也有清醒的认识，所以他才会在最初对赵高的怂恿表示拒绝，其言辞恳切，逻辑清楚，怎么看都不像熊孩子，更没有表现出杀人狂的潜质。

但是，历史有时候就是这么吊诡，被赵高忽悠上了当皇帝这条不归路之后，胡亥才知道什么叫身不由己。

大哥扶苏是必须除掉的，这对胡亥来说是第一次身不由己。可他并没有把蒙恬也一起干掉的想法，反而打算等局势稳定之后第一时间释放[1]。

但赵高和李斯背后的文法官吏集团，是不会允许蒙恬这个军方代表东山再起的。正好当时胡亥打算在天下人面前刷一波新皇帝的存在感，他带着大臣们在全国各地到处站台路演，顺着秦始皇走过的路线，从南到北又走了一圈。

不过当皇帝可是个辛苦活儿，胡亥可没有秦始皇那样热爱劳动。

他问赵高说，人这一辈子如此短暂，成天这么累有意思吗？我现在就想享受下视听的盛宴，玩点心里喜欢的爱好，然后乐乐呵呵直到老死，这多好啊[2]。

赵高一看这是个弄死蒙氏兄弟的好机会，马上说，想乐呵，得先干点脏活儿。咱们在沙丘宫的谋划，很多大臣和公子都有怀疑，而且这些公子都是陛下的哥哥，这些大臣又都是先帝选拔的重臣，我怕这帮人不服气会搞事情，尤其是蒙恬和蒙毅兄弟绝对不能留，不把这事儿解决了哪有心情去找乐子呢？

胡亥说，哎呀，大臣们不服气，官吏们不好管，兄弟们不省心，这可怎么办？

赵高说，好办啊，我们就借机会加重刑罚，一人犯法，全家领盒饭。把不

1.《剑桥中国秦汉史》。
2.《史记·秦始皇本纪》。

听话的大臣和有威胁的宗亲都干掉,再把先帝任命的大臣都换成陛下你的亲信,这样你就可以安心享受人生了!

胡亥一想有道理啊,于是他更改法律,找罪名大肆诛杀先皇的大臣和自己的兄弟,先在咸阳把十二个公子处斩并曝尸当场。又在一个叫杜的地方把十个公主处以分裂肢体的酷刑,连没有继承权的姐妹也不放过,可以说已经杀红了眼。

当时有一位公子将闾和其他两个兄弟,因为平日里安分守法,胡亥一时找不到罪名,就把他们暂时关押在宫中。

后来,胡亥也就懒得开脑洞找罪名了,直接派了个使者去对将闾说,皇帝觉得你长得就不像好人,所以犯罪该死。三个人有口难辩,只好流着泪自杀了。

被杀的这些公子里,还有一个公子高,他本想逃跑,可是又害怕自己逃亡后连累家里人,所以上书自请为父亲殉葬。

是多么恐怖的压力,才能让一个想活命的人亲笔写下求死书呢?

总之皇帝胡亥看了这封奏书很高兴,赏赐了公子高十万钱,让他给秦始皇殉葬。而同时殉葬在骊山皇陵里的,还有无数修筑陵寝的普通工匠,以及秦始皇庞大后宫里,那些没有生育过子女的可怜嫔妃。

一轮轮的血腥屠杀之下,宗室朝不保夕,群臣闭口不言,官吏只想拿着工资混日子,而百姓更是在严刑峻法下瑟瑟发抖。

屠刀抡得飞快的胡亥终于发现,所有刺耳的声音都已消失,所有碍眼的人全都不见,所有潜在的威胁都已消灭,自己终于可以肆意挥洒青春,享受人生了。

到了这个时候,享受人生的硬件要跟上了。

胡亥说,先帝营造阿房宫,没完工就去世了,所以工人们被调到骊山去修皇陵。现在骊山工程马上完工,要是不把阿房宫修完,岂不是显得先帝很没面子,所以朕决定，接着修！皇帝一句话，几十万被徭役折磨到崩溃的劳工就得从一个工程转向另一个工程。

硬件水平上来了，软件也要有保障。

为了保卫首都，胡亥设置了五万首都卫戍部队。由于驻军消耗巨大，他下令各地调集粮食供应。但是运输者必须自备口粮，在咸阳城周围三百里内不许食用这份战略储备粮，违反者就要严刑重罚。千里转运劳民伤财，让百姓更加苦不堪言。

胡亥上台不到一年，就让宗室群臣和黎民百姓深刻地感受到血腥屠杀、恐怖高压、赋税沉重、严刑峻法的四重暴击。在秦始皇时代就已经被折腾到透支的国力不但没有迎来休养生息的机会，胡亥的执政风格更是比他爹有过之而无不及。

已有的矛盾更加激化，盼望的改变更是无从谈起。整个天下，已经是随时会爆炸的火药桶，只差最后的火花。

那接下来又是谁，以什么样的方式引燃了这团亡秦的烈火呢？

第五篇

天下苦秦

陈胜是谁的粉丝

当秦二世皇帝胡亥收起了带血的屠刀，心满意足地准备策马奔腾共享人世繁华的时候，一个来自阳城的农民工兄弟，振臂一呼，就宣告了成立刚满十年的大秦帝国集团，正式开启了清算崩盘和破产倒闭程序。这个人就是陈胜。但是大家可能不清楚，陈胜起义的时候，其实打的是秦国公子扶苏和楚国名将项燕的旗号。起义是要有个名号没错，可为什么他们要举着这两面大旗呢？

战国后期，楚国有句顺口溜，"楚虽三户，亡秦必楚"[1]。意思是哪怕楚国只剩三个氏族，也能干掉秦国。以楚人自居的陈胜，打出楚国名将的旗号来反抗秦朝这一点是可以理解的。但为什么还要带上扶苏的名号呢？

这件事，还得从一场恼人的大雨说起。秦二世元年七月，一支奉命北上驻防的部队，被连日的大雨耽搁在路途中。这支大约九百人的队伍，看似普通，其实很不寻常。因为这支国防部队，竟然都是由"闾左"之人组成的[2]。

1.《史记·项羽本纪》。
2. 据《史记·陈涉世家》整理，下同。

"闾左"有一种解释是方位,指居住于闾或里门左侧之人,同时指身份地位,这些"闾左"之人可能是贫弱百姓或流徙他乡的亡命之徒、流民等[1],他们身份低下,生活贫困,根本无力承担国家的兵役徭役,所以按照法律他们本是不需要参与服役的。但由于朝廷的征发太过频繁,已经无人可征,所以就把这群人也给算上了。而另一种观点则认为"左"字实际上是"佐"的误写,认为当时频繁的征发已经将民力耗尽,只能将最基层管理人员的副手"里佐"(官职名)也征发了,这种群众不够干部凑的结果无异于饮鸩止渴,大量一线干部的流失造成了秦朝基层管理组织的崩溃,最终引发了秦末的大动乱[2]。

但无论"闾左"到底是贫是富,所有人都认同的一点就是,秦二世在位时整个国家动员征兵范围已经大大超出了应有的正常水平,连年来强制性的征兵,加上修皇陵修长城修驰道等大工程的繁重徭役,已经将天下民力透支到了极限,所以这支队伍,只能是由底层的穷苦平民组成了。

而陈胜,一个看似普通却又不寻常的人,现在就在这支九百人的队伍里。

陈胜,字涉,阳城人。很多人对他的定义,就是一个普通的泥腿子,后来逆袭当上了起义军的头子。的确,陈胜年轻时曾给别人家当过雇工,他和一群小伙伴一起给主人家种地。有一天休息的时候,陈胜就坐在田边和小伙伴们掏心窝子说,哥几个以后要是发达了,可不要忘记今日的情分哦!一起劳动的小伙伴觉得陈胜的思路很感人,都破落到给人当雇工了,还能发达到哪儿去,这么不切实际,还不如好好地种地。陈胜一看梦想不在一个层次上,真是聊不到一块儿去,只好长叹一声说:"燕雀安知鸿鹄之志哉!"

---

1. 辛德勇《闾左臆解》。
2. 王子今《里耶秦简与"闾左"为"里佐"说》。

都说爱笑的女孩运气好,有梦想的男人看来命也不差,陈胜在被征发的队伍里大小也算个干部,是屯长。他和另一位屯长,也是自己的老乡吴广的关系很要好。现在队伍困在半路,按照二世皇帝时期的律法,耽误了行程是死罪。两人商量着,半路逃跑被抓到是死,造反失败了也是死,既然都是死,为什么不为了国家大事而死,干脆战个痛快呢?

陈胜分析说,现在的皇帝本是先皇的小儿子,皇位原本就轮不到他,而百姓都知道长子扶苏的贤明,还有楚国将领项燕也是非常有群众基础的,不如咱们就假称是他们二人的队伍,一定能搞成!打着秦朝公子的旗号反对秦朝统治听起来实在是怪怪的,为什么举了项燕的大旗还非要带上扶苏呢,难道陈胜是扶苏的粉丝?这里我们就必须说到扶苏的身世了。

扶苏的母亲在历史上也是谜一样的存在。有一种说法认为扶苏的母亲是楚国人[1],因为当年被吕不韦认为奇货可居的秦王异人,也就是扶苏的爷爷,他认的那个干妈华阳太后,就是楚国人。而且这老太太还挺能活,在秦王政十七年,也就是公元前230年去世,后与秦孝文王合葬寿陵。

秦始皇十三岁登基,二十二岁平定"嫪毐之乱"后亲政,而华阳太后去世的时候,秦始皇已经是个而立之年的中年人了,他的第十八个儿子胡亥这一年刚刚出生。按照这个时间轴来推断,从嬴政十三岁到二十二岁这段时间里,给秦王嬴政选王后的决策权应该就掌握在华阳老太太手里。作为一个从楚国嫁到秦国的女子,给自己的孙子再娶个楚国人当王后显然符合她的利益,扶苏的出生也显然是在这个阶段,所以如果扶苏身上真的有一半楚国血统的话,倒是可以解释为什么陈胜起义时要把他和项燕捏到一块了。

---

1. 李开元《秦谜》。

无论如何，陈胜吴广决定拼一把。在正式立项前，舆论准备是必不可少的。

他们先在一条鱼肚子里塞进一张写着"陈胜王"三个字的绸帕，这个"王"字在文言文里是"称王""做王"的意思，结果杀鱼做饭的人看到了，赶紧把这件神奇的事情告诉了自己的小伙伴。吴广又在营地边的神庙里半夜学狐狸叫，大楚要复兴啊，陈胜要称王，大楚要复兴啊，陈胜要称王。在种种神迹的加持下，队伍里的人纷纷感受到了陈胜身上那明亮的主角光环。

舆论造势工作已经完成，接下来就是具体操作了。吴广在队伍里的人缘一向很好，于是他故意在带队的军官喝醉的时候挑衅，故意受惩罚，来激化队伍里的矛盾，激发每个人的怒气。当整个队伍的愤怒已经达到爆发的临界点时，陈胜和吴广立刻跳出来杀死带队的军官，然后高喊道，走到今天这一步，反正都是死，要死就死个痛快，那些称王拜相的人，难道就天生比我们高贵吗？

于是群情激愤之下，起义队伍就这样拉了起来，很快从大泽乡席卷周围的地区。在攻下重镇陈县之后，陈胜自立为王，定国号为"张楚"，就是壮大楚国的意思。周边受尽秦二世暴政之苦的百姓，都杀掉当地的郡县官吏来响应。

陈胜任命吴广为二把手，分兵几路四处攻击。一时间，关东地区反秦起义此起彼伏，吴广则率领起义军直逼关中门户函谷关。短短时间，十几年前席卷天下的秦帝国在关东的统治不但土崩瓦解，就连关中本土都变得岌岌可危。但就在起义形势一片大好之际，危机也悄然降临。

陈胜的确不是寻常人。他有贵族才有的表字，有和种地完全不匹配的志向，他还清楚扶苏和胡亥继承顺位的奥秘，这一切的一切都表明他并不是一个单纯的底层小民，也许来自破落家族，也许是个亡国遗民。但他以"张楚"为国号自立为王，在当时六国遗存下的旧族眼中，却完全就是个不知所谓的山寨版了。

陈胜以"王侯将相宁有种乎"为口号，的确推翻了秦统治的正统性，却也造成了一个连他自己也不曾想到的致命逻辑：既然秦的统治不是天生的，那陈胜的统治又是凭什么呢？

所以我们看到非常搞笑的一幕就是，陈胜派大将武臣攻打赵国故地，结果武臣打下赵地后立即宣布单飞，自立为赵王[1]。陈胜听说后大怒，把武臣的家人都抓起来要杀掉，底下的人劝道，现在强大的秦国还没有打败，却想要杀死赵王的家人，这不是给自己平白无故树立一个敌人吗，不如顺水推舟封了赵国。所以陈胜只好忍气吞声把武臣的家人送去赵国，并催促他们一同进攻函谷关。

可单飞了的赵王武臣明显有自己的小算盘，他打算在秦楚之间坐山观虎斗，所以不但不配合陈胜进攻函谷关，反而派自己的部将韩广北上攻略燕国故地，打算扩大自己的地盘。结果韩广打下燕地后有样学样，一脚踢开赵王武臣自立为燕王，而武臣也只好同样忍气吞声地把韩广的家人送到燕国去。很快除了陈胜这个楚王，齐王、赵王、燕王以及魏王都纷纷登场，起义军的力量看似壮大，实则已经开始分散。不仅如此，当初那个说发达了不要忘记彼此的陈胜也消失了。

陈胜称王后，还真有个当年和他一起种地的小伙伴来投奔，结果在王宫门口被拦着不让进，靠着大嗓门喊陈胜的名字才被放进去。进去之后，各种没礼貌素质低不说，还到处跟人说陈胜当年没发达时的尿样子，于是被陈胜给宰了。

这下子，围拢在陈胜身边的老朋友老战友纷纷离他而去，所以陈胜的队伍虽然越来越大，但人心越来越散，控制力越来越弱，看似形势一片大好的反秦战争，其实危机四伏。这里又有一个问题了，起义军在东边闹得这么欢，当年横扫天下见谁灭谁的秦军，却为何毫无反应呢？

1.《史记·张耳陈馀列传》。

第六篇 最后的名将

无敌的秦军怎么了

秦二世元年七月,陈胜吴广建立的张楚政权四处出击,起义军的人数规模和控制范围迅速扩大。之后短短几个月里,齐国、赵国、魏国、燕国纷纷复国成功,刚刚统一的天下似乎一夜间回到了秦始皇扫灭六国前的状态。

关东叛军虽然闹得欢,不过按理说秦人也没什么好怕的。《史记·张仪列传》里说秦军打仗的时候,一个个脱掉盔甲光着膀子就往上冲,在战场上左手拎着滴血的人头,右手夹着抓到的俘虏,还不忘追杀六国的军队,简直就是一群杀神般的存在。

战国末期的学术大师荀子还搞了一个诸侯国精锐部队战斗力排行榜,秦军毫无争议地名列榜首[1]。秦军既然这么能打,怎么就眼睁睁地看着六国这群手下败将在东边闹得风生水起,却没有任何反应呢?

首先大家对这段历史还是有一些误解。

一直以来,关于中国古代史的记载中,有两个信息点一直让研究者很头痛,

1.《荀子·议兵》。

一是史料中关于数字的准确性，二是关于战争细节的记载。

因为写历史的基本是一群文科生，本身就缺乏严谨的数据思维，所以很多时候我们看到的史料数据是夸张的，或者只是一个概数。比如赤壁之战前，曹操写给孙权的威胁信里说"今治水军八十万众，方与将军会猎于吴"[1]。

曹丞相一张嘴就是老子带着八十万水军南下，还不赶紧跪下唱《征服》。其实赤壁之战中整个曹军的兵力加起来顶天二十万，水军不过三五万罢了，而整个兵力下限则只有七八万。结果曹丞相一开口乘了个十，妥妥的无良标题党。

当然这并不是曹操一个人的问题，古人讲究"兵不厌诈"，为了显示自己人多势众力量大，把民夫后勤人员甚至裹挟的百姓都算成一线战斗人员，再四舍五入添油加醋一下，动不动就搞出个"百万大军"横扫天下的阵仗来。

其次，关于战争记载这方面，由于中国古代战争的指导思想是重战略，轻战术，对战斗的环境、过程和细节的记载，有时候全文加起来还没有一个标题长。至于军队的具体建制、装备和战术等基本更是一笔带过，只能靠后人脑补或者考古发掘出实物来。

所以我们看到的关于秦军在统一战争中前前后后干掉六国军队一百五十万的记载，其实是有水分的。而且就算秦军的战斗力再彪悍，动员也是需要时间的。

当时大秦的武装力量主要由四部分组成：

第一部分是驻防郡县的守备军团，数量虽多，但分布分散且忠诚度堪忧，在关东各地风起云涌的反秦起义中要么被各个击破，要么干脆直接加入了起义军，基本可以忽略不计。

第二部分是拱卫咸阳的首都卫戍军团，是精锐中的精锐、高手里的高手，

1.《资治通鉴·赤壁之战》。

但主要任务是保卫皇帝，不能轻易出关作战。

第三部分是驻守岭南的南部军团，人数约五十万，可惜陈胜建立的张楚政权刚好横在关中和岭南地区之间，切断了中原和南部军团的联系，这支部队根本指望不上。

第四部分是守卫长城的北部军团，总数约三十万，建制完整，装备精良，机动性强，如果第一时间调回来参与平叛，绝对是最佳的选择。

可惜这个唯一的机会还让二世皇帝自己给耽误了。其实在陈胜吴广起义爆发一个月后，就有使者向中央政府报告了关东发生叛乱的消息。但是刚把哥哥姐姐大臣官吏都摆平，正准备全情投入到人生享乐中的胡亥竟然不相信也不同意这种说法，所以就把上报消息的人都杀了。

于是大家都不敢说真话，只好说在二世皇帝的英明领导下，法制严明，百姓富足，哪里有什么叛乱呢，不过是几个盗贼罢了，小事情，小事情嘛！

既然都没有叛乱，自然也就不需要平定，所以整个秦国的军事体系也就完全没有开始动员的准备。

然而此时陈胜已经派吴广包围了函谷关外的重镇荥阳，又派另一支部队绕过荥阳攻破函谷关，成功突入到了咸阳附近。几十万农民起义军打到了家门口，秦二世的太平迷梦这才惊醒：苍了个天，护驾！赶紧找人来护驾啊！

这时候，他却发现了一个非常悲催的现实——由于他的天真耽误了动员时间，现在唯一能来护驾的军队还在北方没出发，远水救不了近火可怎么办？

正当整个朝堂束手无策的时候，有个人站出来说，敌人已经近在眼前，现在想调动各地的军队已经来不及了。骊山工地现场倒是有几十万劳工，组织性高纪律性强，吃苦耐劳体格健壮，而且他们终日劳作看不到希望，如果能赦免他们编成军队，保证能打退叛军。

出主意的是少府章邯，少府是为皇室管理私人财务和生活事务的官员。章邯是从骊山皇陵工地现场紧急返回来参加这次国防会议的，作为工地监工的他自然了解这几十万劳工的情况，所以才提出了这个救命的主意。

于是秦二世宣布大赦天下，任命章邯为将，带着几十万劳工军团踏上了战场。当农民军遇上了劳工团，才明白了什么叫咱们工人有力量，农民军被这群重获自由又希望立功拿赏的劳工军团打得抱头鼠窜，秦军终于收复了函谷关，解除了关中本土的威胁。

此时南部军团依然处于呼叫不在服务区的失联状态，首都卫戍部队重担在身不能调动，北部军团虽然已经开拔，但抵达战场还需要时间。

劳工军团毕竟是临时拼凑，不能每次都指望他们超常发挥，所以秦军紧急战略总动员，各地后备军团不断集结，章邯则一边和起义军隔着函谷关对峙，一边整军备战。

公元前208年十一月，在经过了两个月的调整和补充后，章邯率秦军主力东出函谷关。谁都没想到，这位算账一级棒的皇室管家，拎起刀来打仗竟然也是个超级名将。

章邯先是迅速击溃阻挡在正面的农民军，解除了吴广大军对荥阳长达四个月的包围，进攻关中的农民军几乎全军覆没，包括吴广在内的起义军一线将领纷纷阵亡，吴广还是被自己手下杀死的。

一个月后，楚王陈胜在城父固守时被自己的车夫出卖杀死，章邯攻破张楚首都陈县，立国仅仅半年的张楚政权灰飞烟灭。

再然后章邯包围刚刚复国的魏国，用围点打援的战术击溃齐楚的援军，齐王当场阵亡，魏王被逼自杀。

三个月后，章邯又大败楚军，在定陶杀楚国名将项梁——霸王项羽的叔叔，整个黄河以南的叛乱几乎被章邯一人所平定。

这时候他没有停下脚步，而是继续率军北上，和北部军团的将领，也就是名将王翦的孙子王离会师河北，大败赵国和齐国的联军。章邯乘胜攻陷了赵国旧都邯郸，赵国君臣被逼得连夜打包逃亡，结果没跑多远又被章邯和王离的联军团团包围，不得不向各国紧急求援。

然而，就在平叛战争形势一片大好，大秦帝国眼看就要成功续命的关键时刻，后方朝堂上却传来的一个消息，让决战前的章邯感到了莫名的不安。到底是什么消息呢？这个消息又会对秦末的乱世风云产生怎样的影响呢？

第七篇 权力的游戏
李斯为什么斗不过赵高

当章邯率领劳工军团横扫魏楚，名将王离又重创燕赵，关东战局逐渐趋向明朗时，大秦的朝堂上却发生了一场地震——大秦丞相、沙丘之谋中将胡亥推上皇位的李斯，被另一位阴谋的参与者赵高给干掉了。这就奇怪了，这场权力的游戏中，李斯、赵高与胡亥的铁三角，是怎么解体的呢？

首先要从危机的解除开始说起。

当章邯带着劳工军团将几十万农民军击退，解除了首都的军事危机之后，朝堂上马上开始反思，谁该为这次危机负责，以及怎样解决帝国境内的叛乱。此次被叛军打到家门口，作为大秦的丞相、整个行政机构的最高负责人，李斯肯定难辞其咎。所以在事后的追责中，许多人的攻击火力都指向了李斯。而其中最大的实锤，就是李斯的儿子李由作为三川郡的最高长官明明守土有责，却被吴广的部队围困在荥阳四个月毫无作为，才导致了农民军有机会突破函谷关攻击咸阳，这个失职之罪是跑不了了。

陈胜吴广是楚人，还打了"张楚"的旗号，偏偏李斯父子也出身楚国，当有心人把这两个信息联系起来解读时,事情就变得微妙了。

失职还只是能力问题,但若是勾结叛军故意放水,那可就是忠诚问题了。

这个时候的李斯还保留着政治家基本的底线,他和朝臣们首先反思检讨始皇帝后期以来的施政,向二世皇帝提出了中肯的建议——停办超级工程,恢复透支的民力,宽减严刑峻法,挽回失去的民心。老百姓只要有活路,就不会冒着被杀头的危险去造反了。

但二世皇帝胡亥从来就不是一个在政治上有追求的人,父亲秦始皇惨绝人寰的加班生涯在他儿时的记忆中留下了不可磨灭的阴影。对年轻的二世皇帝来说,工作有什么成就感可言,享乐才是最重要的!尤其是被几十万打上门来的叛军给吓了一次,这个二十出头的青年更是感到了死亡的恐惧和生命的无常,他决定抓紧一切时间享受人生。

所以他完全无法接受李斯上书里说的,要求他像上古的圣君尧舜一样严格要求自己,一心扑在工作上,毫不利己专门利人地忘我工作并造福天下的建议。胡亥反问说,像尧舜禹那样住破屋子穿破衣服,为了治理天下累得要死,这是当君王啊,还是当奴隶啊?我就想享受天下的供养,不想为天下受罪,难道不可以吗?你身居政府的高位,却搞得盗贼四起,这事儿又怎么解释呢?

李斯当时已经七十多岁,按理说是胡亥的爷爷辈了。七十多岁的李斯严格律己,锐意进取,有抱负有追求有底线,反倒是二十多岁的胡亥却一副追求享乐、自暴自弃、死猪不怕开水烫的样子。两人之间不但存在着巨大的代沟,而且他们三观不同,风格迥异,互相的游说完全是鸡同鸭讲。但皇帝胡亥的最后一句话李斯还是听懂了——你身居高位却搞得盗贼四起,你又要负什么责任呢?

李斯敏锐地感到了事情不妙,从政治家李斯一秒切换为政客李斯,提笔写下了

臭名昭著的《行督责书》。

李斯在里面逻辑清晰、文笔优美地说明了一个观点：对，皇帝就是应该纵情享受，不然就成了百姓的奴仆，而不是奴役天下的主人。所以皇帝陛下就应该尽情地玩，至于有百姓造反、官员反抗，这很好解决。

百姓有力气造反，说明他们还有闲工夫，所以我们就加重他们的赋税和劳役，这样他们就没力气造反了；官员有反抗，说明法律还是太宽松，我们就进一步严苛法律，犯一丁点罪就全家弄死绝不赦免，这样他们就没胆量来反抗了。这样国家富强，法律严明，主上安逸，天下也就太平了啊！

这番话真是颠倒是非，混账逻辑，无耻至极，节操碎满地，但二世皇帝听了很满意。李斯凭这篇文字重新赢得了皇帝的欢心，只是他也掐死了大秦最后一丝自救的机会。于是二世皇帝胡亥心满意足地一头钻进深宫里玩去了，李斯为首的朝臣只能通过郎中令赵高和皇帝沟通。

我们如今看到在很多书籍和影视作品中，都将赵高描绘成一个阴险毒辣的死太监，阴险毒辣是没问题，但是死太监就未必了。

首先，赵高是有女儿的，证据就是赵高有个女婿叫阎乐，曾担任咸阳令，而且是赵高后期搞阴谋的心腹兼打手。明代学者郎瑛认为赵高的女儿为养女[1]，但从情理上来说不是很站得住，太监没有生育能力，认个干儿子来继承香火倒是说得过去，但没有认个女儿再嫁人的道理。

其次，东汉以前的史书里从来都没说过赵高是太监。《史记·李斯列传》记载说赵高是"宦人"，有"宦籍"。根据最新的考古研究表明，"宦"，就是在宫中内廷任职的意思。宦人，就是任职于宫内之人，相当于王或者皇帝身

1.《七修类稿》。

边的亲近侍卫之臣。宦籍，不过是指用来登录出入于宫门者的登记册，说白了就是一种门禁凭证[1]。

秦汉时代，不管是"宦人""宦籍"，还是"宦官"的用语，都和后代所谓的"宦官"语义不是一个意思。当时，挨过那一刀的男人被称为"奄人"或"阉人"，在宫中任职的阉人被称为"宦奄"或"宦阉"。赵高是任职于宫中的宦人，也就是皇帝的亲近之臣，指的并不是太监。而且赵高后来当了丞相，甚至还一度想自立为秦地之王。这么高端的追求，怎么看都不像一个身体残缺的太监能拥有的梦想。

著名历史学家顾颉刚先生有一个非常有名的论断，叫作层累地形成的古代史。顾先生认为，眼下所见到的古代史，经过了历代不断地改造重写，越久远的历史，被后来者根据自己的口味添油加醋的成分就越多。

在秦汉时代，没人把赵高的宦人身份曲解为太监。但后来有了汉末、唐末、明末的太监乱政之后，文人出于宦官乱国的恶劣印象，才把祸乱秦朝的赵高打发到了太监的圈子里。

而历史上的赵高不仅不是只会阴谋诡计、大字不识的文盲，尖着嗓子说话身体羸弱的麻秆，还曾因为书法、文采和精通法律进入政府的高层。

雄才大略的秦始皇统一天下后，推行"书同文"，将小篆体作为通行全国的正规字体。丞相李斯作《苍颉篇》共七章，中车府令赵高作《爰历篇》共六章，太史令胡毋敬作《博学篇》共七章，世称"秦三苍"。这是秦政府颁布的蒙学课本兼标准字典，能参与编写这种级别图书的人，文化水平怎么会低。

虽然赵高的书法作品现在都已失传，但李斯的文采和书法我们今天还能看

1.《张家山汉墓竹简》。

到[1]，能和李斯并列的赵高，可以想象其文字水平自然也不差。北魏时研究文字的学者列举的秦、汉、三国吴五十九名书法家中，赵高的名字也赫然在列[2]。

赵高不但文采了得，甚至文武双全。沙丘之谋前，赵高担任中车府令，相当于皇帝的车队长，甚至要亲自为皇帝驾车并承担保卫工作，完全就是超级司机兼大内高手。

所以这才是赵高的真实形象，他并不是猥琐卑微的死太监，而是和丞相李斯同级别的政治家。不过赵高和李斯最大的不同，就是李斯只想保住自己现有的权位，而赵高要争夺更多的东西。权力的蛋糕就这么大，想要吃到最大的一块，最直接的办法就是把别人都赶下桌。

于是赵高故意找到李斯说，现在天下这么乱，应该多向皇帝提些好的建议才是啊。

李斯说，我也想啊，可皇帝深居宫中也不出来办公，我想说也没机会啊。

赵高说，好办，等皇帝有空了，我给你制造说话的机会。

于是赵高就专门找胡亥正玩到兴头上的时候让李斯来提意见，把胡亥弄得非常扫兴，他再趁机说李斯的坏话，让二世皇帝对李斯刚有点好转的印象又立刻恶劣起来。李斯得到消息之后才知道自己被坑了，所以他联合朝臣要求皇帝杀掉赵高。但没想到，胡亥最终选择了和自己更亲近的赵高，把上书的朝臣全都交给赵高来审问。

胜负已经很明显了，虽然李斯在狱中一再为自己辩护，不过赵高可不跟他啰唆这些：你再文采飞扬逻辑清晰，我还是得弄死你。

---

1. 李斯碑，现存于泰山岱庙东御座内。
2. 《古今文字志目》。

可怜的李斯以谋反罪被灭三族，更是一次性把秦代酷刑享受了个遍。这份致命套餐里包含五个项目：黥、劓、刖、宫、大辟，就是先在脸上刺字，然后割掉鼻子，再砍去你的双腿，把你变成太监，最后再拦腰斩成两段。

秦二世二年七月，李斯被灭族，赵高继任为丞相，而此时的章邯正在准备对项梁的反击。作为丞相的李斯曾经也是骊山皇陵工程的总负责人，而少府章邯恰好是工程的现场总指挥，两人原本是工作上的上下级关系，后来更是一内一外互相配合的将相组合。这个时候李斯的垮台极大地影响了章邯在朝中的处境。虽然后来章邯打败项梁，平定了黄河以南的叛乱，但赵高会怎么处理自己，章邯心里并没有底：如果能一路胜利下去，应该还有安度余生的希望吧？

所以章邯选择了和北部军团会合围攻赵国，玩的还是围点打援的老套路。各国援军要是来了，秦军就做好决战的准备，一举扫平各国叛军，毕其功于一役；援军要是不来，先拿下赵国，再一个个把其他人马搞定。到时候叛乱平定，大秦无敌的神话还将延续，章邯自然也将作为一代名将，留名青史，获得无上的荣光。

可惜，他选好的战场，是巨鹿；他对面的对手，叫项羽。

这场决定天下走势的战斗，到底是怎样的呢？

小篆的由来

秦统一前由于列国割据,"言语异声,文字异形",给经济发展和文化交流带来极大不便。公元前221年秦始皇在统一货币、车轨和度量衡制度的同时,又着力推行"书同行"政策。他下令以秦国的"小篆"作为标准,统一全国文字。《说文解字·叙》记载丞相李斯作《苍颉篇》,中车府令赵高作《爱历篇》,太史令胡毋敬作《博学篇》,作为统一文字的标准版本。

第八篇

战神项羽

不读书怎么当学霸

当章邯带着四十万秦军准备在巨鹿一口气干掉六国叛军，还大秦一个朗朗乾坤的时候，他很不幸地遇上了一个所有人在战场上都不想遇到的人——西楚霸王项羽。为什么说谁都不想在战场上遇到项羽呢，因为这个男人实在是太能打了。

一提到项羽，大家马上想到的就是力能扛鼎的恐怖武力和见谁灭谁的逆天战绩，但他的战神之名到底是怎么得来的呢，是源于自身天赋还是后天努力？

这个问题，我们得从他小时候说起。

项羽，项氏，名籍，字羽，楚国下相[1]人，他是楚国名将项燕之后。楚国灭亡后小项羽跟着叔叔项梁一起仗剑走天下。虽然居住地变换得勤了一点，但孩子的基础教育还是不能耽误的。刚开始项梁教项羽读书识字，项羽学不进去；项梁就教他击剑搏斗，结果项羽又不想学。

叔叔项梁就怒了，说你文也不学武也不学，到底闹哪样？

项羽却说，读书识字不过就是用来记个人名，学剑术最多也就用来单挑，我要学能一次干掉一万人的技巧。

---

1. 今江苏宿迁。

项梁听完觉得这孩子有想法，于是开始教项羽兵法。项羽很高兴地学了个大概，然后又学不进去了。这回叔叔项梁情绪很稳定，再也不发表任何意见了，估计是已经没有任何语言了。

后来秦始皇巡行天下时路过会稽，项梁带着小项羽去看热闹。结果项羽看到皇帝的车驾排场后竟然脱口而出：彼可取而代之！意思是这个皇帝也可以换我来做做嘛！吓得项梁赶紧捂住了他的嘴巴，这种话哪是乱说的，让别人听见了那不是给整个家族找不痛快吗？不过虽然项梁不让项羽乱说话，但心里隐隐意识到这个侄子的确不是一般品种。

项羽虽然武功和兵法都没有认真学习，但架不住个人天赋太好。史书上记载项羽身高八尺，也就是将近一米九的大个子，而且力气又大，这身体条件随便练练就打遍江东无敌手了。陈胜起义后，各地的反秦斗争此起彼伏。项羽所在的会稽县郡守殷通也想扯旗造反，就找到在当地很有威望的项梁商量说，我有个计划，准备起兵反秦，带着你一起干如何？

巧的是，项梁心里也有了造反的计划，只不过计划里并没有殷通的戏份。于是项梁找个借口把项羽叫进来，然后把殷通给宰了。杀了殷通之后，项羽拿着郡守的人头和印玺，在郡守府里大开杀戒，一口气干掉了一百多人，仅凭一己之力就控制了局面。自此项梁在吴地正式建立起反秦起义的队伍，楚国故土上的反秦战士也纷纷汇聚到项梁和项羽叔侄的麾下。其中有两个大家的熟人，一个是项羽日后最大的谋主范增，另一个则是项羽一生的死敌刘邦。

陈胜建立的张楚政权灭亡后，范增提议应该立楚国的后人为王。项梁就辗转找到了已故楚怀王的孙子熊心，立他为楚王，仍然叫楚怀王。

当然这个楚王只是一个用来当旗号的吉祥物，项梁把楚怀王远远地打发到后方去蹲着，自号为武信君，依然牢牢掌握着楚国的军政大权。然后楚军兵分两路，主力由项梁带领，进攻章邯的部队，另一路由项羽和刘邦带领，负责阻截秦军的增援。

结果两路楚军都取得了不小的战果，项梁击败章邯，让这位大秦最后的名将出关后第一次品尝到战败的滋味；而刘邦和项羽这对大叔加小鲜肉组合也配合默契，成功阻击了秦军，并且斩杀了大秦三川郡最高长官，就是李斯的儿子李由。

但章邯很快又获得了兵力支援，趁项梁得胜后的松懈，率军突袭大败楚军，项梁也战死在当场。刘邦和项羽见主力已经覆灭，只好率军撤退。章邯觉得黄河以南战局已定，就决定一鼓作气，率军北上和王离率领的北部军团会合，准备一起围攻赵国。

本来的吉祥物楚怀王这时候才走到了前台，收编了项羽的部队，掌握了楚国的最高权力。为了解救被秦军包围的赵国，扭转战争的不利态势，楚怀王决定兵分两路，一路北上救赵，从正面挽救不利的战局；一路向西去攻击秦国本土，希望能从侧面分散秦军的注意力。

对秦军的战斗力大家心里都有数。北上救赵，秦军好歹算客场作战，楚军或许还能搏一搏。而西进关中，除了要承受秦军恐怖的战斗力，还得面对大秦关中本土强大的防御体系，实在是一条送死的路，所以大家都愿意北上，不愿意西行。

当然有一个人是例外的，就是项羽。

叔叔项梁死在秦军手上，血亲之仇必须得报。加上他又对自己的战斗力非常有信心，所以全场就他一个人举手表示愿意西进。

项羽愿意去，楚怀王可不愿意。毕竟好不容易才从项氏家族手中夺回权力，怎么可能再给项羽壮大势力的机会？所以楚怀王派刘邦率军西征，并且和天下约定"先入关中者为王"。然后任命另一名武将宋义为总指挥，项羽为二把手，范增为三把手，率军北上救赵。

不过对项羽来说倒也没太大区别，反正到哪儿都是打秦军。

然而，主将宋义率军走到安阳，也就是今山东曹县附近忽然不走了，在这一蹲就是四十六天。这让一门心思打秦军的项羽很抓狂。他找到宋义说，我们要去的地方是巨鹿[1]，停在这儿算什么情况，现在要是快速渡河出击，和赵军内外夹击，一定能打败秦军的！

宋义却坚持要等到秦赵两国拼个鱼死网破再冲上去捡便宜。项羽怒了：我想打秦军你不让，那我就只好打你了！于是他假借楚怀王之名把宋义给干掉了，然后率领部队奔赴巨鹿战场。

当时战场的态势对关东联军很不利，秦将王离率领北部军团主力负责围城，章邯则负责提供粮食和后勤保障，大军压境之下，赵国君臣和残余部队被围在城中苦苦支撑，一旦巨鹿城破，赵国就此覆灭不说，秦军更可以顺势席卷燕国和齐国，到时候整个黄河以北都将重归大秦的控制。

形势明明已经如此危急，然而各诸侯国的援军还是蹲在战场边缘装屁，每天和秦军大眼瞪小眼，谁也不敢主动上去帮赵国解围。

他们屁，项羽可不屁。

项羽先派少量部队渡河截断了章邯军和王离军之间的后勤通道，然后全军迅速过河。过河后又命令士兵凿沉了渡河的船只，打碎了做饭的锅碗瓢盆，只

---

1. 今河北邢台市平乡。

保留了三天的干粮在身上。然后项羽对士兵们说，现在回是回不去了，粮食也就这么一点。想要有饭吃，秦军大营里多得是。打赢了，有饭吃；打输了，你们以后就再也不用吃饭了。这就是成语"破釜沉舟"的由来。

事实证明，对饥饿的恐惧可以战胜对死亡的恐惧。楚军士兵在打败秦军才有饭吃的感召和刺激下，向秦军发起了疯狂的进攻，九战九胜，先击破了章邯建立的后勤通道，又向断粮的王离部队发起了神勇的冲锋，个个以一当十，秦军无法招架。原本蹲在旁边观望的诸侯联军也终于坐不住了，纷纷跳下场来痛打落水狗。此战过后，秦帝国最精锐的长城军团全军覆没，主将王离被俘，两个副将战死。巨鹿一战，是秦末战争中最重要的关键性战役，也是中国历史上著名的以少胜多之战。年轻的项羽凭借此役一战封神，也奠定了此后他在各路义军中的领导地位。

巨鹿之战中败退的章邯收拢败兵，又和项羽相持拉锯了八个月，希望能重振旗鼓。但上天不愿意再给大秦翻身的机会，赵高干掉李斯当上丞相，和李斯关系密切的章邯怕自己也要被清算，于是带兵投降了项羽。然而项羽怕投降的秦军搞事情，留下章邯之后，却坑杀了他手下的二十万秦军。至此，大秦最后的机动部队覆灭，项羽带着联军杀向关中，准备完成灭秦的最后一击。

可这时候前方传来的一个消息让他傻了眼，刘邦竟然先一步打进了关中，成为灭亡秦朝的第一人，占据了大秦的首都和财富，还派人封锁了函谷关，阻挡别人入关。项羽很生气，后果很严重，所以他决定请刘邦吃顿饭，在饭桌上好好和刘邦谈谈心。那么，这顿饭大家吃的结果如何，饭桌上他们又吃了点什么呢？

第九篇
饭局的诱惑
项羽为何不杀刘邦

鸿门宴的故事我们都很熟悉。这个史上最著名饭局的主人自然是巨鹿大战中胜利的项羽，而被逼着来赶饭局的客人，就是比项羽早一步进入关中，还想把他拦在门外的刘邦。

那么刘邦为什么非要去吃这顿饭呢，这个饭局又是怎么攒起来的呢？

说起刘邦大家都不会陌生，各种小说电影电视剧里他和项羽总是捆绑出现，其大龄创业草根逆袭的故事许多人也耳熟能详。

刘邦本名刘季，就是刘老三的意思，听名字就知道出身很一般，他混出名堂后，才改名叫刘邦。刘邦年轻的时候不喜欢读书种地，成天吊儿郎当，不过为人豁达，交际广泛，所以就被任命为泗水亭长，类似现在的社区居委会主任，官儿小得几乎可以忽略不计。而刘邦的个人生活更是惨得可以，三十多岁才娶上媳妇，可以算是个颓废的中年油腻大叔了。

不过刘邦运气不错。反秦起义爆发后，他加入了项梁领导的楚军，和项羽一起合作打秦军，连战连胜。后来项梁战死，楚怀王执政，为了打压项氏一族，楚怀王把西征关中的任务交给了刘邦，而让项羽北上去救赵国，还和天下约定谁先打下关中，谁就能当关中的王。

刘邦一路西行，屡战屡胜，攻占武关[1]，撕开了关中防线南边的口子。而项羽这边也很顺利，连秦国最后的名将章邯都投入他的麾下，项羽的几十万部队即将杀向函谷关。这时候是个人就能看出来大秦要完，唯一的悬念不过是谁先到关中。

这里不得不说刘邦的运气是真好，这个关键的当口又有人给他加了把助攻，这个人就是赵高。眼看大秦指望不上了，为了给自己找退路，赵高先让女婿阎乐把皇帝胡亥给杀了。赵高本想自己篡位，可惜朝臣不支持[2]，他只能迎立了公子子婴，并且取消了皇帝的称号，依旧称秦王，希望保住秦国关中本土的地盘。

同时，赵高派人和刘邦谈判，想要投降共同瓜分关中，结果没谈完赵高就被新上任的秦王子婴干掉了。于是刘邦趁势攻陷了咸阳，统一不过十五年的大秦就此灭亡，秦朝的最后一个王子婴在位仅四十六天。

刘邦成为灭秦的第一人，按照楚怀王的约定，他就是关中新的王。这么大的好处落在自己头上，刘邦很开心，所以他先和关中父老约法三章，废除严苛的秦法，赢得了民心，又封锁函谷关，谢绝一切外来访客，准备好好经营自己这一亩三分地。

可惜他忘了，函谷关外等着的那个人是项羽，而且后面跟着四十万想要分一杯羹的诸侯联军。

在关中吃了闭门羹的项羽此时已经进入暴走状态。你刘邦不过是运气好才

---

1. 今陕西商洛县西南丹江北岸。
2. 《史记·李斯列传》。

抢在我前面，现在竟然还敢吃独食！于是项羽带兵攻破函谷关后直接向刘邦杀来。刘邦一看傻眼了，敌强我弱明显打不过，赶紧认怂。幸亏项羽的另一个叔叔项伯和刘邦手下的谋士张良很要好，才给刘邦争取到一个当面向项羽解释的机会。所以鸿门宴这个饭局就这么攒了起来，这也是关系到刘邦生死存亡的一次饭局，这顿饭吃不好，明天项羽就打到家门口了，所以刘邦不去也得去。

那么，这场震惊古今的鸿门宴上都上了什么菜，宾客又吃得欢不欢呢？

先秦时代的餐桌上，韭菜、芹菜、芥菜、白菜、秋葵等蔬菜都很常见，肉类的话，牛肉、羊肉、猪肉、狗肉、鱼肉甚至鱼子酱都能吃到，不过炒菜技术要到宋朝才成熟起来，这个时候的烹饪手段无非生吃、乱炖和烧烤。

总的来说先秦的菜肴大概可以分为六类：炙、脍、羹臛、脯腊、菹齑、醢。

《诗经·小雅·瓠叶》里写道："有兔斯首，燔之炙之。君子有酒，酌言酢之。"炙，从字形上就能看出来，指的是把生肉放在火上烧成熟肉。燔则更简单粗暴，是把肉直接丢到火里烧熟。这边撸串边喝酒的样子虽然很像我们今天路边烧烤摊上的热闹场景，但这种烧烤其实是贵族级别才能享用的高级料理[1]。

脍是一种切得很细很薄、加调料生吃的肉食，多为鱼肉，就是今天日本生鱼片的源头。被儒家尊为圣人的孔夫子本身就是个"食不厌精，脍不厌细"的美食家；"亚圣"孟子有一次和公孙丑聊天，公孙丑就问孟子：脍炙与羊枣哪个更美味呢？孟子毫不犹豫脱口而出曰：脍炙哉[2]！所以脍炙人口这个成语，就是对现在满大街的"韩国烤肉"和"日本生鱼片"的最佳诠释。

羹臛是把肉和菜煮成浓汁状态的食品，有菜曰羹，无菜曰臛，纯用蔬菜熬

1.《仪礼·公食大夫礼》。
2.《孟子·尽心》。羊枣，果名。长椭圆形，初生色黄，熟则黑，似羊矢，俗称"羊矢枣"。

成的也叫羹,是全民都吃的流行主食[1],也是祭祀中的重要祭品[2]。

脯腊,类似于我们现在吃的腊肉。大块的肉加盐风干叫作腊,切得比较薄的肉片加盐风干叫作脯。腊肉可以烹饪,肉脯更是零食佳品。

菹醢,菹是腌菜,醢是切得很碎的腌菜。古人吃盐不易,所以能吃上一口用盐做的腌菜绝对是身份和财富的象征。

醯是指用肉、鱼等制成的酱,基本上等同于今天的"老干妈",绝对是配菜下饭的最佳搭档。

那么鸿门宴上大家都吃了什么呢?

《史记》里唯一明确记载的食物,就是项羽赏给刘邦手下樊哙一根"彘肩",就是一整根没切开的猪肘子。从食材的材质和形状来判断,调羹做腌菜或者肉酱都来不及,用来生吃或烧烤的可能性是最大的。

那么这根猪腿到底是用来生吃的脍,还是用来烧烤的炙呢?

我们可以结合《史记》中对"鸿门宴"的记载来看。在刘邦陷入危机时,樊哙手持剑盾闯入宴会,"瞋目视项王,头发上指,目眦尽裂"。一个拿着凶器的壮汉,莫名其妙闯进来瞪着自己,这对项羽来说无疑是种冒犯和威胁,所以项羽的反应是"按剑而跽",就是手按佩剑,直起身子,这明显是一种准备攻击的预备姿势。

后来张良出面缓解了尴尬的气氛,项羽也就顺着台阶称赞樊哙是"壮士",然后赐"卮酒"和"彘肩"。但是司马迁在这两样赏赐后特意写明赐的是一"斗卮酒"和一根"生彘肩"。

1.《礼记·内则》。
2.《周礼·天官冢宰》。

上过酒桌的男士应该都能体会这种微妙的感觉，项羽赐给樊哙一斗酒，未尝不是一种男人之间夹杂着欣赏和难为的试探，所以樊哙心知肚明这个时候绝不能尿，所以"立而饮之"。之后项羽又赐给樊哙"生彘肩"，樊哙的应对也是当场生吃，"拔剑切而啖之"。

据此判断，这根生彘肩和那一斗酒一样，本身就是用来难为和考验樊哙的。如果它本来就是用来生吃的，那项羽赐给樊哙的考验不就成了给他加菜；樊哙"拔剑切而啖之"的英雄气概，也就变成了一个单纯的吃货的一种吃法了。

所以这根生猪腿，可能是整场烧烤宴会的备料而已，只不过被项羽临时改变了用途罢了。

其实鸿门宴本身就是行军途中的临时宴会，一群舞刀弄枪的老爷们喝酒撸串也是最应景的。吃烧烤本来是一件畅快的事，来点儿小酒更适合敞开心扉吹牛打屁聊人生，但宴会上的几个人这时候到底在想什么呢？心里的小九九适合敞开吗？

饭局的主人项羽其实并不关心刘邦能给出什么解释，关键要看刘邦能做出多少让步。

饭局的主陪项伯收了不少好处，作为这个饭局的提议人，他要努力促成刘邦和项羽的和解。

饭局的另一个陪客范增觉得刘邦是个留不得的祸害，一早就和项羽约定好暗号要干掉刘邦。

饭局的客人刘邦唯一的目的就是活下来，所以态度恭顺，已经准备好了全盘退让，力求能打动项羽，避免被他干掉。

最后是伺候局的张良和樊哙，他们唯一的想法是帮着刘邦把这个饭局糊弄过去，避免整个团队出现灭顶之灾。

鸿门宴的结果我们都知道，就是刘邦通过全面的退让和臣服留下了自己一条小命，项羽拿到了自己想要的盟主地位和关中地区控制权，所以对范增屡屡暗示他干掉刘邦的举动无动于衷，最后让刘邦借上厕所尿遁，躲过了这次危机。

后世很多人都替项羽惋惜，认为如果当时一刀把刘邦杀了，哪里还会有后来的楚汉争霸，那么项羽真的是因为脑子进水和感情用事才放过刘邦的吗？

并不是，这其实是项羽综合考量和深思熟虑的结果。

首先，项羽该不该杀刘邦。

《史记》里描绘鸿门宴的座次是"项王、项伯东向坐，范增南向坐，沛公北向坐，张良西向侍"。也就是项羽坐在最尊贵的位置，二等座是范增，三等座是刘邦，而张良只是个伺候局的。刘邦肯接受这种座位安排，就证明他承认项羽的联军盟主地位，甘愿以下属自居。联系到后来刘邦拱手让出关中的控制权，还把自己的兵力裁撤到三万，并且接受项羽明显不公平的分封，就说明了刘邦已经表示全面的臣服，而项羽也就失去了杀刘邦的理由。

其次，项羽想不想杀刘邦。

如果说一开始刘邦想吃独食的举动的确让项羽动了杀心，但随着刘邦的退让，两人之间已经没有了你死我活的矛盾。而且刘邦和项羽在之前的合作中一直相处很愉快，是一起砍过人屠过城的战友，更在楚怀王面前约为兄弟。刘邦的年纪比项羽大两轮，而且社交能力一流，二十出头的项羽很可能对这个大哥印象还是不错的。再结合项羽"妇人之仁"的性格特点，他在内心应该是不想杀刘邦的，所以才会对范增的暗示视而不见。

最后，项羽能不能杀刘邦。

项羽身后带着四十万人不假,不过这是巨鹿之战后归到项羽麾下的诸侯联合部队,项羽的本部其实只有最开始楚怀王派来的五万人左右。

当刘邦想独吞关中时,各路诸侯和项羽利益一致,当然愿意跟着项羽来打刘邦,但现在这个问题已经解决了,其他诸侯也就没有了和刘邦火并的必要。如果项羽强行对刘邦这个灭秦战争中的有功之人下手,项羽又有什么资格继续担任各路义军的领导者呢?

再说,灭秦之后,项羽最大的敌人并不是刘邦,而是以楚怀王为首的六国旧贵族。所以这时候同样出身平民且靠军功起家的刘邦对项羽来说,不但不是敌人,反而是可以联合的盟友。只要刘邦认同项羽的领导地位,双方不但没有冲突,反而有进一步合作的可能。

这才是鸿门宴上项羽装傻不杀刘邦的原因。

鸿门宴后,刘邦的心情很纠结,一方面自己成了项羽的臣属,丧失了富庶的关中,失去了大量的军队,简直是惨到没边。另一方面,刘邦虽然对现状心有不满,却又无力反抗强大的项羽。

不过很快,一个人来到他身边,改变了他的困境,那么这个人是谁呢?

第十篇

国士无双

兵仙为何过不好这一生

鸿门宴后项羽成为左右天下局势的男人。

他先是屠戮咸阳，杀光投降的秦国宗室，又一把火烧了阿房宫，然后自立为西楚霸王，主持天下分封，把他看着不爽的人都封得远远儿的。

刘邦就被封为汉王，被打发到了偏远的巴蜀和汉中。而富庶的关中则被封给了章邯为首的三个秦朝降将，他们死死堵住了刘邦向东发展的可能。郁闷的刘邦成天生气骂娘却毫无办法，直到一个人的到来才改变他的困境，这个人就是被后世称为"兵仙"的韩信。

那么韩信是从哪儿来的，他又是怎么帮刘邦扭转败局的呢？

韩信是淮阴人，年轻时养活不了自己只能四处蹭饭。最窘迫的时候接受过河边老大娘送的饭，也忍受过年轻小屠户的胯下之辱。后来韩信加入项梁的部队，当了好几年项羽的执戟郎中，就是项羽的贴身警卫员兼对外仪仗队，可是始终得不到重用，于是鸿门宴后韩信就离开项羽投奔了刘邦。

但到了刘邦团队后，韩信干的依然是专业不对口的工作，于是他心灰意冷再次决定离开，这时候刘邦的重臣萧何却连夜追回了又要炒老板鱿鱼的韩信。萧何了解韩信的才华，他说服刘邦拜韩信为大将，使其统领汉军突破项羽设下的封锁线，重新夺回关中之地。

终于来到了能发挥才华的位置，韩信马上开始了让人赞叹的表演。

当初项羽全凭个人主观意见分封诸侯，引起了很多人的不满，后来他又杀死了名义上的天下共主楚怀王，一下子激起了诸侯们的反抗。

公元前206年八月，齐国和赵国首先公开叛乱，项羽带兵前往平定，这给了刘邦机会。在韩信的谋划下，汉军发动了北上夺取关中的战役。

四百多年后，蜀汉丞相诸葛亮从汉中五次北伐，想要夺取关中之地都宣告失败，可知这个战略的困难有多大，成功率有多低，但韩信做到了。

史书上对这场战役的记载，只有寥寥几句话。韩信是如何指挥汉军跨越秦岭天险、突破章邯的封锁堵截、大举进入关中的，这里面的具体细节如何，我们已无从知道。

平定关中的整个战事，在《史记·高祖本纪》中只有六十八个字，而由汉中越秦岭进入关中的紧要大事，竟然只有四个字，"从故道还"。

故道是哪条道，成千上万的部队和后勤补给又是怎么通过的，交通状况如何，战前的准备有哪些，敌人的应对是什么，这些细节通通都没有。

但当历史的迷雾无从消解时，文学的想象马上就填补上来。元代戏曲《暗度陈仓》将"出故道还"的历史，唱成了"明修栈道，暗度陈仓"的戏词，"暗度陈仓"尔后更被总结成了三十六计的第八计，成了汉语中耳熟能详的成语典故，也成为许多人脑海中真实的历史。

从地图上看，从汉中北上关中有五条路线可供选择，自东而西分别为子午道、

傥骆道、褒斜道、陈仓道和祁山道。

但韩信要带领的不是几个驴友组成的登山队，而是一支庞大军队和更加庞大的后勤人员，要保证大军通过的可行性，道路太难走的不行，要考虑战役的突发性，路程太绕远的也不行，所以也就只有子午道和陈仓道可供选择了。

那么韩信走了哪条路呢？

答案是韩信两条路都走了。

刻于东汉桓帝建和二年，也就是公元148年的《故司隶校尉犍为杨君颂》石碑[1]上的碑文说："高祖受命，兴于汉中，道由子午，出散入秦。"大概意思是说，汉高祖刘邦接受了天命，兴起于汉中，经过子午道，由大散关进入关中。而大散关，是陈仓道上的关口，在今天的陕西宝鸡西南。南宋著名爱国诗人陆游的一句"楼船夜雪瓜洲渡，铁马秋风大散关"让这座秦岭雄关闻名于世。因此从这段碑文来看，汉军进入关中时，也走了子午道。

而在三国时的"子午谷奇谋"中，魏延随同诸葛亮由汉中北伐时，多次建议"如韩信故事"，就是采用韩信当年的计策，兵分两路，一路偏师出子午道奇袭长安，主力部队走褒斜道夹击关中[2]。

当然这个战略的可行性值得讨论，"一生唯谨慎"的诸葛亮也没有采纳魏延的建议，但我们可以从中反向推理出当年的韩信是如何用兵的。

韩信应该是派出一支奇兵大张旗鼓走子午道吸引章邯的注意力，而当章邯把主力部队都调过来围堵子午道的汉军时，汉军的主力却突然从陈仓道杀出，声东击西的韩信大破章邯，一举夺取了关中。这是韩信在战场上第一次绽放出

---

1. 现藏汉中博物馆。
2. 《三国志·蜀书·魏延传》。

名将的光芒。

重新占据了关中后,刘邦觉得韩信打仗的本事的确不错,但还是自己出马更靠谱。他将韩信留在后方,自己联合诸侯组成了反楚联军,趁项羽率主力深陷齐国战场的时候,一举攻陷了他的大本营彭城。

攻下彭城的刘邦志得意满,收拾金银珠宝和美女,举杯欢庆胜利,却没想到项羽从前线率三万精锐突然杀回来。在项羽的突然袭击下,几十万联军瞬间土崩瓦解,刘邦夺路而逃,幸亏韩信在后方收拾残兵败将才顶住了楚军的进攻。

风吹墙头草,原本和刘邦联合对抗项羽的各路诸侯现在又都站到了项羽一边,刘邦则成了那个被群殴的人。

局势万分危急的时候,韩信再次力挽狂澜,先是出兵干掉了叛变的魏国,然后击破了北边的代国,收拢了大量的敌军精锐。就在他准备继续攻略赵国和燕国时,正面战场的刘邦又顶不住了,刘邦把韩信的主力抽调到正面去防守项羽,只留下一群挑剩下的老弱病残让韩信带着去完成剩下的征途。

毕竟是领导的命令,韩信能怎么办,只好硬撑。他重新招募部队,带着这支几万人的杂牌军边走边训练,继续进攻赵国。对面的敌军二十万,自己手里却只有几万新兵蛋子,这时候就体现出韩信"兵仙"的才华了。

他先是带着部队背靠河水列阵,对面的赵军一看,就这么几口人还背靠河水,把自己退路都断了,于是倾巢出动准备拿下韩信。

却没想到韩信背水列阵是有目的的。一是防止敌人从背后攻上来,降低自身受攻击的面积,弱化对方人数上的优势;二是利用绝境激发士兵的斗志,让他们能奋力一搏。赵军人数虽多,却也一时半会拿韩信的部队无可奈何。

这时候,韩信提前埋伏好的一支骑兵部队悄无声息地溜到赵军的军营里,把赵军的旗帜都拔掉，换上汉军的旗子。赵国部队打着打着回头一看，自己的营寨什么时候被拿下了？后路也被切断了？于是军心涣散，毫无斗志。韩信就这样以少胜多，灭亡了赵国，之后他又降服燕国，军队再次像滚雪球一样扩展起来。

然而这时候，在正面战场被项羽打得满地找牙的刘邦，居然冒充使者冲进韩信的大营，趁着韩信没起床拿了印信兵符，又一次把韩信手下的主力给调走去防守项羽，留下一群老弱病残让他带着去攻打齐国。

都说历史总在重演，韩信好像也习惯了这种从头再来的套路。他招募新兵，再组织训练，然后带着一群菜鸟平定了整个齐国，还顺手击败了项羽派来的十几万援军。他凭借这份战功，被刘邦封为齐王，他的军队再一次扩大规模，于是，接下来发生的事情我们都可以猜到了，第N次被项羽打得落花流水的刘邦又派人把韩信的精锐调走了。

这就奇怪了，每次韩信把部队带出来，刘邦就像去提款机取钱一样把主力提走，然后等韩信重新攒好一波部队，刘邦就又来了。这周而复始的重演，是刘邦故意针对韩信吗？

韩信自出道以来，每战必胜，而且更牛的是把从零开始、以少胜多、以弱胜强什么的当家常便饭。不管给他一群什么选手都能包打全场，超额完成任务，不但分担了正面战场的压力，还对项羽形成了侧翼包围，这样的手下谁不喜欢啊。

可此时的韩信，已经成为楚汉争霸格局中举足轻重的第三个巨头，因为实在是太重要了，他的身份也从单纯的刘邦下属，逐渐上升为团队的合伙人。对这样一个手下，又有哪个领导能真正放下心来呢？

项羽派人怂恿韩信自立，提议汉、楚、齐三分天下。韩信手下谋士蒯通也对他说，你现在功劳太大，不管是待在刘邦手下，还是做项羽手下都没好下场，只有自立门户才是唯一的出路。这个提议很让人心动，但韩信想到刘邦对自己的善待和重用，还是拒绝了，这也注定了他后来的人生悲剧。

韩信为什么不背叛刘邦自立呢？

第一是性格原因。韩信是个重感情的人，当初给他送饭的老大娘他百倍地报答，这是知恩图报。让他钻裤裆的人后来还被他任命为官，这是以德报怨。对韩信来说，连伤害过自己的人都能温柔对待，更何况刘邦这种又是升职加薪给机会，又是嘘寒问暖唠家常的老板呢？

第二是思维惯性。当时人们心目中统一集权的概念还很模糊，韩信的思路还停留在列国并存的时代，觉得自己做出了这么大的贡献，战争结束之后混个诸侯王来当很合理，刘邦按理说也不至于对自己下手[1]。

韩信最让后人感到惋惜的就是，为人臣子却功高震主，手握重兵又无心自立，明知有危机却只会自我安慰，机会在眼前却纠结于过往的恩情；在战场上智计百出，杀伐果断，在政治舞台上却单纯得像一张白纸。

楚汉争雄的三巨头里，刘邦是老江湖，韩信是滥好人，项羽是熊孩子。在决定天下走势和个人命运的最后决战里，我们都知道熊孩子项羽输了，还上演了霸王别姬的悲情一幕。那么他又是败在哪儿呢？为什么刘邦可以无数次从头再来，项羽却无法东山再起呢？

1.《汉书·蒯通传》。

项伯的结局

项伯，名缠，字伯，是项羽最小的叔父，因为和张良有交情而促成了刘邦和项羽的鸿门宴，并且在鸿门宴上保护了刘邦。项羽战败自杀之后，刘邦赦免了所有的项氏家族，并赐姓为刘，项伯则被封为射阳侯。公元前192年，项伯去世，他的后代有罪，不能继承爵位，封国灭亡，他的封地归入西汉朝廷。

第十一篇

霸王别姬

项羽为什么不过江

宋代女词人李清照写过一首《夏日绝句》，以婉约著称的易安居士发出了男子般的豪迈之音："生当作人杰，死亦为鬼雄。至今思项羽，不肯过江东。"

楚汉争霸的舞台上，为什么刘邦输了无数次，都能卷土重来，而一直胜利的项羽，输了一次之后就彻底玩完，连渡江回老家从头开始的勇气都没有呢？

公元前202年，刘邦和项羽的楚汉争霸战已经打到了第五个年头。奇怪的是，屡战屡败的刘邦越打越强，一直胜利的项羽却越打越弱。这个时候项羽和他的十万楚军，正被汉王刘邦、齐王韩信、淮南王英布和后被封为梁王的彭越等人组成的六十万大军团团围困在垓下，也就是今天的安徽省宿州市附近。

此时的项羽，江北的领土全部失陷，士兵疲惫，补给断绝，突围无望。为了进一步瓦解楚军的斗志，包围圈外的汉军还唱起了楚地的民歌。四面楚歌的攻心效果很不错，楚军都以为江东老家已经被刘邦打下来了，不然敌军中怎么有这么多说家乡话的人[1]。

---

1. 据《史记·项羽本纪》整理，下同。

项羽感到大势已去,就坐在帐篷里喝闷酒。当时军营里他最放不下的一个是美人虞姬,另一个是宝马乌骓。酒后的霸王项羽吟唱着:"力拔山兮气盖世,时不利兮骓不逝。骓不逝兮可奈何,虞兮虞兮奈若何!"

意思是我这么无敌,却落得这般田地,虽然乌骓还留在身边,但虞姬你说我还能怎么办啊怎么办。因为没办法,所以大家只能一起哭泣。

既然不知道答案,以项羽的个性,再纠结这些想不清楚的问题也没有意思,他觉得不如放手一搏,就带着八百骑兵连夜突围。这一段在戏剧《霸王别姬》里就被描述成虞姬的自杀让项羽坚定了突围的信心,其实正史并没有记载虞姬最后的结局,《霸王别姬》的催泪情节更多是文学的浪漫想象。

当时项羽突围后没多久就被汉军发现了,在汉军的追击下,项羽边打边走,最后身边只剩下二十八名骑兵,而眼看着追来的汉军却有数千人。

项羽对身边的士兵说,我起兵到现在八年了,大大小小打了七十多仗,一直见谁灭谁从来没输过,今天竟然落到这个地步,这是老天爷要我死,不是我没打好仗。今天反正要死了,让我为大家痛快地打一仗吧!

说完他带着仅剩的二十八名骑兵杀向汉军,一战下来干掉了汉军两个将领和数百名士兵,而项羽这边只损失了两人。项羽的绝地反击,打乱了汉军追击的步伐。利用场面的混乱,项羽一路逃到了乌江边。乌江亭长已经在江边等着接应,他对项羽说,江东地方虽然不大,但也地方千里,军民几十万,足可以称王割据一方,现在只有我有船,赶紧上船吧!

没想到这时候项羽却不肯跟亭长走了。他说如果老天要我灭亡,渡江又能怎样,何况当年我带着八千子弟兵北上,今天却只有我一个人回去,就算江东父老可怜我支持我,我又哪有脸回去呢。于是项羽把乌骓马送走,又徒步返回

杀伤了数百名汉军，自己也伤痕累累。在生命的最后时刻，项羽在对面的汉军中看到了自己的一个老熟人，叫吕马童，是汉军的骑兵司马。没想到昔日的故人今天也站在敌军阵营里等着取自己的性命，项羽就笑着对吕马童说，听说汉王用千金赏和万户侯来悬赏我的脑袋，得了，今天我就便宜你吧。于是拔剑自刎，在场的汉军纷纷争抢项羽的尸体，最后有五个人还凭借此功劳被封了侯。

一代战神，曾经不可一世的西楚霸王项羽就这样结束了自己的人生。

是啊，项羽为什么不肯渡江，他为什么要放弃卷土重来的机会呢？我们需要弄明白两个问题：第一，项羽想不想过江？第二，项羽能不能过江？

首先说项羽想不想过江的问题。按照司马迁的说法，项羽是爱面子觉得心中有愧，无颜见江东父老。还有一种观点认为，以项羽的英雄气概，愿赌服输，所以直接干净利落地抹了脖子，根本不想过江。项羽是个英雄没错，他豪爽，热血，快意恩仇，相对老奸巨猾的刘邦，后来的人们可能更喜欢项羽。但项羽的这些性格特征也说明了他简单粗暴孩子气的行事风格，也造就了他的失败。

项羽曾经握着一手好牌，但被他的任性毁掉了大好局面。他仇恨秦国，坑杀二十万已经投降的秦国士兵，屠戮咸阳，杀光秦朝宗室，焚烧阿房宫，彻底失去了关中的民心，导致后来楚汉战争中关中父老坚定地和刘邦站到一起。

他违背楚怀王当时谁先入关中就当关中王的约定，把刘邦封到巴蜀，丧失了信用；又凭主观喜好对其他诸侯的分封也不公平，得罪了盟友；还指使手下杀死了楚怀王，丧失了道义；同时东征齐国期间滥杀无辜，激起齐地军民的殊死反抗，导致刘邦从容东进，丧失了战机。

虽然他本人是一代战神，但是他手下没一个能独当一面的副手。整个楚汉战争中，基本就靠他一个人奔走在各个战场中解决一堆火烧眉毛的问题。

他在彭城快要打败刘邦的时候，队友英布叛变了，项羽只好先分兵解决英布。解决了英布后掉头回来准备接着揍刘邦，结果彭越又在身后搞事情，项羽于是再回过头来打彭越。这口气刚缓过来，刘邦又卷土重来了，项羽只好又掉头来打刘邦，好不容易取得一点优势，另一边又传来消息，韩信已经打下了齐国，还把项羽派去的十几万援军给灭了，搞得项羽真是焦头烂额。

项羽是一头战斗力超强的雄狮，奈何对面的刘邦集团却是配合默契的狼群，项羽不管多能打，却总是陷入顾此失彼的境地，所以他虽然一直在胜利，但一直赢不了战争。刘邦则正好相反，无论被打败了多少次，他都能一次次地从零开始。因为刘邦的起点很低，一个一事无成的草根四十八岁才开始创业，无论怎么失败都无非是回到从前。这样的人没有什么可失去的，永远都有进步的动力和需求，也习惯了人生的挫折和失败，始终有大不了从头再来的勇气。

而项羽自二十四岁出道以来战无不胜一帆风顺，抗打击和抗挫折的能力同刘邦根本就不是一个级别的。更关键的是，项羽始终不明白自己明明一直在胜利，为什么局势却一天比一天恶化，最后只好把失败归结于老天爷要弄死自己这样无厘头的理由上。可以说此时的项羽，既没有东山再起的心理素质，也没有东山再起的策略。就像他说的，就算渡江过去又能怎么样呢，优势如此明显还被对方翻盘，连理由都不知道，还怎么东山再起呢，所以干脆放弃了。

再说项羽能不能过江的问题。杜牧说"江东子弟多才俊，卷土重来未可知"，但宋代政治家兼文学家王安石并不认同，他写了一首《叠题乌江亭》："百战疲劳壮士哀，中原一败势难回。江东子弟今虽在，肯与君王卷土来？"

很多人都觉得项羽到了江东就是回老家带老乡出来再开一局的事，其实这种认知是有问题的。项梁和项羽虽然在江东起兵，但他们真正的老家是在江北。

《项羽本纪》里说得很清楚，项氏家族的封地在项，位于今天的河南省沈丘县附近；项梁和项羽是下相人，下相即今天的江苏宿迁；楚怀王曾封项羽为鲁公，封地在今天的山东曲阜。

正因为如此，灭秦后项羽为了满足衣锦还乡的虚荣，将都城定在彭城，就是今天的江苏徐州，因为这里是他的核心根据地。结果因为地势一马平川完全无险可守，楚国都城数次被攻破，毫无稳定的战略后方可言。无论是项、下相、曲阜，还是彭城，这些地方其实都在今天的豫南、鲁南和苏北一带，而垓下大战时这些地区基本已经被刘邦占领，项羽其实早就失去了自己的主场优势。

项梁当年之所以带着项羽去江东，是因为犯了杀人罪逃到江东避难的，现在就算项羽过了乌江，他也是属于客场作战。当初他能在江东拉起一支反秦的队伍，靠的是项梁的威望和自己的战斗力。但这个局面，他还能让江东父老再跟着自己一起玩命吗？恐怕项羽对此也是没有把握的，所以他无法过江。

实际上在项羽死后，汉军很快就打下了江东，根本没有受到什么激烈的抵抗。反倒是楚怀王当初封给项羽的鲁地却为项羽守节誓死不降。汉军本想强行攻打，但考虑到鲁地父老的忠诚和坚贞，就把项羽的头颅展示给他们看，鲁地这才投降，并且按照礼仪把项羽安葬在谷城，就是今天山东省东平县旧县乡[1]。总而言之，项羽的主观性格决定了他不想过江，而客观的战略局势决定了他过不了江。

不管怎样，项羽死了，楚汉争霸以刘邦的胜利告终。农家子弟登上皇帝的宝座，建立了一个新的王朝，而"汉"这个字，也成为一个民族、一种文字、一门语言的名称。新上台的皇帝刘邦是否从此高枕无忧了呢？

1.《东阿县志》。

第十二篇
白登之围
骑马的汉子有多雄壮

好不容易打垮了项羽，新鲜出炉的大汉皇帝刘邦却遇到了一个更让人头痛的问题，那就是北边的匈奴人。

匈奴本是北方草原逐水而居的游牧民族。秦末天下大乱，匈奴人趁势崛起，在首领冒顿单于的带领下，成为汉朝北方边境的严重威胁。此时的刘邦，就好像刚在家里打趴下夺家产的兄弟，门外又来了砸玻璃的小混混，连缓口气的工夫都没有。关键这小混混跑得快抓不着，抓得着还打不过，既烦人又嚣张。

匈奴人能嚣张到什么地步呢？刘邦死后，冒顿单于曾给寡妇吕后写过一封激情澎湃的求爱信[1], "孤偾之君，生于沮泽之中，长于平野牛马之域。数至边境，愿游中国。陛下独立，孤偾独居。两主不乐，无以自娱，愿以所有易其所无。"意思是，你是刚死了老公的寡妇，我是没媳妇的光棍，这长夜漫漫无心睡眠，干脆咱两人往一被窝里凑合凑合得了。

这封看起来像是骚扰短信的情书，实际上也是匈奴给大汉下的战书。

1.《汉书·匈奴传》。

吕后看完之后勃然大怒,第一反应是想派十万兵马去抽冒顿一顿,但大臣劝她说,当年你老公带着几十万人都没打赢,区区十万人又能怎样,还是忍了吧。于是吕后只好强忍屈辱给冒顿回了封信,大意就是我现在岁数大了,牙齿也掉了,走道都费劲,这姐弟恋太委屈你了,咱还是自己过自己的吧。

一国太后、大汉的实际掌权者受到赤裸裸的调戏,却只能忍气吞声,继续用和亲政策来买平安,可见当时匈奴人给汉朝带来的国防压力有多巨大。

匈奴如此嚣张,大汉初立之际,难道刘邦就没有想过对策吗,怎么会容忍他们在此后的数十年里这样飞扬跋扈呢?其实,刘邦还真试过一回。

匈奴人作为骑马的汉子,不但战斗力强,机动性也更高,走位飘忽,捉摸不定,经常干一票就跑。而汉朝北方漫长的边境线在他们的攻击下,处处是漏洞,跟筛子一样。在这种情况下,为了加强北方边境的防守,刘邦将原本封地在中原的韩王信,改封在北方的太原郡。韩王信为了防守边境,后来将王国的都城迁到了更靠近边境的马邑[1],可以说绝对是冲锋在第一线了。

这位韩王信本名也叫韩信,和我们之前说的"兵仙"韩信重名,因为他原来的封地是韩国,为了方便区别,历史上称他为韩王信。不过虽然两人的名字都叫韩信,韩王信打仗的水平就差得太多了。韩王信和匈奴人打仗就没赢过几次,公元前201年,当他又一次被匈奴人打到怀疑人生时,老板刘邦还写了好几封信来训斥他。韩王信一不做二不休,既然敌人我打不过,老板还总骂我,干脆认对面的匈奴人当老板好了,于是他直接投降了匈奴,掉头跟着新老板来打原来的老板刘邦。

公元前200年,刘邦亲率大军北上出征匈奴,顺便解决叛乱的韩王信。

---

1. 今山西省朔州市。

汉军一战击溃了韩王信的部队,之后又三战三胜,打败了匈奴和韩王信的联军。连续的胜利让刘邦看到了一举解决匈奴问题的可能,于是他派了十几批使者去打探匈奴的情报,大多数使者回来说看到匈奴部队都是老弱残兵,后勤跟不上,士气低落,可以继续进攻。只有一个使者表达了不同的意见。这位持少数派观点的使者叫刘敬,原本叫娄敬,后来被刘邦赐姓刘。

刘敬向刘邦报告说,两国交战,应该拼命秀肌肉才对,而我去匈奴人那里,只看到老弱病残,这一定是故意摆拍给我们看的,所以我认为匈奴是不能攻打的。

但当时汉军的主力部队已经出发,箭在弦上不得不发,刘邦还是决定继续前进,指挥大军北上进攻平城,也就是今天的山西大同。

由于当时已经是隆冬时节,而汉军主力是各地抽调来的步兵,不适应北方的寒冷天气,造成了严重的冻伤和补给困难,部队之间逐渐拉开了距离。

求胜心切的刘邦亲率骑兵部队走在前面,顺利攻占了平城。结果在追击匈奴的撤退部队时,一下子掉入了冒顿的包围圈,被四十万匈奴大军包围在白登山上七天七夜,内无粮草,外无救兵,可以说是非常绝望了。

这时护军中尉陈平看到冒顿单于总和媳妇阏氏[1]在战场边上遛弯,好像很恩爱的样子,就给刘邦出主意,可以从冒顿的阏氏身上寻求突破。

陈平送了一堆珠宝给冒顿的阏氏,还特意画了一幅美女画像,说要献给冒顿来求和。冒顿阏氏一看这画上的人也太好看了:不行,美女不能给,我保证说服我老公。在枕边风的吹拂下,冒顿居然真的打开了包围圈的一角,汉军趁机从包围圈里退了出来,刘邦这才转危为安。

白登之围后,汉朝对匈奴实行和亲政策,除了送妹子,每年还送给匈奴大

1.《汉书注》:"阏氏,匈奴皇后号也。"

批棉絮、丝绸、粮食、酒等。自此，汉与匈奴各自以长城为界，虽然匈奴人还是时不时骑着马来抢点东西杀点人，但总体来说两国的关系得到暂时的缓和。所以有人说刘邦是靠着一幅画里的女人和无数送出去的女人才渡过难关的。

汉朝当时真的打不过匈奴吗？

汉朝刚建立的时候，经历了秦末农民战争和四年的楚汉争霸，天下残破，人口少了一半，物资极度匮乏，皇帝坐马车想找四匹颜色一样的马都做不到，丞相以下的官员只能坐牛车。而匈奴在冒顿单于的带领下，向东打败东胡，向西击破月氏和乌孙，控制西域，基本上一统大漠，所管辖的区域，东至兴安岭，西到西域，北达贝加尔湖，南抵阴山山脉。最关键的是，他建立了一整套管理体制和行政架构，将原本松散的匈奴部落打造成可以和中原王朝匹敌的北方大国，怎么看都不好惹。最让刘邦头痛的，不是打不打得过，而是打不打得着的问题。

如果正面对抗，其实汉军未必会输。但匈奴人从来不按套路出牌，上千里的边境线，他们骑着马东打一下西打一下。大汉坐视不管吧，边境就废了；如果集合大军去打，匈奴人骑着马就撤了；集中军队全力防守吧，边境线太长根本防不过来，几十万部队成天不种地不干活光在边境蹲着，也耗不起啊。

那么，和亲是双方都能接受的结果吗？其实双方一开始都想彻底解决对方。刘邦带着大军来找冒顿决战，冒顿设下陷阱等着刘邦往里钻。白登之围时冒顿是真心想把刘邦彻底干掉的，但为什么把包围圈打开一角放刘邦出来呢？靠的真是陈平的计策、冒顿媳妇儿的枕边风吗？

《史记》中只记载了陈平用隐秘的计谋帮助刘邦脱困，并没有说是什么计谋，贿赂匈奴阏氏这事儿倒是有[1]，但献美人图那段就是后人演绎出来的了。

史书上真实的冒顿，杀了自己的亲爹、后妈和弟弟；为达目的，把自己最

1.《史记·陈丞相世家》。

心爱的宝马和媳妇转手就送给别人，绝对的翻脸无情，怎么看都不像一个耳根子软的"妻管严"。冒顿之所以会听从阏氏的劝说，一方面因为匈奴人和中原的汉人不同，女子参与政治并不是忌讳，另一方面当时和冒顿单于约好，要共同夹击刘邦的韩王信部队迟迟不到，冒顿担心自己被骗，所以才同意了阏氏的建议。当然，冒顿打开包围圈的一角，可能也是想把刘邦引出来干掉，这是匈奴人天生就会的捕猎技巧。

原本冒顿用计谋放鱼饵引刘邦上钩，计策倒是成功了，却没想到上钩的鱼是个硬骨头，刘邦被围在白登山，汉军突围不出去，匈奴军也打不下来。战况一时陷入了胶着，而汉军的步兵主力正在逼近，匈奴在白登山外的包围圈却随时要被人反包围了。这种战况下，正面强攻已经没有意义。唯一的机会就是等着汉军逃命时自乱阵脚，冒顿再来一个迎头痛击。结果汉军撤退时，在陈平的建议下，队伍保持整齐，警戒度很高，没有给匈奴人任何可乘之机。所以白登之围解除后，冒顿眼看着灭掉刘邦已无希望，就率领主力部队撤退了。

对匈奴人来说，老是动刀子抢东西风险高效率低；对刘邦来说，带着大军打匈奴成本大耗不起。匈奴需要各种物资和财货，大汉需要一个休养生息的安定环境。既然打仗对双方都不划算，大家就都退一步各取所需。对汉朝来说，反正匈奴人无非就是想要点东西，那就把一次性结清改成分期付款，于是，和亲就成了双方必然的选择。

刘邦做出了最符合现实利益的理智决定，但如果他热血一把，押上所有家底，是不是就能彻底解决匈奴这个让人头痛的问题了呢？答案还是不行，因为国内有些事，远比这些骑马的汉子更让他焦虑。那刘邦最焦虑的问题又是什么呢？

第十三篇
兔死狗烹
皇帝的焦虑症怎么破

皇帝刘邦的白登七日游差点没回来，大汉从此只好持续给匈奴人送上妹子和票子当保护费。

刘邦对自己为什么能成功，有着非常清醒的认识，他曾说过，"夫运筹帷幄之中，决胜千里之外，吾不如子房；镇国家，抚百姓，给饷馈，不绝粮道，吾不如萧何；连百万之众，战必胜，攻必取，吾不如韩信。三者皆人杰，吾能用之，此吾所以取天下者也"。也就是说刘邦承认自己运筹帷幄不如张良，管理后勤不如萧何，带兵打仗不如韩信，能夺得天下，只是因为他会用人而已。

纵观整个先秦到秦汉时期的战争史，成功指挥过六十万大军进行会战的将领只有两人，一个是带兵灭亡楚国的秦朝大将王翦，另一个就是干掉西楚霸王项羽的韩信。两位战神都是通过暴揍楚国人证明了自己指挥超大兵团会战的能力，在此心疼楚国人一秒钟。

既然韩信是"战必胜，攻必取"的战场天才，为什么白登之围时刘邦不带上韩信呢？很抱歉，不可能，因为这个时候韩信已经被刘邦基本拿下了。

如果说匈奴问题只是让刘邦头痛，那韩信则是让刘邦焦虑，甚至可以说，就是因为韩信的存在，刘邦才不敢也不能放手和匈奴人决一死战。

在楚汉战争中，刘邦一共分封了七个异姓诸侯王，如齐王韩信（后改封楚王）、淮南王英布、梁王彭越、燕王臧荼等。当时的大汉王朝，一半是政府直接管辖的郡县，一半是分封给诸侯王的领地，这种介于分封和郡县之间的制度，叫作"郡国并行"。

七个诸侯王虽然都尊刘邦为皇帝，名义上属于大汉的臣子，但实际上他们在自己的领地拥有完整的行政、财政和军事权力，几乎就是个独立国家。翻开当时汉朝的地图，皇帝刘邦直接控制下的郡县虽然比当年的秦国大得多，但从辽东到江东的大片土地，几乎全是诸侯王的地盘。

这种局面，刘邦要是和匈奴全面开战，打输了全军覆没直接完蛋，打赢了兵力受损迟早完蛋。手里没了兵，那些兵强马壮的诸侯王一旦翻脸造反，坐上皇帝宝座的就不一定是谁了，因此刘邦怎么可能不焦虑。

今天的历史课本上写得清清楚楚，郡县制是比分封制更有利于维护国家统一和政权稳定的制度，秦朝已经在全国范围内实行了郡县制，刘邦建立汉朝后为何还要封这么多诸侯呢？其实不是刘邦想分封，是不分封根本搞不定。

垓下之战前，刘邦和项羽曾一度陷入僵持，但无论怎么催促，彭越和韩信的援军就是不到。张良看得明白，劝刘邦说，彭越和韩信不下场，是因为封地还没落实，他们是不见兔子不撒鹰，不给好处不出兵。

于是刘邦马上给彭越和韩信划分了领地，这两位才带着兵马来围殴项羽。

对刚刚成立的大汉王朝来说，匈奴人来了，顶多是抢劫，但诸侯王要是闹起来，刘邦这皇帝估计刚上位就可以下岗了。所以在解决内部问题前，刘邦根本就不可能和匈奴全面开战。他毕竟是经历过秦末的人，如果大秦不是在边境屯了八十万主力部队，导致国内兵力空虚，哪里会有后来陈胜吴广起义和楚汉争霸的剧情。所以比起边境的匈奴人，国内的七个异姓诸侯王才是皇帝焦虑症的病根。

那么，这个病得怎么治呢？

刘邦虽然没看过《葫芦兄弟》，但也知道一个一个下手的道理。七个诸侯王里，实力最强、最能打，也最让刘邦害怕的当然就是韩信了。所以刘邦干掉项羽后，第一件事就是冲到韩信的军营解除了他的兵权，并且在登基后把韩信从齐王改封为楚王。虽然表面上看楚王韩信的地盘扩大了不少，但实际上楚地是原来项羽的地盘，饱受战火摧残，而且四面受敌，经济实力和战略环境都没法和富庶的齐国相比。可以说，这时候的刘邦已经对韩信心存戒备，甚至准备对他下手了。

事情就是这么凑巧，公元前201年，有人告韩信谋反，刘邦一看机会来了。他本想亲自动手，但合计了一下又觉得正面进攻打不过韩信，就采用陈平的计策，借视察的名义来到楚国，在接见韩信的时候突然袭击直接把他拿下了。被控制住的韩信这才恍然大悟，感慨地说，曾有人告诉我"狡兔死，良狗烹；高鸟尽，良弓藏；敌国破，谋臣亡"，现在天下太平了，看来我这条狗也到了下汤锅的时候啦。计谋得逞的刘邦无辜地说，不是我针对你，是有人告你谋反哦！呵呵。

韩信被解除了兵权，就像老虎没了牙齿，刘邦也不想对韩信下死手，就把他贬为淮阴侯，还时不时去和他聊天。

有一天刘邦问韩信，你觉得我能带多少兵？

韩信也不客气，说顶天十万吧。

刘邦一听才十万啊，又问，那你能带多少兵？

韩信说，那就是零到正无穷，多多益善了。

刘邦一听不怒反笑说，那你怎么被我给拿下了？

韩信说，陛下不善于带领士兵，但是善于带领将军，而且您是真命天子，哪里是我这个凡人能比的呢？

刘邦听了很开心，但韩信明显不开心。公元前197年，北方发生叛乱，刘邦亲自带兵去平叛，留守都城的韩信终于找到机会想搞小动作响应叛乱，结果还没行动就被吕后和萧何骗到宫中杀死了。当初月下追韩信的是知己萧何，现在献计杀韩信的也是知己萧何，这就是成语"成也萧何败也萧何"的由来。

韩信早年靠河边老大娘的接济才活命，最后又因为刘邦媳妇的算计才完蛋，所以有一副对联精确地概括了韩信的一生，叫"生死一知己，存亡两妇人"。战场上所向披靡的兵仙韩信，没有马革裹尸，却死在深宫妇人之手，不得不说历史果然是一出让人哭笑不得的荒诞剧。

韩信一死，平叛归来的刘邦心情很复杂，《史记·淮阴侯列传》里记载了一句话，"且喜且怜之"。"喜"是因为韩信能力太强，功劳太大，留着就是不安定因素，现在被除掉了总算缓解了皇帝的焦虑症。但另一方面刘邦和韩信总有袍泽之情，也爱惜韩信的才能，所以又对韩信的结局"且怜之"。但不管怎样，汉初战斗力排名第一的韩信没了，接下来就轮到同样骁勇善战的梁王彭越了。

又是这么凑巧，有人告彭越谋反，刘邦照方抓药又突袭了彭越，然后免去他的王位，把他流放到四川。彭越西去的时候遇到了吕后，跟吕后哭诉说自己很冤枉。吕后说既然冤枉，那就跟我去皇帝那儿，我帮你求情。

只怪彭越太天真，还真跟着吕后走了。吕后见到刘邦说，彭越这么有战斗力，放到四川就是放虎归山，还是宰了吧。刘邦一想也对，就把彭越杀了，还剁成肉酱分赐给各路诸侯王。结果这碗肉酱又把一个人给刺激了。韩信、彭越和英布并称汉三大名将，现在前两位都去地府报到了，英布觉得按照排名先后下一个轮也轮到自己了。果然不久，英布也被人告发谋反。事已至此，英布索性直接起兵反汉。刘邦抱病出征，最终灭了英布，将他的封地收回。

到了这个时候，汉初分封的七个异姓诸侯王，除了长沙王封地实在过于偏远无关轻重之外，其余的燕王、赵王、楚王、梁王、韩王和淮南王，要么犯法被废，要么造反被杀，他们的领地全都重新被封给了刘邦的兄弟和子侄，异姓诸侯王已经成了过眼云烟，皇帝的焦虑症终于治好了。

后来刘邦和群臣杀白马，歃血盟誓，凡是不姓刘还敢称王的，全天下一起去灭他，算是又给大汉天下加上了一个双保险。

我们刚才说过，郡县制是比分封制更先进的制度。好不容易摆平了异姓诸侯王，刘邦为什么还要大封刘姓诸侯王呢？如果说汉初刘邦分封七个异姓诸侯王，是形势的需要。那现在分封同姓诸侯王，其实是历史的惯性。

一方面，汉朝吸取秦朝"孤立而亡"的教训，希望能通过分封同姓王来巩固统治，另一方面，以当时中央政权的行政和管理能力，还无法全面精细地覆盖这么广阔的疆土，所以必须用分封制来控制偏远的边境地区，这其实是走向大一统的必然阶段。

公元前 195 年，刘邦崩于长乐宫，享年六十二岁，谥号高皇帝，庙号太祖。他一生戎马倥偬，直到生命的最后一刻还在为刘氏子孙的江山操心费力。那么，刘邦死后的大汉将走向何方，谁又将成为大汉王朝新的掌门人呢？

第十四篇
回家的诱惑
贤妻良母是怎么黑化的

公元前195年，刘邦去世，太子刘盈即位，就是后来的汉惠帝。但大汉天下的实际掌控者不是年少的皇帝，而是他的母亲吕后。在很多人的印象中，吕后就是个阴狠毒辣的老巫婆，诛杀功臣，迫害情敌，专权霸道。难道她生来就是这样恶毒的女人吗？当然不是，其实吕后也是有过白莲花岁月的。

吕后，名雉，年轻时候家庭条件优越，也算个白富美。他们家刚搬到沛县的时候办了个乔迁宴，规定随份子低于一千钱的都不能进大堂吃饭。刘邦也来蹭饭局，明明一分钱没有，却张嘴就说老子随礼一万！

这么豪爽的打赏，一下子就引起了吕雉父亲吕老爹的注意。吕老爹不但不追究刘邦吹牛皮的蹭饭行为，反而把女儿嫁给了他。要知道当时刘邦已经是个三四十岁的大叔，一事无成，游手好闲，要钱没钱，要颜没颜，家里穷得啥都没有，外面还有个非婚私生子，吕老爹的这波操作实在是让人无法理解。

可就是这样，过门后的吕雉也毫无怨言。刘邦在外面喝酒赊账，她就勤俭持家补贴家用；刘邦在外面四处游荡，她就在家侍奉公婆。她不但给刘邦生了一儿一女,还对刘邦的私生子视若己出。这时的吕雉,全身散发着圣母光辉。

后来刘邦参加反秦起义,他的家人也就成了政府的通缉犯。吕雉留在家乡照顾一家老小,一边躲避追捕,一边操持家务,日子过得相当艰难。好不容易大秦玩完了,楚汉争霸又开始了,吕雉和一家老小还成了项羽的人质。

为了逼迫刘邦投降,项羽威胁说要把刘邦的老爹剁碎了做肉酱。刘邦却笑嘻嘻地说,咱们是结拜兄弟,我爹就是你爹,你要是把你爹做成肉酱,别忘了分我一碗尝尝。把项羽给气得够呛,要不是项伯在旁边说好话,刘邦他爹恐怕当场就熟了。要是刘老爹煮完了,下一个自然就是吕雉了,这也是吕雉生命中最接近死亡的一次。

都说男怕入错行,女怕嫁错郎,吕雉嫁给不着调大叔刘邦后,就没过上舒坦日子。刚开始只是每天发愁一家人明天能吃什么饭,后来直接沦为战俘,连有没有明天能吃饭都不知道了。就这样提心吊胆了两年,终于楚汉议和了,吕雉带着一家人回到了丈夫的身边。可这时候丈夫的身边,已经有别人了。

这个人就是戚夫人,比吕雉年轻,比吕雉漂亮,比吕雉更讨刘邦的喜欢。的确,吕雉这些年辛苦持家,脸也晒黑了,手也粗了,身材更是走样了,人老珠黄,哪能跟年轻貌美的戚夫人比颜值。所以刘邦出征关东,总是把戚夫人带在身边,而让吕雉留守关中大本营,夫妻间压根不照面,哪有什么感情可言。吕雉对戚夫人这个横空出世的小三,恨得牙根儿痒,但更让她伤心的是刘邦的态度。于是,吕雉的性格变得愈发冷酷刚毅,既然男人靠不住了,就好好守护一双儿女。

没想到这个小目标都难以实现。戚夫人给刘邦生下的一个儿子,被封为赵王,名叫刘如意。如意如意随我心意,听这名字就知道刘邦多喜欢这个儿子了。加上戚夫人每天在刘邦身边美人垂泪装可怜,刘邦也觉得太子刘盈又闷又懦弱,反而这个小儿子越看越像自己,就想改立戚夫人的儿子为太子。

此时的吕雉和刘邦,已经不再是普通夫妻,更像是合作的创业伙伴。大汉天下虽是刘邦打下来的,但军功章也有吕雉的一半。对吕雉来说,做牛做马的是我,死里逃生的是我,坐镇后方的也是我,戚夫人除了长得好看又有什么贡献?我才是和刘邦白手起家合作创业的原始股东,现在公司上市走上正轨,你刘邦想稀释股权也就罢了,还准备把我们娘俩彻底踢出董事会不成?这件事彻底开启了吕后的黑化进程——为了权力和地位不择手段的毒后正式上线。

虽然朝臣都极力反对更换太子,但刘邦还是一意孤行。吕雉没办法,就派人劫持了张良,逼他出主意。张良也很无奈,说以前形势危急的时候皇帝听我的,现在这事我说了也没有用,除非能把商山四皓请来为太子坐镇。

商山四皓是秦朝末年四位隐居在商山的四位博士,也是民间的超级知识网红。刘邦当了皇帝后好几次请他们出山都惨遭拒绝。结果吕后真的把这四位老先生请来给太子撑腰,刘邦才断了换太子的念头。毕竟抛妻弃子不合人伦,废长立幼有违礼法,加上以张良为代表的开国文臣都站在吕后一边,军中又遍布吕后的关系,连名将樊哙都是吕后的妹夫,还有商山四皓四位的加持,就算执意立戚夫人的儿子为太子,恐怕太子也活不到登基那一天。

无奈放弃的刘邦找来戚夫人,两人一边喝酒,一边流泪,刘邦唱歌,戚夫人伴舞,于是一首《鸿鹄歌》诞生了[1]。"鸿鹄高飞,一举千里。羽翮已就,横绝四海。横绝四海,当可奈何?虽有矰缴,尚安所施?"说的是羽翼丰满的鸿鹄,已经振翅高飞,就算手里握着弓箭,又有什么办法呢?太子就是高飞在天的鸿鹄,哪怕自己贵为皇帝也没法随心所欲。吕后终于赢得了这一回合的胜利。之后刘

1.《汉书·外戚传》。

邦驾崩，太子刘盈登基为皇帝，但整个帝国还是由吕后一手执掌。

正房黑化后第一件事当然是收拾小三了，所以吕后第一时间把戚夫人抓来。你不是长得好看吗，我就剃光了你的头发，像狗一样戴上铁项圈，让你穿着犯人的衣服干重活。戚夫人哪受过这种罪，一边干活一边唱歌：儿子是王啊，母为囚犯，终日劳作啊，与死相伴，相隔千里啊，谁能把话传？

吕后听说后，更生气了，还指望着你儿子来救你，那我就让你知道什么叫彻底绝望。于是吕后派人把年幼的赵王刘如意给毒死了，掐灭了戚夫人最后一丝期望，然后把戚夫人剁去手脚，挖掉双眼，熏聋耳朵，毒哑喉咙，丢在厕所里，让她生不如死。后来唐代有在元宵节请"戚姑厕神"的习俗，据说这位厕所之神戚姑，就是被吕雉丢到厕所里的戚夫人[1]。戚夫人遭受了如此非人的折磨，吕后竟然还请儿子汉惠帝来看"人彘"。结果儿子被吓得精神崩溃，在病床上躺了整整一年多，后来更是整个人都不好了。

公元前192年，吕后为了"亲上加亲"，将年仅十一岁的外孙女张嫣，也就是汉惠帝姐姐鲁元公主之女立为汉惠帝的皇后。但张嫣年纪太小，汉惠帝也不喜欢她，所以张嫣始终没有生子，于是吕后又设计教她假装怀孕，再把汉惠帝与宫女周美人所生之子刘恭塞给张嫣，假装嫡子，然后杀掉了周美人。

公元前188年，在位仅仅七年的汉惠帝刘盈抑郁而亡，吕后立孙子刘恭为帝，史称西汉前少帝，吕后自己临朝称制，成为中国太后专政的第一人。

她还打破了非刘姓不得称王的白马之盟，把自己娘家的十几个亲戚都封为王侯。为了巩固权势，她又强迫很多老刘家的男人必须娶吕家的女子为妻，他们稍微不听话就得倒霉。汉初刘姓诸侯王里被吕后收拾得最惨的就数赵王了。

1.《月令广义·正月令》。

第一任赵王就是被吕后毒死的刘如意，这个自不必多说。

之后吕后改封原淮阳王刘友为赵王，刘友虽然娶了一个吕家的女子，但是夫妻感情并不好，他媳妇去吕后那儿告自己老公想谋反，于是第二任赵王被吕后关在王府里活活饿死了。接着吕后让梁王刘恢做了第三任赵王，这任赵王同样很不幸，被硬塞了一个吕家的女儿当老婆，而且王府从上到下都是吕家的人，自己一点权力和自由都没有，最后连他最喜欢的小妾也被弄死了，于是第三任赵王唱着情歌殉情自杀。

吕后还想再找个刘姓的宗室来做赵王，大家都看得出来，吕后明显对"赵王"这两个字有特殊的怨念，谁还敢冲上去找死啊。所以群臣建议说，你干脆别祸害刘家人了，整个你们老吕家的来当吧，吕后就让自己的侄子吕禄当了赵王。

这时候吕后立的小皇帝刘恭长大了点，得知自己的生身母亲是死在吕后的手上，小皇帝就下定决心长大了一定得好好算算这笔账！可惜，小皇帝没有长大的机会了。公元前184年，吕后废黜了孙子刘恭的皇位，并把他处死，又换了另一个孙子刘弘当皇帝，史称西汉后少帝。吕奶奶杀亲孙子都完全没有一丁点下不去手的意思，收拾起别人来更不会有任何心理负担了。

所以在吕后执政期间，无论是老刘家的皇亲国戚，还是开国的文臣武将，全都被她搞得服服帖帖。这个女人对汉初的政治格局和政策走向影响如此之大，以至于后来司马迁在写帝王本纪时，没有给皇帝刘盈留位置，反而单独写了一篇《吕太后本纪》。虽然吕后掌权后心狠手辣，开启了汉代外戚专权的先河，但不得不说她也延续了刘邦时期休养生息的政策，为后来的大汉盛世打下了基础。那么吕后死后，大汉的带头大哥又换成谁了呢，被压制多年的宗室和功臣们，还能这么听话吗？

第十五篇

平定诸吕

谁是全场最佳

公元前 180 年，汉初最有战斗力的女人吕后走到了生命的尽头。

吕后一死，虽然吕家的一大帮亲戚依然高官厚禄作威作福，但被吕后压制多年的刘姓宗室和功臣集团都开始蠢蠢欲动了。毕竟他们才是有股份有编制的正式员工，被老吕家压了这么多年，现在也该换个人说了算了。

过得正滋润的老吕家当然不同意。当时吕家的带头人吕产和吕禄手里有兵权有政权，连皇后都是吕家的女儿，局面一片大好，哪能说放手就放手。

吕家不放手，刘氏就不能雄起，于是一场以打垮老吕家为终极目标的斗争拉开了序幕。那么这场斗争中，谁是全场最佳呢？

可以说有两对组合，在这场战斗中起了关键作用，分别是来自功臣集团的陈平周勃组合，以及来自刘姓皇族的刘襄刘章兄弟。

陈平和周勃，是跟着高皇帝刘邦一起打天下的老战友。陈平是丞相，是智慧担当，负责搞阴谋动脑子；周勃是太尉，是武力担当，负责带队伍镇场子。

史书上记载陈平身材高大，皮肤白皙，面容英俊，但这个可以靠颜值吃饭的小哥哥，是个让人胆寒的特务头子。他长期担任刘邦军中的护军中尉，说白了就是刘邦直属的情报机关总负责人，相当于明朝的锦衣卫加东厂。他为刘邦"六出奇谋"，基本都是收买叛徒、离间敌人、背后偷袭之类的事，可以说是个玩阴谋搞事情的专家[1]。

而周勃跟随刘邦南征北战，破秦军，灭项羽，打匈奴，在战场上身先士卒，勇猛无比[2]，连刘邦都觉得虽然周勃文化水平差了点，但将来能安定大汉江山的一定是他[3]。

在朝堂上，陈平和周勃的配合也十分默契。刘邦临死前，觉得吕后的妹夫樊哙想造反，就派陈平和周勃去收缴樊哙的兵权，并且特意说明要把樊哙当场干掉。于是陈平带着周勃搞了一次偷袭拿下了樊哙，但是没有当场杀掉他。因为他们一商量，如果当场把樊哙杀了，事情做绝了就没有回旋的余地，干脆把樊哙带回去，杀不杀让刘邦自己决定好了。

结果走到半路，他们就得知了一个很尴尬的消息——刘邦死了，现在台上说了算的换成吕后了。幸好当初没手快把樊哙宰了，陈平和周勃也不至于弄得里外不是人，的确是很有先见之明了。

后来吕后想要封吕家的人当王，陈平和周勃都赞成，有大臣愤怒地质问他俩，当年高皇帝白马之盟的时候你们不在是咋地，现在为了讨好吕后在这儿装失忆，真不要脸！

陈平回答说，在朝堂上当面争论，我们不如君，但保全社稷，安定宗室，君不如我们啊！

---

1. 据《史记·陈丞相世家》整理，下同。
2. 据《史记·绛侯周勃世家》整理，下同。
3. 《史记·高祖本纪》，"周勃重厚少文，然安刘氏者必勃也"。

因为他和周勃很清楚,此时吕后手握大权,和她对着干不会有好结果,不如假装服从,潜伏在敌人内部当卧底。

而吕后死后,陈平和周勃觉得是时候展示真正的技术了,要对付吕氏,一要联合刘姓宗室,二要夺回吕氏手里的兵权。

这时候,打倒老吕家的第二组关键选手出场了,那就是齐王刘襄和朱虚侯刘章兄弟俩。

当时这哥俩分工非常明确,哥哥刘襄继承齐王之位,留在齐国埋头发展;弟弟刘章为人勇武,被召到长安担任侍卫。

吕后还活着的时候,有一次刘章在酒席上伺候局,跟吕后说,我是个武将,请允许我用军法来管理酒席。吕后觉得挺新鲜就同意了。结果酒席上有个吕氏族人酒量不行提前退席,刘章追上去就是一刀,直接砍死了这个早退的,酒席上的人都蒙圈了,刘章却不紧不慢地说,有人临阵脱逃,臣按照军法处死啦!

这一出之后,刘章在吕氏族人心中成了惹不起的杀神,他也收获了一群迷弟,都是那些对吕氏一族不满的人。

刘章娶的恰好也是吕家的女儿,结果却因此获知了吕家密谋造反的消息。于是他给远在齐国的哥哥刘襄送信,让哥哥在外起兵,自己在长安做内应,这样里应外合把吕家干掉,然后推举哥哥刘襄当皇帝。

刘襄接到弟弟的情报后准备起兵干一票,但觉得自己实力不足,于是找到隔壁邻居琅琊王刘泽,说吕氏要造反,我们刘姓诸王必须有应对,起兵这事儿我已经准备好了,但我是晚辈,起兵平乱还得请您来牵头。

据《汉书》载,琅琊王刘泽是刘邦的远房堂弟,和刘邦是一个辈儿的,他觉得自己的确是老资格老前辈,就欢天喜地来到齐国准备大干一场。却没想到刚到齐国就被刘襄扣下，军队也被刘襄收编了，然后刘襄合兵一处打出了讨伐吕氏的旗帜。

而此时的长安城里，掌权的吕产听说齐国造反了，就派兵前去镇压，结果派去的军队到了齐国却按兵不动，和齐王的军队干瞅着，打起了默契球。

吕产和吕禄想要谋朝篡位，但是内有陈平周勃的制约，外有齐王刘襄的威胁，派出去平叛的大军又一点儿动静也没有，吕家人此时也慌了[1]。

在这个节骨眼上，陈平和周勃秘密地同刘章取得了联系，结成了打倒吕氏的同盟。但当时首都两支最重要的部队南军和北军，掌握在吕禄和吕产手中，连名义上主管军事的太尉周勃手下都没有一兵一卒，这可怎么打倒吕氏呢？

这就体现出陈平的厉害了。他和周勃找人去忽悠吕禄，说当年皇帝和你们吕家一起打下江山，所以封你们吕家三个王，大家也是认可的，但现在你明明是赵王，却待在首都不到封国去，这样大家很难做啊。不如你交出兵权回赵国去，这样齐国就没理由造反了，大臣们不再担心，你也可以安心地做个太平王爷了。

吕禄也是智商堪忧，居然真的放弃了兵权，收拾东西准备回赵国享福去了。

太尉周勃赶紧趁机掌握了吕禄手里的北军，但是南军还在吕产手里，他可没那么容易放手。陈平又找来刘章，让他协助周勃夺取南军的控制权，刘章不改简单粗暴的彪悍本色，直接带着人冲进宫里把吕产杀了，然后派人四处出击，把吕家满门不管男女老少杀了个精光。曾经权倾天下的老吕家终于灰飞烟灭，权力重新回到了老刘家的手中。

在这场斗争中，陈平出谋划策，周勃身先士卒，刘襄在外呼应，刘章冲杀在前，四个人都可谓功不可没。

1.《资治通鉴·卷第十三》。

胜利已经到手，接下来就该解决一下胜利果实的分配问题了。陈平和周勃作为臣子，再大的奖励也不过是升职加薪，但本就是董事会成员的刘襄刘章兄弟，当然希望获得更好的回报了。

有人提议应该让功劳最大、封国最富庶最强大的齐王刘襄来当皇帝。但这个提议遭到了一个人的强烈反对，这个人就是琅琊王刘泽。

前面我们也提到，他被刘襄坑了一把，手里的兵马都被收编了，让一个孙子辈忽悠得这么惨，刘泽的心里能痛快了才怪。所以他当时在齐国时跟刘襄说，我的辈分大，我去长安给你拉票。

结果刘襄竟然天真地相信了。刘泽名正言顺地开启了他的打击报复行为，他对朝臣们说，齐王刘襄我太了解了，他那个舅舅凶得不要不要的，要是立了他不就相当于再搞一个吕后集团出来吗？相反代王刘恒的母亲薄氏温柔平和，刘恒本身也是个忠厚老实的好孩子，让他继承皇位才是最合适的选择啊！

这个理由如此充分，逻辑如此清晰，尤其在吕氏外戚专政刚被平掉的时候，简直让人无法拒绝，所以齐王刘襄的皇帝宝座就这么飞了，在汉初跌宕起伏的剧情中毫无存在感的代王刘恒成了大汉王朝的新皇帝。

那么，这个皇位真的是从天上掉下来的馅饼吗？陈平、周勃这些朝堂精英，为什么会选择刘恒这个毫无贡献值的王爷来当皇帝呢？

第十六篇
捡漏的皇帝
没实力怎么C位出道

公元前180年，曾经大红大紫的吕氏外戚天团彻底凉了。丞相陈平等重臣决定推举刘邦的第四子、代王刘恒为下一任的大汉皇帝。

不过刘恒这个王爷此前在历史中毫无存在感，也没有在平定吕氏的斗争中出过力，怎么这皇帝之位就落到了他的头上呢，难道这就是传说中的躺赢吗？

其实，当远在北方荒凉边境蹲了十几年的代王刘恒接到来自长安的邀请函时，自己也是不相信的。不只是他，包括他的下属们都觉得这事情有点诡异。

刘恒等人之所以对这块从天上掉下的馅饼如此怀疑，是因为当时有资格登上皇位的候选人实在太多了。

首先，刘邦和吕后的儿子汉惠帝刘盈虽然退群早了点，但他也是有儿子可以继承皇位的。前少帝刘恭因为不听话被吕后杀了，后少帝刘弘还在台上，除此之外梁王刘太、淮阳王刘武等也都是刘盈的血脉。从继承原则来说，刘盈的儿子才是应被优先选择的皇位继承人。代王刘恒只是刘盈的弟弟，属于旁系血亲，从正统性来说，刘恒只能靠边站。

其次，就算不立刘盈的儿子，在平定吕氏的斗争中，齐王刘襄在外起兵，是反抗吕氏专权武装斗争的领头人，朱虚侯刘章在内呼应，是诛杀吕氏斩首行动的执行者。而且这两位也是刘邦的孙子辈儿，在整个事件中，不说居功至伟也是出了大力气的。在他们斗争最激烈的时候，代王刘恒还蹲在北边数星星呢，所以从贡献值的角度来看，刘恒还是靠边站。

最后，就算不考虑孙子辈的刘襄和刘章，刘盈的兄弟辈里也不是只有代王刘恒一个。淮南王刘长作为刘邦第二小的儿子，就明显比刘恒更受老爹的宠爱。只要比较一下两人的封国就能发现，刘恒所在的代国远在北方蛮荒之地，土地贫瘠收入少，挨着匈奴烦恼多，时不时闹个灾荒已经够糟心了，更有彪悍的匈奴人经常拎着刀来家里串门。能蹲在这破地方的，会是亲爹喜欢的儿子吗？

相反刘长所在的淮南国，原本是汉初名将英布的封地。这地方没有边境的危险，而且富庶得多，距离首都也不远。刘长本人英武有力，据说和项羽一样，也是力能扛鼎，而且他和朝臣的关系也很铁，从人缘关系来看，刘恒又是靠边站的命啊！

没名分，没功劳，没实力的三无选手刘恒，在这场C位出道战中简直分分钟就要被淘汰。按理说以陈平和周勃两位导师的精明，就算有琅琊王刘泽为刘恒站台，也不应该会挑中这种选手吧。

不过当上皇帝这种事，除了实力，通常运气也是很重要的。

事情就是这么凑巧，排名在刘恒前面几个既有实力又有希望的选手，一个个都被导师淘汰了。

首先是正统性最强的汉惠帝刘盈的几个儿子，其实他们恰恰是最不可能上位的，谁让他们的亲奶奶是吕后呢。吕氏一族好不容易才被铲除，可万一等新换上来的皇帝长大了，想起自己身上的吕氏血脉，难免不会和重臣们翻旧账，所以刘盈这一脉的皇子基本没戏。不但如此，重臣集团为了斩草除根做得更绝，他们干脆不承认这几个皇子是汉惠帝刘盈的亲生骨肉，派人直接把几个可怜的娃全给弄死了。

那么接下来就轮到齐王刘襄了，他可和吕后没有血缘关系。虽然被琅琊王刘泽实名举报，但作为当时实力最强的诸侯王，在倒吕战争中又有首义之功，更是刘邦的长孙，怎么看都应该是他了。

可惜，这些优势恰恰是陈平和周勃不选择他的理由，所谓刘襄的舅舅太凶不过是个表明的借口，真正的理由其实很简单，就是名和利的问题。

如果选择了齐王刘襄，那么整场斗争的旗手和最大的功臣就成了他，陈平和周勃等人的主导和策划功劳就会被抹去，变成给刘襄打辅助而已，在史书上的记载可就没那么好看了。而且，齐王有封国有实力，这样强势的王爷一旦登上皇位，必然不好控制。已经在吕后的压制下苦熬了多年的朝臣们实在不想再整一个难伺候的老板了。另外，齐王在封地有自己的班底和下属，一旦他登上皇位，肯定得提拔自己人，这样以陈平和周勃为代表的老员工就得靠边站。所以于公于私，他们都不会让刘襄登位。

最后还有淮南王刘长。确实他的各方面条件看起来都比刘恒要更好，但是有一件事决定了他不可能站上 C 位。

因为刘长虽然不是吕后的亲儿子，却是被吕后亲手抚养大的，和吕后的感情非常好。重臣集团把吕氏杀得这么惨，怎么可能选择一个有吕后背景的人当自己的老板，这是生怕自己的后半生太平淡不够刺激吗？

所以按照排除法，三个错误答案都划掉后，剩下的那个就是唯一的选择了。

最没冠军相的代王刘恒成为首位出道的选手，登上了皇帝的宝座。

当齐王刘襄得知这个消息时，整个人是崩溃的。郁闷到吐血的刘襄深受打击，一年后就病死了。

那么，代王刘恒就真的一无是处吗？

其实也不是，刘恒和他的母亲薄姬，的确没有什么能拿得出手的光辉历史，但是他们的低调，却成为自身最大的优势。

刘恒的母亲薄姬原本是秦末群雄并起时魏王豹的女人[1]。秦汉时期有位算命特别准的女相士叫许负，许负见到年轻的薄姬时给她算了一卦，说她将来生的儿子会是皇帝。

魏王豹一听很高兴，既然我媳妇是皇帝他妈，那我当然就是皇帝他爹啦！

于是自信心爆棚的他加入了秦末汉初的冠军争夺战，想跟刘邦和项羽掰一掰手腕。不过他的语文阅读理解还是有点问题。

你媳妇是皇帝他妈，谁说你就一定是皇帝他爹呢？因为母子关系是固定的，可夫妻关系却是流动的啊。结果没多久魏王豹就被韩信给平了，薄姬也成了刘邦的女人。

不过薄姬并不受宠，她连刘邦的面都见不到。当时薄姬和另外两个嫔妃关系不错，就说好以后情同姐妹相互扶持。结果那两人很快得到了刘邦的宠幸，只有薄姬还是没捞着机会。有一天这两个妃子说起和薄姬的约定，觉得是个笑话，被刘邦听到了，刘邦觉得这个薄姬也挺可怜的，就宠幸了她一次，结果薄姬就生下了刘恒。

虽然给刘邦生了个儿子，薄姬却还是不受宠，刘恒八岁就被封到代国那个

---

1. 据《史记·外戚世家》整理，下同。

穷山恶水的地方，薄姬则继续在后宫当小透明。

刘邦死后，正房吕后翻身做主，把当年骑在自己头上的小三们挨个拉出来放血。只有薄姬因为实在太没存在感，连心狠手辣的吕后都对她没什么想法，就放她去代国和儿子团聚了。

而代王刘恒其实是个有德行有智慧的人。他对待母亲非常孝顺，《二十四孝》中"亲尝汤药"的故事说的就是他。

吕后干掉了三任赵王之后，曾经想任命刘恒当第四任赵王，但刘恒没有被赵国的富庶迷花了眼睛，表示自己蹲在北边看星星挺好的，非常理智地躲过了这个烫手的山芋。

可以说，薄姬和刘恒的低调，深得道家无为而治的精髓，"不争，故天下莫能与之争"，从不咄咄逼人，更不上蹿下跳。有的时候人生就这么奇妙，你刻意追求的总求之不得，你随缘淡定的却往往不期而至，这就是道家的智慧，也是历史的智慧吧。

不管怎么说，刘恒成为大汉新的主人，史称汉文帝。很多人对他的印象，都是孝顺节俭，温和低调，开启了"文景之治"，为后来大汉的雄起打下了基础。还有很多人把汉文帝和窦皇后之间的爱情奉为经典。

但是，历史的细节总是出乎我们的意料，看似纯良无害的刘恒，却是一桩杀妻灭子血案的直接嫌疑人。这又是怎么回事呢？

第十七篇

真相不止一个

模范皇帝还是杀人凶手

刘恒，谥号孝文皇帝，庙号太宗。

谥号是对死去的帝妃、诸侯、大臣以及一些社会地位很高的人，按其生平事迹进行评定后，给予相应的评价文字，字数从一二字到几十字都有。

传统说法认为，谥号制度起源自西周早期，是周公制定的[1]。但近代学者如王国维等考证认为谥号制度实际上是从西周中期才开始的。除了中国外，受中华文化影响的一些东亚邻近国家亦有使用谥号的传统。

骄傲如秦始皇，觉得这种"子议父，臣议君"的玩意实在配不上他这样的千古一帝，所以废除了谥号，但汉朝建立后又恢复了谥号制度，奉行"以孝治天下"，所以汉朝皇帝的谥号中都会带有一个"孝"字，这个是固定的，然后加一个别的字作为皇帝的谥号全称。

刘恒的谥号是孝文皇帝，"经天纬地曰文"，这个谥号属于绝对的称赞，更难得的是刘恒还有庙号。

1.《逸周书·谥法解》。

庙号起源自商代，创基立业曰"太"，如太祖汤、太宗太甲；功高者曰"高"，如高祖王亥、高宗武丁；世代祭祀曰"世"，如世祖盘庚、世宗且甲；中兴者曰"中"，如中宗且乙。庙号按照"祖有功而宗有德[1]"的标准，给予先王祖或宗的称号。也就是说能叫"祖"的，一定是立下了夺取天下那样大的功劳，能叫"宗"的，一定是拥有治理天下的德行。

周代只有谥号而无庙号，秦代既无谥号又无庙号，汉朝不但有谥号，而且承袭了庙号这一制度。但汉朝对追加庙号一事极为慎重，尤其是在西汉，非有大功大德者不能拥有。后来的庙号含金量一路走低，到了唐朝时，除了某些亡国之君以及短命皇帝之外，一般都有庙号。

刘恒在西汉能捞到一个庙号，足以证明后世对他的评价非常高。

关于刘恒和窦漪房的爱情故事，有很多影视剧进行改编。剧中刘恒的老好人好皇帝好丈夫形象深入人心，所以善良、节俭、深情成了他最大的标签。

但是，历史的真相通常不止一个。很多人可能不知道，一代明君汉文帝刘恒，其实是一桩杀妻灭子人伦惨案的嫌疑人。这到底是怎么回事呢？

这一切都源于《史记·外戚世家》中的一句话："而代王王后生四男。先代王未入立为帝而王后卒。及代王立为帝，而王后所生四男更病死。"

就是说刘恒还是代王的时候有个王后，给他生了四个儿子，但这个王后没有享福的命，在刘恒当上皇帝之前就死了。而她生的四个儿子，在刘恒当了皇帝之后也都病死了。这么看起来，失去了老婆和四个儿子的刘恒好可怜啊。

表面上看的确是，但是仔细推敲一下，就会发现事情并不简单。

首先我们根据《汉书·文帝纪》来捋一下时间线：

1.《史通·称谓》。

公元前180年七月吕后去世；八月齐王刘襄起兵。

闰九月，刘恒入主长安，被陈平周勃拥立为皇帝。所谓"闰九月"，是因为秦代和西汉初期使用《颛顼历》，以十月为岁首，把九月作为年终，闰月就放在九月之后，被称为"后九月"，就是这一年有两个颛顼历的九月。

公元前180年十月，也就是孝文皇帝元年的第一个月，刘恒以皇帝的身份参拜太庙，并把老娘薄太后从代地接到长安来。

到了正月，也就是公元前179年的一月，升级为皇帝的刘恒立窦氏的儿子刘启为太子。三月，窦氏被册立为皇后。

也就是说，刘恒的前王后肯定是十月份之前死的，而且应该刚死不久，所以还没来得及立新的王后，但这时候她给刘恒生的四个儿子还活着。

但仅仅两个月后，到了一月份需要立太子的时候，这四个前王后的孩子刚巧全部病死了，只剩下窦氏的儿子刘启年纪最合适。

前王后的死因毫无记载也就罢了，四位皇子的死在史书上也只有简简单单的"病死"两个字。的确，当时的医疗条件落后，儿童的夭折率肯定很高。但究竟是什么病在短短两个月的时间内就夺走了四位皇子的性命呢？如果是烈性的致命传染病，为什么窦氏生的孩子都没事，而前王后的四个孩子去见了阎王？

而且他们死后既无追封也无纪念，完全没享受到应有的待遇。更有意思的是，作为代王的前王后，史书上对这个女人的记载一笔带过，我们连她姓甚名谁、出生于何地、家族关系如何都一无所知。

要知道司马迁开始写《史记》的时候距离此事不过才七十多年，《史记》里连刘邦年轻时的情妇姓曹都记得清清楚楚，没理由这么近的事情却不知道。何况这位前王后身为正妻，还为刘恒生了四个儿子，怎么说也为老刘家做出了重大贡献，连刘恒后宫里像慎夫人、尹姬这样没一儿半女的妾都在《孝文本纪》《袁盎晁错列传》等史书里留下了名号，怎么堂堂正妻、四位皇子的母亲连个姓都没留下来呢？

这样不寻常的空白不得不引人遐想。我们是否可以假设，不是司马迁写《史记》的时候不知道，而是知道也不能说，因为这个前王后可能有一个很犯忌讳的姓。

姓吕。

史学界有一种说法，认为这个前王后很可能是吕家的女子。直接的证据和史实当然找不到，但历史有时候就是需要像破案一样，利用间接证据来佐证。

第一，吕后掌权时，为了控制老刘家这些诸侯王，采取的方法是强迫他们娶吕家的女儿为妻，像琅琊王刘泽和朱虚侯刘章的媳妇儿就是吕氏。

刘恒的适婚年龄刚好处在吕后执政时期，虽然这个儿子不受宠，但好歹是个诸侯王，所以吕后给他指派一个吕家的女儿为妻是有可能的。

第二，吕后干掉过三任赵王，曾经还想找刘恒来当第四任赵王，只不过刘恒很识趣地拒绝了。但是被吕后先扶上台再干掉的第二任赵王刘友和第三任赵王刘恢有一个共同的特点，那就是他们都娶了吕家的女子为妻，只不过和妻子感情不好才招来杀身之祸。

那么原本被指派当第四任赵王的刘恒，有没有可能也娶了吕家的女儿呢？而且这个女人还一口气生了四个儿子，夫妻感情一看就不错，在吕后看来是不是这样的刘恒封为赵王比较可靠，对吕家也没有威胁呢？

所以，如果这位前王后真的姓吕，如果这四位皇子真的有吕家的血脉，那刘恒想要让导师陈平和周勃为自己转身，就必须将这五个人彻底处理掉，不只要在肉体上消灭他们的存在，更要在历史中抹去他们的印记。

如果事实真是这样，你还会觉得汉文帝是个老好人吗？

当然这是一家之言的推测，为大家提供一种历史的可能性。不过除去这一点，汉文帝节俭和深情的人设，也不是无懈可击的。

电视剧里的汉文帝，是个深情款款、对妻子不离不弃的超级暖男；历史书里的汉文帝，要求妃子长裙不能拖地，免得浪费布料，陵墓不使用金银，连建造一座高台都舍不得，可以是说帝王界的省钱帝了。

但是如果你了解一个叫邓通[1]的人，就知道历史远比你以为的要有内涵得多。

汉文帝晚年追求长生成仙，有一天做梦要登天，却怎么也上不去，后来一个小伙从后面推了自己一把才上去。汉文帝觉得这个梦很有寓意，结果第二天就看到了一个和梦里长得一样的小伙，问名字叫邓通，汉文帝一听高兴了，这不就是助我登上通天之路的意思嘛！于是文帝每天和邓通待在一起玩，特别地宠爱他。

汉文帝干别的舍不得花钱，赏赐起邓通来一出手就是赏钱巨万，而且连赏十几次。邓通也很懂事，每天陪在汉文帝身边，连到了规定的休息日都不出门。

有一天，汉文帝找来当年给自己母亲薄姬算过命的女相士许负给邓通算命，结果许负掐指一算，说这小伙以后得穷到饿死。

汉文帝表示不服，我堂堂大汉皇帝罩着的人还会穷吗？所以皇帝一声令下，把邓通家乡的几座铜山都赏赐给他，允许他采铜铸币，说白了就是让邓通直接躺在家里印钞票，这还能穷？

而邓通也争气，所铸造的铜钱质量上乘，分量十足，流通广泛，上到王公大臣，

---

1. 据《史记·佞幸列传》整理，下同。

下到平民百姓都乐意使用，人称"邓氏钱"。

如果当时有财富排行榜，邓通绝对是霸占榜首的超级富翁了。

但是许负被称为史上第一女相士，也不是空有虚名的。别看汉文帝对邓通这么好，有人却已经恨死他了。

首先就是汉文帝后宫的女人们。窦皇后人到中年，又得了病双目失明，汉文帝对着一个瞎子当然不会有什么愉快的体验，所以窦漪房就逐渐失宠了[1]。好在窦皇后还有子女傍身，反正自己看不见，所谓眼不见心不烦，她对邓通倒也没太大意见。汉文帝的其他妃子就出离愤怒了，被别的小妖精打败也就罢了，现在竟然让一个男人给抢了风头，这口气是怎么也咽不下。

但后宫的女人能量有限，顶多背后骂两句，真正能让邓通不好过的，竟然是汉文帝的太子刘启。

说起来邓通得罪太子的原因也是挺无厘头的。

有一次汉文帝生病长脓疮，疼得欲仙欲死。这也很正常，要追求长生不老的皇帝都得炼丹，而炼丹用的铅汞锌锡之类的重金属吃多了当然会中毒。邓通看到皇上长毒疮疼得要命，就用嘴给汉文帝吸脓水来缓解他的痛苦。由于画面太美，这里就不具体展开描述了。

总之脓水吸出来后汉文帝觉得好多了，就问邓通，哎呀，这天下谁最爱我呢？邓通想了想，讨好太子的机会来了，赶紧说，当然是太子殿下最爱您了！

这话不说还好，一说可要了命了。

刚好太子来拜见，汉文帝就让太子给自己吸毒疮，太子都快恶心吐了，但没办法，只能硬着头皮上。

1.《史记·外戚世家》。

后来太子就打听是哪个缺德的想出这么恶心的招来整自己,一听是邓通,于是这梁子算是结下来了,邓通这马屁也算是拍错了地方。

等到文帝驾崩,太子刘启登基后,就找了个理由把邓通拿下,没收全部财产。邓通果然应了许负的预言,穷困潦倒,最后饿死街头。

所以汉文帝的一生,并不是用某个简单的标签和人设就可以概括,但不可否认的是,他就算不够完美,也当得起文景之治开创者这一名号。

文帝死后,帝国的指挥棒传到了汉景帝刘启的手中,而年轻的皇帝上台后接到的第一份大礼,就是一场席卷天下的叛乱。

那么叛乱因何而起,新上台的皇帝又将如何应对这场叛乱呢?

第十八篇

七国之乱

谁引爆了火药桶

公元前154年，汉景帝刚刚上台三年，关东的七个刘姓诸侯王，在吴王刘濞的带领下，打着"清君侧"的名号发动了叛乱，已经和平了四十多年的大汉再次陷入血与火的战争之中。汉文帝是一个比较注重休养生息的皇帝，在位期间勤俭节约，励精图治，带领大汉朝进入了一个稳定发展的时期。而景帝刚刚才上台，也没什么行差踏错，这场声势浩大的叛乱是怎么发生的呢？

其实这个火药桶早就埋在了大汉王朝的地基下，那就是诸侯王问题。楚汉争霸的时候，刘邦为了夺取天下册立了七个异姓诸侯王。后来刘邦为了稳固政权，又干掉了这些异姓诸侯王，分封了一堆刘姓诸侯王。等到吕后上台，开始打压刘姓诸侯王，换上了吕家的人。再后来吕家垮了，汉文帝上台，先提拔力顶自己的琅琊王刘泽做了燕王，又册立自己的二儿子刘武为梁王。

可以说，汉初每次政权交接的关键节点，都是诸侯王势力大洗牌的时候。但无论怎么洗，诸侯王这个角色是不会被抹掉的，因为新上位者一开始要靠他们来巩固自己的地位。但当皇位巩固后，诸侯王又变成了皇帝的一块心病。主观上的血缘亲近无法抵消客观存在的潜在威胁，何况几十年繁衍生息下来，大家虽然都姓刘，但血脉和亲情早就淡薄，根本也亲近不起来。

对刚刚上台的汉景帝来说，除了封在梁国的弟弟刘武还算自己人之外，其他的诸侯王都是多少年也见不到，一见到就只能尬聊的叔伯大爷而已。偏偏这些叔伯大爷一个个还活得嚣张且滋润，不但拥有自己的军队和政权，实力还强大到让中央政府都感到受威胁。

在关东的诸侯王里，吴王刘濞应该是最土豪的了。他的吴国靠着大海，通过煮海水熬成盐卖给别人就日进斗金。他还拥有好几座铜山，能自己铸造钱币，相当于一手开着专卖店，一手搂着印钞机[1]。一个诸侯王实力这么强大，当皇帝的本来就不放心，更何况这个吴王和汉景帝还有一段解不开的血海深仇。

当年汉景帝还是太子的时候，吴国的太子刘贤来找他玩，两个年轻人在一起喝着酒玩着棋，本来挺开心的。但刘贤从小娇生惯养、蛮横霸道惯了，下棋的时候竟然和太子刘启吵了起来。可说到娇生惯养、蛮横霸道这种事，皇帝的太子没理由会输给诸侯王的太子啊。所以两个人吵着吵着火气越来越大，太子刘启抄起棋盘就给吴国太子开了瓢。吴国太子刘贤被一击爆头，直接就挂了。

太子失手打死了人，当然不用偿命，可吴王没了儿子那是非常生气，从此之后就和中央政府闹起了别扭，甚至开始密谋造反。

那么，点燃这场叛乱的导火线又是什么呢？

就是汉景帝主导的"削藩"。其实削弱诸侯王这事儿，汉文帝时代就开始了。只不过刘恒同学装孙子的经验丰富，从来都是暗戳戳地动手，悄咪咪地找碴。

当年曾经和他竞争过皇位的齐国和淮南国都成了他下手的对象：齐王刘襄

1.《史记·吴王濞列传》。

死后没多久，强大的齐国就被他拆分为齐、城阳、济北、济南、淄川、胶西、胶东七国[1]；后来淮南王刘长企图叛乱又被刘恒拿下，死在流放途中，富庶的淮南国也被他一分为三[2]。

汉文帝一出手，不但又稳又准又狠，而且都是师出有名波澜不惊。但汉景帝的功力和火候就差太多了。当时汉景帝最信任的大臣晁错，是景帝在当太子时的管家。晁错的个人忠诚度和业务水平是不必说的，但就是情商低，无论领导还是同事都不喜欢他。《史记》中形容晁错用了四个词——严厉、刚直、苛刻、狠心，由此就知道这人有多不好相处了。

当时另一位大臣袁盎和晁错闹得非常僵，两个人不但从来不说话，甚至都不愿意同框出现，总是一个来了另一个就走。后来晁错上台，就借口袁盎曾经接受过吴王的钱财，要把他论罪处罚，幸亏汉景帝网开一面，袁盎才躲过一劫，只是被贬为平民。

晁错整完了仇人，就准备整这些诸侯国了。他给汉景帝上疏《削藩策》，说削藩这事儿是削也得出事，不削也得出事，早出事还比晚出事危害更小。就跟脸上长痘痘一样，你挤它也长，你不挤它也长，早点挤痘痘小还不疼，挤得越晚痘痘长得越大，挤起来越疼。总之中心思想就是既然早晚得干，不如现在就干。

汉景帝把《削藩策》交给朝臣们讨论，大家都害怕晁错不敢发表意见，只有窦太后的堂侄窦婴表示反对，于是晁错和窦婴也结下了梁子。

当然窦婴的反对并不能动摇汉景帝削藩的决心，皇帝还是下诏削去赵国、

1.《史记·齐悼惠王世家》。
2.《史记·淮南衡山列传》。

胶西国、吴国和楚国等几个诸侯国的大块地盘，其中吴国更是直接被砍掉了将近三分之二的面积。晁错这么搞，诸侯王的不满都达到了爆发的极限，连晁错的父亲都看不下去了，跑来跟他说，儿子，你这是想闹哪样啊？

晁错说，我不这么做怎么安定江山社稷呢。

父亲说，你只管刘家的江山，不管我们晁家的死活呗！见劝不动儿子，可怜的老父亲觉得接下来就是死路一条，回去就服毒自杀了。

火药桶早就埋下，导火索也已经点燃，这回炸弹想不炸都不行了。

果然，皇帝的削藩命令刚公布，吴王刘濞就联合楚王、赵王、济南王、淄川王、胶西王、胶东王六个诸侯王，以"清君侧"为名发动叛乱，史称"七国之乱"。

他们的口号喊得很正义，说皇帝身边有坏蛋，我们替皇帝打扫干净，但真实的目标谁都清楚，吴王刘濞在起兵时发表的战斗宣言中就说：老子三十年来拼命攒钱养兵，就是为了今天！

七国叛军还勾结北方的匈奴和南方的闽越，准备四面开花，而且由于早有准备，战争一开始的时候叛军势如破竹。被东边叛乱炸得晕头转向的汉景帝赶紧找来晁错商量平叛的事。别看晁错提议削藩时说得头头是道，一旦诸侯王真的闹事了，他根本没有应对预案。局势如此危急，晁错想出的昏招居然是让汉景帝御驾亲征去打叛军，他留守京城搞后勤。

自己捅了马蜂窝，然后把老板推在危险的前线挡枪，这样的员工简直就是对手派来的卧底啊！汉景帝对晁错的表现非常不满意。

这时候就看出人缘不好的后果了，晁错的一号仇人窦婴把晁错的二号仇人袁盎带到了汉景帝身边。袁盎提出了一个快速解决叛乱的办法：吴王起兵不是说要干掉皇帝身边的坏蛋吗，不如我们先把这个坏蛋干掉，那叛乱自然就搞定了。

至于这个潜伏在皇帝身边的坏蛋，当然是晁错了。汉景帝沉默许久，最终决定牺牲晁错，于是几天后晁错被腰斩，算是给了七国叛军一个交代。

那叛军停手了吗？当然没有，借口这种事说说而已，谁会当真呢。汉景帝只好决定采取武力措施。这么一看，晁错不是白死了吗？也不是。杀了晁错，如果七国叛军能就此收手当然是最好的，就算叛军还是想打，这时候"清君侧"的借口没有了，中央政府动用武力平叛也就名正言顺了。而且杀晁错更是给那些还没叛乱的诸侯国看的：提议削藩的人都让我弄死了，各位还没叛乱的就都回去洗洗睡吧。

晁错一个人的死，至少能换来和平解决、舆论优势或者稳定全局三种可能，所以无论从哪个角度看，对景帝来说都是值得的。当然了，平定叛乱这事儿还是得战场上说了算。斩了晁错后，汉景帝任命窦婴为大将军，坐镇荥阳，让弟弟梁王就地坚守，又任命周勃的儿子——名将周亚夫带领主力东进平叛。

俗话说"老子英雄儿好汉"，周亚夫打仗的水平比自己老爹只高不低，他仅用了三个月就平定了七国之乱。

自此诸侯王势力受到沉重打击，汉景帝趁机削减了诸侯国的封地，收回了地方的行政权，中央政府的权威得到加强，西汉的国力进一步提升，为后来解决匈奴问题打下了基础。周亚夫也凭借战功，升任丞相。但这位新鲜出炉的丞相有一块心病，这块心病与一个预言有关。多年以前就有人对周亚夫说过，他将会封侯拜相走上人生巅峰，但最后的结局是活活饿死。

而做出这个预言的，还是那个嘴跟开了光一样的史上第一女相士许负。现在预言的前半部分封侯拜相已经实现，那么，后半部分到底会不会成真呢？

第十九篇

饿死的丞相

死了以后怎么造反

七国之乱里立了大功的名将叫周亚夫,是平定吕家的功臣周勃的儿子。

周亚夫年轻的时候,找神算许负给自己相面,许负老大娘直接给周亚夫的人生排了个时间表:三年后封侯,再过八年拜相,但再过九年饿死。

周亚夫对此表示怀疑说,不可能,我哥已经继承了我爹的爵位,哪里轮得到我封侯,而且如果我能当上丞相,又怎么会饿死呢[1]?

年轻的周亚夫对许负的预言并不相信。结果三年后周亚夫的哥哥犯法被剥夺了爵位,作为二儿子的周亚夫真的继承了老爹的爵位。许负预言的第一步居然实现了。继承了爵位就要承担相应的工作,公元前158年,匈奴在边境闹事,汉文帝召集了三支部队保卫首都长安,周亚夫当时作为河内太守,也是这三支部队之一。他扎营的地方叫细柳,在今天的咸阳市西南,所以他的部队被称为细柳营。

汉文帝为了鼓舞士气,亲自带着一大堆好吃好喝的去慰劳军队,到其他两

1.《史记·绛侯周勃世家》。

支部队营地的时候,皇帝的车马都直接开进了军营,带兵的将领上下齐动员,应付检查团,全程说好话,赔笑脸,生怕皇帝不高兴。

结果到了周亚夫的细柳营,给皇帝开路的人高喊,皇上来了,还不快开门!

守门的卫兵却说,喊啥,不好意思,军中只听将军的军令,皇帝的命令管不着。

汉文帝没办法,只好让人拿着皇帝的符节去通报,符节就是古代用于传令的一种信物,比如我们常常听到的兵符、虎符。走完了正规的程序,周亚夫才下令打开门迎接皇帝,守门的士兵还跟皇帝的车夫说,慢点开啊,军营里限速,超速了收拾你!于是皇帝的车马只好按规矩慢慢地、稳稳地开进了军营。周亚夫一身戎装,威风凛凛,穿着铠甲手持兵器向汉文帝行军礼。那场面真是既庄严又肃穆,汉文帝也为周亚夫的赫赫军威动容,皇帝站起来手扶着车上的横木向周亚夫和众将士回礼。慰问结束后,汉文帝感慨地对身边大臣说,不比不知道,看了周亚夫的细柳营,之前那两家军营简直跟过家家闹着玩一样。

一个月后,匈奴兵退去。文帝命三路军队撤兵,然后升周亚夫为中尉,掌管京城的兵权,负责京师的警卫。他在临死前还跟太子刘启,也就是后来的汉景帝嘱咐说,关键时刻可以用周亚夫,保证靠谱。于是汉景帝让周亚夫做了车骑将军。

吴楚七国之乱爆发,叛军一路西进,很快打到了梁国。梁国是汉景帝弟弟刘武的封国,为中原战略重地,也是七国叛军必须啃下来的硬骨头。梁王刘武当然和自己亲哥站在一起,带着军队拼死抵挡叛军的进攻。危急时刻,汉景帝任命周亚夫为太尉,统领主力出关平叛,首要任务就是救援被围攻的梁国。

按理说梁王是皇帝的亲弟弟、当朝窦太后最宠爱的儿子,这个时候正被叛军拼命围攻,周亚夫应该带上人马立刻冲过去为他解围才对。但是名将的选择就是与众不同,他不但没有去解围,反而把梁王当成了吸引叛军注意力的鱼饵,一边坐等叛军在残酷的攻城战中消耗锐气,一边带兵绕到战场后方切断叛军的粮道。从战术上来说这么做并没有问题,但是作为鱼饵的梁王显然不开心。

一开始他听说周亚夫带着大军来解围还挺高兴,结果没想到周亚夫压根儿没有正面和叛军硬顶的意思,反而在战场后方看起了戏。梁王被叛军团团包围的时候,向周亚夫求救,周亚夫说,你能行,再坚持一下。梁王被叛军日夜攻城的时候,向周亚夫求救,周亚夫又说,你还能行,再坚持一下。终于梁王坚持不住了,打报告给哥哥汉景帝告周亚夫的状,汉景帝命令周亚夫赶紧去解围,周亚夫还是不听,非要梁王继续坚持。

挣扎在死亡边缘的梁王表示心好累,不过为了活命还是得坚持。最后吴楚七国叛军粮草断绝坚持不下去了,周亚夫才终于率兵出来,一举拿下又累又饿的叛军,仅花了三个月就平定了这场七国之乱。因为战功,周亚夫接替病退的陶青,被任命为丞相。

许负预言中的封侯和拜相截至目前都已经成真,现在就剩下最后一步活活饿死了。可是周亚夫有爵位有俸禄,还深受皇帝器重,怎么会饿死呢?但命运就是这么无常,走上巅峰的周亚夫很快就体会到了什么叫自由落体运动。

周亚夫虽然战功赫赫,但他在平定七国之乱的战争中把梁王可是得罪惨了。梁王作为窦太后最喜欢的儿子,隔三岔五就往长安跑,每次来都在太后和皇帝面前说周亚夫的坏话。而周亚夫将门出身,虽然当了丞相,但急性子直脾气,经常怼得汉景帝一愣一愣的,和皇帝的关系处得并不好。

当时太子刘荣的母亲失宠,汉景帝想要废掉太子,并让自己喜欢的王美人当皇后,周亚夫就极力反对。虽然涉及储君的问题,直言进谏算是丞相的职责,但周亚夫说话生硬难听，皇帝和新换上来的王皇后心里肯定不是滋味儿。

后来汉景帝要封王皇后的哥哥为侯，征求周亚夫的意见，周亚夫不但不同意，还把高皇帝刘邦的语录搬出来，说高祖有白马之盟，非刘姓不得封王，否则天下人要一起讨伐他！搞得汉景帝很生气，不同意就不同意呗，说什么天下人一起讨伐啊，来讨伐谁？讨伐我这个皇帝吗？

再后来，有五个匈奴的贵族来投降，汉景帝说这几个识时务啊，可以给他们封个侯吧。周亚夫又说，不行不行，要是封赏了这帮卖主求荣的货，那我们以后怎么管理自己的小弟啊！汉景帝被怼得气炸了肺，但坚持封了五个匈奴贵族为侯，周亚夫一看自己的意见没被采纳，就说自己有病要辞职，汉景帝也不客气，当下就批准了。不过气消了以后，汉景帝还是想给周亚夫一次机会，想着这位老哥经历了这么一遭，脾气总该改改了吧。

于是汉景帝在宫中举办宴会，邀请周亚夫来赴宴。为了试探周亚夫的直脾气改了没，汉景帝给他单独准备了一块大肉排，却没准备切肉的刀，甚至连双筷子都没有。周亚夫一看就急了，问宴会的服务员要筷子。

估计声音不小，语气也生硬，让上头坐着的汉景帝听到了，汉景帝就看着周亚夫笑着问："此不足君所乎？"意思是，"咋地，你那缺啥啊"或者"怎么了，这还满足不了你吗"，结果周亚夫的反应是"免冠谢"，就是摘下帽子来赔罪。古人在正式场合要穿戴整齐，帽子是必须戴的，摘下帽子表示认罪的意思。这倒没什么问题，无论君主是开玩笑还是真生气，做臣子的认错服软是应当的。

但是当汉景帝刚说了一个"起来吧"，周亚夫就腾地一下站起来转身快步走了，把一屋子人晾在了当场。他这是直接用行动告诉汉景帝，你是皇上你都对，我是臣子我认错，但是老子不爽一样甩脸色给你看！

汉景帝目送着周亚夫的背影，嘀咕了一句，就这个货，哪里能辅佐太子呢。

从此周亚夫彻底失去了皇帝的信任。而在汉景帝的人设里，感恩戴德从不存在，卸磨杀驴才是常态，他很快就抓到了周亚夫的把柄。

原来周亚夫的儿子周阳觉得老爹这身体一天不如一天，就开始忙活准备身后事。考虑到老爹戎马一生战功赫赫，周阳就偷偷准备了五百套盔甲打算给老爹当随葬品。但是盔甲属于朝廷严格管控的物资，私自持有是犯法的。于是周亚夫被人告谋反，抓进了监狱。

汉景帝派廷尉去审问他。廷尉问周亚夫说，你为什么想造反啊？

周亚夫回答，那是我儿子买的随葬品，准备我死了一起埋的，造什么反？

廷尉冷笑着说，哼，我看你就算不在地上造反，也是想死了到地下去造反吧！

用活人世界的法律来审判死后世界的罪行，这操作也是很高级了。周亚夫百口莫辩，深知皇帝这是存心要弄死自己了，于是在狱中绝食而亡。许负预言的第三步最终实现——一代名将，曾经封侯拜相的周亚夫，就这样把自己活活饿死了。

很多人可能觉得不理解，为什么汉景帝要对周亚夫下手，难道仅仅是因为他脾气太臭吗？其实历史哪有那么简单，汉景帝这么做也是不得已，他有必须杀周亚夫的理由。

那么这个理由是什么呢？

第二十篇

金屋藏娇

土味情话谁教的

一代名将周亚夫的惨死，让很多人觉得汉景帝卸磨杀驴太不仗义。的确，这么看汉景帝是有点无情无义，但他其实有必须这么做的理由。答案就在他说的一句话里，"此怏怏者非少主臣也"，意思是这臭脾气怎么辅佐太子啊。

当时汉景帝身体不好，已经开始为接班人铺路了，像周亚夫这样有能力却又不服管理的人，年轻的太子怎么镇得住，只好景帝亲自动手了。而这位年轻的太子不是别人，正是日后的汉武大帝刘彻。

刘彻小朋友一开始可不是太子，汉景帝的薄皇后没有生育，所以景帝最开始立的太子是栗姬生的刘荣。坊间有传言说刘彻能挤掉刘荣当上太子和一段土味情话有关，这是怎么回事呢？

《汉武故事》里是这么说的：刘彻原名刘彘，四岁的时候，有一天刘彘的姑姑馆陶公主刘嫖带着自己的女儿陈阿娇来串门子，大人逗小孩的套路几千年都一个样，馆陶公主就把刘彘抱在怀里逗他说，大宝啊，想娶媳妇不啊？你看这些宫女你想要哪个当你的老婆？

小刘彘都说不要，馆陶公主就指着自己的女儿阿娇说，那把阿娇给你当媳妇好不好呀？小刘彘马上开心地说，好呀，如果阿娇能嫁给我，我就用黄金造一座大房子，让阿娇住在里面！一个四岁孩子的土味情话就这么溜，可把馆陶公主哄得高兴得不行，于是公主苦求弟弟汉景帝的同意，让两个孩子最后成了婚。这段土味情话也就变成了今天的一个成语——金屋藏娇。

当然《汉武故事》属于志怪小说，其中的内容和细节不能当作真实的历史。"金屋"其实不准确，因为秦汉时期人们口中的金往往指的是铜；"藏娇"也不靠谱，因为陈阿娇这个名字正史中并没有记载。

类似的段子在《汉武帝内传》里也有：刘彘三岁的时候，亲爹汉景帝把他抱在膝盖上问他，儿子啊，你乐意当皇帝不？小刘彘奶声奶气地说，这事儿是老天爷说了算，儿子只想每天待在父皇身边玩耍，让父皇开心，可不敢贪图安逸，失去了做儿子的孝道。这哪像三岁小孩子能说出来的话，简直比高考满分作文的水平还高。

《汉武帝内传》也是一卷神话志怪小说，虽然署名是班固，但应该是魏晋时期的产物[1]，并不是东汉那个班固写的，是作者根据刘彻的天纵英才和汉景帝的百般疼爱自动脑补出来的情节。

那么真实的历史到底是怎样的呢？用一句歌词概括：童话里都是骗人的。

刘彘这个小名，和陈皇后叫阿娇一样，在正史中根本没有记载，都是小说家的想象。刘彻母亲王娡[2]入宫之前不但嫁过人，还生过一个女儿。后来有算命的说王娡以后能生出皇帝，娘家人一商量，生皇帝这么前途远大的事不能耽误，

1.《四库全书总目》。
2.《史记索隐》。

不顾王娡时任老公的反对，强行把她送到了宫里，结果王娡真的受到了当时还是太子的刘启宠爱，生下了刘彻[1]。

刘彻从小的确聪明又好学，非常讨人喜欢。所以汉景帝在册立刘荣为太子的同时，册封了四岁的刘彻为胶东王，封国在富庶的齐地。这么高规格的待遇，可见皇帝对这个儿子有多喜爱。

当时太子刘荣已经年满十八岁，馆陶公主想要亲上加亲，把自己女儿陈氏嫁给刘荣当未来皇后。这样她以后既是皇帝的亲姑姑，又是皇帝的丈母娘，简直不要太开心。不过太子刘荣的母亲栗姬却不同意，那个时候当然没有近亲不能结婚的科学理念，只是因为馆陶公主经常给弟弟汉景帝找漂亮妹子，栗姬又是个小心眼的，每天看着这些小妖精在皇帝身边莺歌燕舞的就闹心，想到这些都是大姑姐送来的，妯娌关系能好才怪。所以栗姬对馆陶公主提的婚事想都没想，直接拒绝了。

馆陶公主很生气，一看这太子没嫁成，剩下的皇帝儿子里，也就小刘彻值得投资。于是她和刘彻的母亲王娡一拍即合，直接定下了两桩亲事，除了小刘彻和陈氏的婚事之外，王娡也嫁了个女儿给馆陶公主的儿子，这样亲上加亲的双保险，意味着双方的政治联盟正式形成。小刘彻和陈阿娇的结合完全是桩政治婚姻，是双方母亲根据各自的现实利益决定的，哪有什么金屋藏娇的童话。

王娡希望自己的儿子更进一步，而馆陶公主也同样憋着一口气：栗姬啊栗姬，你等着！我的女儿嫁不了太子，我可以让我女儿嫁的人变成太子！所以她一有机会就在汉景帝面前说太子和栗姬的坏话，说栗姬就瞧不上你身边有漂亮妹子，经常搞些巫蛊之类的邪术来诅咒别人。

1.《史记·外戚世家》。

汉景帝一听还有这种事，于是渐渐疏远了栗姬。后来汉景帝的身体越来越差，觉得自己时日无多，就跟栗姬说，等我没了啊，你可得善待我的其他妻妾和孩子啊。话里就是想立栗姬为后，甚至有临终托孤的意思了，可多年的嫉妒和愤恨让栗姬脑子进了水，她当场炸锅，不但不答应照顾其他嫔妃皇子，还出言不逊。具体说了啥正史里没记载，《汉武故事》里开脑洞说栗姬当时骂汉景帝是条"老狗"，可以说是耿直到口不择言的地步了。

汉景帝当然非常生气和失望，只不过当时没有发作罢了。皇上不动手，聪明的王娡当然要送上助攻了。公元前151年九月，汉景帝那不受宠又没儿子的薄皇后被废黜。王娡买通大臣上书劝皇帝立栗姬为皇后。

为什么王娡要让大臣提议栗姬当皇后，跟自己过不去吗？不，这就是王娡聪明的地方。栗姬的表现已经很让皇帝失望了，只不过皇帝看在太子的面子上晾着她，现在有大臣上书要求立栗姬为皇后，就说明有朝臣和太子勾结，想要讨好未来的皇帝，这是汉景帝绝不能容忍的。所以汉景帝当场就发飙了，指着上书的大臣说，这是你应该管的事吗？

盛怒的皇帝下令处死了上书的大臣，废掉太子刘荣后，改封王娡为皇后、刘彻为太子。栗姬内心的愤恨更加汹涌，最终郁郁而终。

两年后，废太子刘荣因为犯罪被下狱，汉景帝派了个以严苛著名的酷吏去审讯他，刘荣受不了压力，害怕自杀了。这位中国自有皇帝制度以来的第一位废太子，就这样结束了自己的人生。

公元前141年，汉景帝驾崩，年仅十六岁的刘彻登基为帝，并册封馆陶公主的女儿陈氏为皇后。但这并不是故事的结束，这对小夫妻也没有从此幸福快乐地生活在一起。

在刘彻登上皇位的过程中，亲姑姑兼丈母娘馆陶公主一家出了大力气。就好比是天使投资，现在公司成功上市做大做强，当然得要点好处和回报了。

所以馆陶公主经常向汉武帝理直气壮地要这要那，时间长了汉武帝也很烦。而陈皇后因为从小娇生惯养，脾气大，性子倔，经常和皇帝吵架，每次吵架还都搬出同一句经典台词：当初要是没有我们家，哪有你小子的今天？

这种吵法哪个男人也受不了，何况是皇帝。而且陈皇后没有生育能力，求医问药的钱花了许多也没生出孩子，皇帝就开始找别的妃子。陈皇后很生气，越生气就越吵架，越吵架就越让皇帝讨厌，完全陷入了恶性循环。

别的妃子怀孕后，陈皇后更加抓狂，好不容易见皇帝一次，也是寻死觅活大哭大闹骂刘彻忘恩负义，甚至扎小人用巫蛊邪术诅咒其他妃子。事情败露后，陈皇后终于被废黜，打发到长门宫居住。

这长门宫本是馆陶公主为讨好汉武帝而改建的，现在用来装自己失宠的女儿，可以说是非常讽刺了，"长门宫"后来也成为冷宫的代名词。

南朝时的《昭明文选》一书中收录了一首《长门赋》，传说是陈皇后不甘心被废，花费千金请大才子司马相如所作[1]。《长门赋》千古流传，陈皇后却再也没能唤回皇帝的宠爱，几年后就病死了。所以"金屋藏娇"从来就不是什么爱情童话。

汉武帝说出口的土味情话我们不必深究，"金屋藏娇"放到现代也未必是一个好词，但有一件至今仍造福我们生活的事，和这位十六岁登基的少年天子有莫大的关联，到底是什么事呢？

1.《长门赋并序》。

第二十一篇
张骞通西域
带回了多少好吃的

说起张骞通西域，很多人都不陌生。司马迁称他为"凿空西域"，"凿空"就是在本没有路的地方硬生生凿穿一条新路，操作难度和危险系数相当高，对历史进程的影响更是巨大，它开创了繁荣千年的丝绸之路，更成为东西方文明交流的桥梁。

此外，张骞为我国领先世界的饮食文化做出了巨大贡献，因为他这趟出门，不但拓展了当时人的视野，增强了大汉和周边的联系，更引进了许多好吃的。

那么，这些好吃的都有啥，张骞又是怎么把它们带回来的呢？

公元前139年，少年天子刘彻向全天下发出了一封召集令，公开招募出使大月氏的外交使团。大月氏是什么地方？汉武帝为什么想派使团去那里呢？

原来自从白登之围后，汉朝和匈奴就一直保持着脆弱的和平关系。匈奴人每天的日常就是吃饭睡觉抢汉朝，而汉朝对匈奴每天的日常就是给钱给粮给妹子。

没办法，大汉开国初期国力太弱，跟匈奴人耗不起只能忍气吞声。虽然匈奴人一直占据优势作威作福，但汉朝也没闲着，就算政局有动荡，总体上还是憋着一口气默默地恢复国力。尤其是"文景之治"后,人口大量增长,粮食和财富迅速累积,汉朝的底气越来越足。再加上汉武帝少年登基,正是激情澎湃、精力旺盛的年龄,哪能忍得了匈奴这么嚣张的邻居?他准备和匈奴人撕破脸。

恰好,一个投降的匈奴人带来了一个重要的情报:有一个叫大月氏的国家二十多年前也被匈奴人打得很惨,连国王的头骨盖都被做成酒杯。大月氏人为了躲避匈奴人,被迫离开故乡向西迁徙,想向匈奴人复仇又找不到帮手。汉武帝一听,敌人的敌人等于自己的朋友啊,当下决定派人联合西边的大月氏,一起夹攻匈奴人。召集令一出,有一百多人报名应召,但是最终在历史上留下姓名的,只有两个人。一个是使团的领队张骞,另一个人叫甘夫,也称堂邑父。他本来是匈奴人,后来被汉朝俘虏,成为汉武帝派给张骞的向导和翻译。

要知道,这可不是一次轻松愉快的外派学习或公费旅游。用复杂、危险、疯狂,甚至玩命来形容这次出差也不夸张,因为整个行动面临着在家没人罩,出门没人保,路线找不到三个非常让人头痛的问题。

首先说第一个问题。这是中央政府的正式外交行为,怎么在国内的时候会没人罩着呢?因为在这次行动之前,汉武帝刘彻捅了一个不小的马蜂窝,就是他的亲奶奶窦太皇太后。窦奶奶是汉初历史的见证人和亲历者,更是汉朝建立以来,以"黄老之学"治国,推行休养生息政策的执行人。所谓"黄老之学"就是采用道家无为而治的管理方式,少动弹不折腾,而这时候的刘彻在她眼中就是个瞎折腾的"小屁孩"。这个小屁孩在丞相窦婴、太尉田蚡的辅佐下,竟然想要改变国策,推行什么新政。这还不算,他甚至在儒生赵绾和王臧的怂恿下,想架空自己的亲奶奶。

窦奶奶虽然眼睛瞎了,可心里明白着呢,一出手就逼着孙子罢免了丞相窦婴、太尉田蚡，赵绾和王臧也因罪下狱，被迫自杀。终于发现奶奶不好惹的汉武帝，只好暂时当起了乖孙子，不敢再折腾了。让张骞去西域的事别说求窦奶奶提供协助，使团没被取消就算宽大处理了。

除了朝廷内部的态势问题，去西域的这条路也有问题。"西域"一词，最早见于《汉书·西域传序》。西汉时期的西域是指玉门关、阳关[1]以西，葱岭[2]以东，昆仑山以北，巴尔喀什湖以南的广大地区，基本上就是今天的新疆地区。

西域以天山为界分为南北两个部分。在张骞"凿空西域"以前，天山北路，是天然的优良牧场，当时已为匈奴所有，属匈奴右部，归右贤王和右将军管辖。匈奴人在天山以南设"僮仆都尉"，常驻焉耆，用武力强迫南路诸国提供粮食、羊马，西域已经成为匈奴对大汉战争中的重要后勤来源。

不仅如此，从大汉通往西域的必经之路——"河西走廊"更是处在匈奴的直接控制之下。也就是说张骞要想去匈奴人控制下的西域联合大月氏打匈奴，必须穿过匈奴的势力范围才能到达目的地。虽然汉朝和匈奴自白登之围后没有再发生大规模的战斗，但是零星的冲突从来就没断过，区区一百多人要通过漫长的敌占区，光想一想就够刺激了。就算运气好到逆天，一路都没遇到匈奴人，整个使团还有一个必须解决的难题——没有导航，没人走过，地形未知。敢问路在何方，总不能真的回答路在脚下吧。

西域这片土地对大汉来说是如此陌生又神秘，此前华夏文明的边界从不曾扩展到这里，这块土地上有多少国家、多少民族，他们说何种语言、有怎样的风俗，地形如何、气候如何，沿途有没有补给点，所有的信息都是一无所知。但张骞

---

1. 今甘肃敦煌西。
2. 今帕米尔高原。

就这样率领着这支百人使团，带着皇帝的嘱托义无反顾地出发了。

激动人心的背景音乐刚播了个开头就被掐断了，因为使团一出门就被匈奴人给扣下了。张骞被带到匈奴的军臣单于面前，军臣单于说，大月氏在我的北面，你们汉朝怎么可以往那派使团啊，就像我想往汉朝南边的越国派使团，你们汉朝也不能同意啊。所以张骞的使团刚出门就被扣留了，一扣就是十年。

不过张骞出使大月氏是为了打匈奴这个目的应该没有暴露，不然他们早就被匈奴人杀了。匈奴人在扣留期间，塞给张骞一个匈奴媳妇，这个媳妇还给他生了个娃[1]。十年里，张骞学会了匈奴的语言，了解了草原的信息，习惯了游牧的生活，穿上了匈奴人的衣服，言行举止越来越像一个匈奴人。但他从未忘记自己的使命，更没有丢弃作为皇帝使节的信物。终于，时间让匈奴人放松了警惕。公元前129年，张骞找机会逃离了匈奴人的控制，带着随从踏上了西域的土地。

然而十年的时间改变了很多事：大月氏被打得待不下去，跑到更西边的地方去了。张骞一行人只好在戈壁大漠上苦苦寻找，由于出逃匆忙，物资准备不足，一路走来都是地狱般的绝境。幸亏甘夫这个向导兼翻译，有时候还兼点儿猎人的工作，射杀沿途的飞禽走兽来充饥，张骞和他才强撑着走下去，但使团里的其他人都死在了西行的路上。

历经九死一生，两人终于找到了大月氏，可是这个时候的大月氏人已经在新的土地上活得挺滋润了，完全没了返回故乡的想法，对匈奴的国仇家恨更是早就甩到了九霄云外。张骞在大月氏待了一年，磨破了嘴皮子也没说动大月氏和大汉联盟一起打匈奴，想来内心是崩溃的：费了这么大劲找到你们，你们还能再不争气点吗？

1.《史记·大宛列传》。

公元前128年，久劝无果的张骞只好动身回国。这次他决定换一条路线，躲开匈奴人。然而并没有什么用，他还是被匈奴人抓到了，又被扣留了一年多。

好在当时匈奴内乱，张骞和甘夫又一次找到空当跑了出来，这次还带着他在匈奴的妻子，一家人不断地向东，再向东，向着大汉的领土，向着家的方向迈进。

公元前126年，出使十三年的张骞终于回到了大汉。十三年前百人的队伍，现在只剩下两人，十三年前风华正茂意气风发的青年，现在也变成了满脸沧桑的中年大叔。电视剧《汉武大帝》里有一段场景：穿得破破烂烂像乞丐一样的张骞，手持着代表汉家使节的符节，向皇帝复命说了一句"臣回来晚了"。这一幕引爆了很多人的泪点，也成为这部电视剧最经典的片段之一。

张骞的出使，虽然没有实现夹击匈奴的战略目标，但他历经千难万险，不忘使命，不改初心，打通了汉朝和西域交流的渠道，开启了繁荣的丝绸之路，更奠定了以后几千年来东西方文明交往的基础。由张骞直接带回及后来通过丝绸之路进入汉朝的外来物种，就包括葡萄、黄瓜、核桃、蚕豆、大蒜、石榴等许多我们今天喜爱的美食。汉武帝特封张骞为太中大夫，授甘夫为"奉使君"，以表彰他们的功绩。几年后，张骞第二次出使西域，其间更随军出击匈奴，因功被封为博望侯。张骞还曾尝试开拓从西南通往印度的道路，为汉武帝时期的对外交流做出了巨大的贡献。

当然，张骞出使西域的十几年里，汉武帝也没闲着。使团刚走没几年，窦奶奶就去世了，忍了许久的刘彻终于可以自己说了算，和匈奴翻脸这件事正式提上了议程。不过在这之前，他有一些家务事需要搞定，因为窦奶奶虽然没了，但还有一大帮不让人省心的亲戚呢。这群皇亲国戚是怎么给小皇帝添堵的呢？

第二十二篇

外戚事多

皇帝的遗书是真是假

两汉加起来四百多年，总有一帮人时不时跳出来刷存在感，他们要么是皇帝老娘的亲戚，要么是皇帝老婆的亲戚，历史上将他们统称为"外戚"。

这帮外戚有时候帮着皇帝励精图治，有时候仗着皇帝作威作福，但是皇帝也不能把他们全干掉，因为外戚的存在对皇权既是威胁也是保障，全看台上的皇帝水平如何。就算是英明神武的汉武大帝刘彻，在执政初期，也遇到了两个让他头痛的外戚：一位是在平定七国之乱中功勋卓著的魏其侯窦婴，即太皇太后窦奶奶的侄子，按辈分汉武帝得叫他一声表叔；另一位是汉武帝母亲王太后同母异父的兄弟武安侯田蚡，即汉武帝的舅舅。

这两位外戚之间的争斗，还引出了一份真假难辨的皇帝遗书。

话说窦婴当大将军的时候，田蚡还是个不起眼的小官。他为了巴结窦婴，主动去窦婴家的酒宴上伺候，笑脸相迎，各种逗闷子装孙子[1]。后来随着姐姐得宠，外甥刘彻也被立为太子，田蚡的身份地位才开始水涨船高。

1.《史记·魏其武安侯列传》。

公元前141年，刘彻继位，不久后任命表叔窦婴为丞相、舅舅田蚡为太尉，两个外戚一下子成为小皇帝最重要的助手。

窦婴和田蚡都是儒家学说的支持者，但太皇太后窦奶奶是"黄老之学"的死忠粉，一生气直接把窦婴和田蚡的官职都撸了，两个人只好郁闷地打包回去家里蹲。不过虽然都是下岗在家待业，待遇却完全不同。

窦婴很快体会到了从门庭若市到门可罗雀的巨大反差，这也是没办法的事，汉武帝对窦奶奶感情都不深，更何况对窦婴这个表叔呢。而田蚡就不一样了，毕竟表叔和亲舅舅的亲疏关系还是有差别的。所谓"天上雷公，地上舅公"，所以田蚡虽然没有官职在身，却也能时常出入皇宫，和当今皇帝说得上话。

公元前135年窦奶奶一去世，汉武帝马上把田蚡提拔为丞相，田蚡瞬间成了当时权倾天下红得发紫的显贵。只要田蚡一上班，皇帝就不找别人商量事情；只要是田蚡的建议，皇帝都会听从；只要是田蚡想安排的官员，官职全都坐着火箭一样往上蹿。相比之下，窦婴的处境就凄凉得多，身边的人都跑得差不多了，只有一个叫灌夫的人，不离不弃。灌夫是个武将，脾气大，爱冲动，虽然屡立战功，却也不停地犯法惹祸捅娄子，好在有窦婴的照应，勉强混得下去。

有一天灌夫去拜访田蚡，临走的时候田蚡说了一句改天想去拜访下魏其侯窦婴。本来是随口一说的客气话，可灌夫当真了，他马上把这个消息告诉了窦婴。窦婴带着老婆连夜准备酒菜，布置会场，足足忙活了一夜，结果从天亮等到中午也没见田蚡来。灌夫很尴尬，去田蚡家一看才发现田蚡还在睡觉没起来，根本没把说过的话当一回事。后来灌夫好说歹说田蚡才答应去，结果又在路上磨磨蹭蹭，连起码的尊敬和诚意都没有，最后搞得大家不欢而散。

窦婴和灌夫已经觉得够憋气了，没想到过了一阵子，田蚡看中了窦婴的一块地，就仗着自己势力大，厚着脸皮向窦婴要。窦婴当然是直接拒绝，灌夫也在旁边破口大骂，两边的梁子就这么越结越多，田蚡在汉武帝面前说灌夫的坏话，灌夫手里也有田蚡勾结诸侯王的罪证，双方谁也奈何不了谁，又不想同归于尽，于是各退一步暂时达成了和解。

后来田蚡娶媳妇，王太后下令让大家都去凑个热闹。灌夫本不想去，窦婴说事都过去了，就硬拉着灌夫一起去给田蚡贺喜。可酒席上灌夫又和田蚡闹别扭了。当时田蚡给宾客敬酒，所有人都"避席"表示回应。宋代以前，椅子这种坐具还没有普及，当时的中国人都是跪坐在席子上。跪坐又称正坐、跨鹤坐、踞坐，即席地而坐，臀部放于脚踝，上身挺直，双手规矩地放于膝上，也就是现在日本人的坐姿。而避席亦作辟席，是东亚传统的交往礼节之一，古人为了表示对对方的尊敬和自己的谦逊，都要离开座席而伏于地。

因为田蚡位高权重，所以他来敬酒的时候，客人们都用最隆重的"避席"之礼来回应。可等到窦婴来敬大家酒时，就体现出差别了。除了那些窦婴的老朋友之外，其他人都没有"避席"，而是采取了"膝席"之礼来回应，就是跪在席上，直起身子，古名"长跪"。

这就好比人家敬酒，被敬酒的人受宠若惊无以为报"扑通"一声跪地上就磕头，而你去敬酒人家顶多点头"嗯"了一声，连个腰都没弯，这反差换谁看在眼里都得心里不痛快，更何况是暴脾气的灌夫呢。

灌夫很不高兴，就去给田蚡敬酒，没想到田蚡只是欠了欠身子，还表示这杯酒自己是没法全干了。灌夫说，你这么尊贵的人，我这杯酒可就拜托你啦！说完一饮而尽，那意思就是"我干了你随意"。

可田蚡还是不给灌夫面子，让他随意真就随意地喝了点。灌夫的火更大了，又无处发泄，刚好敬酒到下一桌时，桌上的宾客临汝侯灌贤是灌夫的晚辈，正忙着和同桌的程不识将军说悄悄话，对灌夫的敬酒完全没在意。

灌夫这下可找到出气的了。他大骂道，你小子平时不是总说程不识的坏话吗，怎么长辈来敬酒你俩却像女人一样在那偷偷摸摸咬耳朵啊！被灌夫骂的两个人还没反应过来，田蚡就把话接过去了。他说，程不识将军和李广将军都是守卫皇宫的将军，你这么说程不识将军，把李广将军放在眼里了吗？

田蚡这句话接得就非常阴险了，灌夫原本是呵骂自己的晚辈，这属于家务事。现在被田蚡这么一说就变成灌夫是有意侮辱程不识，而且把李广带上了，不但转移了打击面，他还特意强调这两人是守卫皇宫的，是皇帝和太后的人，侮辱程和李就是对皇帝和太后不敬，这算是把罪名无限上纲上线了。

但是灌夫哪里懂得这么多背后的小心思。他接着大喊，今天就算用刀砍我的头，用矛穿我的胸，我也不管什么程将军李将军的！

这就属于自己掉坑里，还主动要求把坑挖得深一点的行为了。

田蚡马上说，太后让大家来凑份子，你却来砸场子，分明是不把太后她老人家放在眼里！来人啊，拿下！于是灌夫被抓了起来。

抬出对太后大不敬这么大一顶帽子，田蚡摆明了是要弄死灌夫，而窦婴则想要营救灌夫。这表叔和舅舅打起了擂台，汉武帝也很头痛，只好让他们在朝堂上辩论，窦婴先是为灌夫辩护，又说田蚡各种贪污腐败。

田蚡却说，对啊，我就是喜欢金钱美女，不像窦婴和灌夫，每天忙着找小弟，做计划，不是抬头观测星象，就是低头写写画画，恨不得天下大乱才好出头，我才不知道你们想干什么呢！田蚡的指控可是字字诛心，再加上灌夫确实有违法乱纪的事，导致窦婴的证词也出了问题，汉武帝只好把窦婴也抓了起来。

窦婴一看形势不对,拿出了自己的杀手锏,说汉景帝有留下秘密遗诏,上面写道"如果遇到摆不平的事,你可以随机应变地告诉皇帝"。这实际上是景帝给窦婴的一把尚方宝剑加免死金牌,简直就是扑克牌里的王炸,用这个来换灌夫和自己的脱罪绝对没问题。

但遗诏这么高大上的东西,当然不会是皇帝随便找个布头竹片划拉两下就完了,要有严格的格式、正式的存档、明确的记录和妥善保管的副本。不然你随便抽出来个什么东西就说是皇帝写的,谁知道是真是假呢。

汉武帝听说有先帝遗诏,就按程序去核实,到尚书那儿查。

尚书是什么意思呢?"尚"是掌管的意思,"秦置六尚,谓尚冠,尚衣,尚食,尚沐,尚席,尚书[1]"。尚就是掌管皇帝的衣帽、饮食、沐浴、座位和文件的官,尚书这个官在战国时亦作"掌书",隶属于少府管辖,是个秩六百石的低级官员,在殿中主管发布文书的文字工作。

汉承秦制,尚书在汉代是保存国家图书、资料、档案、文件的地方,相当于现在的国家图书馆兼国家档案馆兼国家机要局。所以皇帝要查找文件、核对信息都要找这个机构才行。但神奇的是,窦婴拿出来的这份遗诏竟然找不到存档记录和副本。现在的情况就像窦婴打麻将坐庄自摸十三幺,结果一翻牌竟然是诈和,可以说是非常尴尬了。

"伪造遗诏"可是必死的大罪,所以灌夫的命没救回来,窦婴自己也把命搭进去了。表叔窦婴死了,但舅舅田蚡也没得意太久。过了几个月,田蚡就得了怪病,总说窦婴和灌夫的鬼魂来找他算账,很快也死了。

这场外戚之争引出了一个历史上的谜团,那就是窦婴手里的遗诏。遗诏到

1.《通典·职官八》。

底是真是假呢？

我们可以开脑洞推理一下，无非有以下几种情况。

如果遗诏是假的，当然不会有存档和副本。但这种可能性太小。窦婴被抓是因为帮灌夫做证的证词有问题，这点小罪根本就死不了，但伪造遗诏是一定会死的，他没有理由弄一个假遗诏整死自己。而且遗诏是窦婴入狱后让人从家里找出来的，肯定不是临时赶制的，提前造个假遗诏对他也没什么好处，万一被发现了，整个家族都会被牵连，谁没事在家里放一枚定时炸弹呢？

如果遗诏是真的，那为什么存档和副本没有了呢？

有两种可能：一种是原来有，但被人毁掉了；一种是压根儿就没有。那么谁最有可能销毁证据呢？很多人觉得是王太后，毕竟当时窦婴在和自己的弟弟打擂台，做姐姐的拉一拉偏架也是合理的。但是从主观上，窦婴拿出遗诏只是为了救灌夫，并没有威胁田蚡的可能，而且就算遗诏的副本能销毁，文档存储的目录还在，要是删改损毁一眼就能看出来，完全是不打自招地告诉别人这里是我做的手脚。以王太后之前在后宫的斗争水平来看，她应该做不出这种蠢事。

那销毁证据的会不会是汉武帝呢？作为整件事的最高仲裁者，汉武帝有能力颠倒黑白，而且田蚡攻击窦婴心怀不轨的话汉武帝可能真的听进去了，以他强势的个性，怎么会容忍有臣子拿着遗诏这件大杀器来制衡自己？

而且汉武帝对窦婴也是不满的。多年后有人劝大将军卫青应该广招门客，但卫青回绝道："自魏其、武安之厚宾客，天子常切齿。彼亲待士大夫，招贤黜不肖者，人主之柄也。人臣奉法遵职而已，何与招士！"

卫青的话从侧面揭示了一个重要信息，当年窦婴和田蚡打开大门广招宾客的行为，让汉武帝非常不高兴。为什么？因为收买人心、掌握人事权是帝王的特权，你一个臣子老老实实领工资上班就完了，养那么多闲人干什么？

在权力面前，弄死个表叔算什么。所以汉武帝也有嫌疑。

当然还有一种可能，就是汉景帝给窦婴的遗诏一开始就没有记录和副本。

汉景帝为何要给窦婴遗诏呢？

当初，窦奶奶还是皇太后的时候，就宠爱小儿子梁王刘武，总想让汉景帝立弟弟刘武为接班人。有一次汉景帝喝多了随口答应，在旁边伺候局的窦婴立刻表示反对，这才没让汉景帝稀里糊涂地把皇位拱手让人。所以在汉景帝眼中，窦婴就是个非常值得信赖的人，将来为太子保驾护航肯定没问题。

所以景帝立这份遗诏可能出自两个考虑，第一是提防窦太后在自己死后把梁王刘武扶上台，第二是提防媳妇王娡在自己死后让外戚干政。一旦发生类似"诸吕之乱"那样的紧急情况，窦婴就可以凭借这份遗诏，像周勃陈平一样力挽狂澜。这是汉景帝为自己死后的大汉加的一道保险。

但这份遗诏也是把双刃剑，要是窦婴拿来自己搞事情怎么办？所以景帝留了一手：没有存档。一旦窦婴在和平时期拿出来，时间充分，在场的人肯定会要求核对记录和副本，那窦婴就死路一条。这是汉景帝加的双保险。

可能在这份遗诏上做手脚的人，汉景帝和汉武帝两父子嫌疑最大，其次是王太后，最后才是死得稀里糊涂的窦婴。当然，事情的真相究竟如何，我们只能各自推测，形成自己的判断。

表叔和舅舅都没了，汉武帝却似乎并不怎么伤心，这时候他的注意力正被一个文采风流的大才子所吸引。汉武帝可能不知道，这位大才子却是一场婚托诈骗案的策划人。这个才子是谁，他又骗了谁呢？

第二十三篇

凤求凰

非诚勿扰还是婚托诈骗

雄才大略的汉武帝除了热衷权力，对艺术也有相当高的追求。

有一次他读到了一篇奇文叫《子虚赋》，一下子就成为这篇文章的粉丝。汉武帝认为文章写得这么好，一定是古代某个名家大师的作品。为此他觉得挺遗憾，本来想见见作者搞个读者见面会啥的，这下子看来是没戏了。

当时侍奉皇帝的狗监，也就是主管皇家猎犬的御用铲屎官杨得意说，这作者我认识啊，就是我的老乡，叫司马相如。汉武帝一听赶紧召司马相如进京，见面一聊发现司马相如果然是个文学大咖。之后司马相如写下了《上林赋》《大人赋》《长门赋》等传世名篇，深得汉武帝的喜爱。他还代表汉朝出使西南，用个人魅力和卓越文采安定边境。

司马相如被我们熟知，还跟他的一段爱情佳话有关。司马迁在《史记》里也记载了这个故事，说司马相如用一曲《凤求凰》琴挑卓文君，成功拐带白富美私奔。用今天的眼光看来，司马相如可以说是一个名利双收、情场和职场都相当得意的人生赢家了。但很多人不知道，在《凤求凰》这个爱情童话背后，其实隐藏着一场精心设计的骗婚大戏,这又是怎么回事呢?

司马相如,蜀中成都人,小时候爹妈给他起了个非常接地气的小名,叫犬子。对,就是狗子的意思,这个词现在也成了爹妈对自己儿子的谦称。不过司马"狗子"小朋友很明显不喜欢这个小名,正好他读书时很喜欢蔺相如的故事,就给自己改名叫司马相如。

司马相如擅长辞赋,文采出众,而汉景帝的弟弟梁王刘武就是个文学爱好者,司马相如在刘武手下混了好几年,还写出了著名的《子虚赋》,一时间名扬天下。可是梁王刘武死后,司马相如就失业了,没车没房没钱,空有一身才华,日子过得相当惨。后来司马相如受朋友邀请来到临邛,临邛县令王吉听说大才子来这小地方了,就每天都去拜访司马相如,态度非常恭敬。司马相如却很高冷,堂堂县令来拜访,硬是门都不让人家进,就这么傲娇。奇怪的是,闭门羹吃到饱的王县令不但不生气,还是每天来求见,而且态度越来越恭敬。

这一县的长官每天去巴结一个落魄才子的新闻一下子在临邛传开了。临邛有个有钱人,叫卓王孙。作为当地的富商名流,卓老板也是很有追星情结的。他觉得能让县令这么上赶着讨好的人一定不一般,必须见识一下。

于是他举办了一次大派对,把包括县令王吉在内的全县有头有脸的人都请来,当然最重要的,就是把那位"神秘嘉宾"也请来。宴会当天来了几百人,全是当地有头有脸的人物。可卓王孙最期待的司马相如说自己身体不好来不了。王县令一听那哪行,司马相如不来我哪敢动筷子啊,便亲自去请他。司马相如没办法只好勉强来了,结果往酒宴上一坐,所有人都被他的风度倾倒。

酒席进行到一半的时候,王县令捧着琴请司马相如小秀一段才艺,司马相如表示还是不要献丑了,但架不住王县令的热情和在场宾客起哄,就勉为其难地弹奏了两首。

其中一首,就是后来大名鼎鼎的《凤求凰》:

凤兮凤兮归故乡,遨游四海求其凰。

时未遇兮无所将,何悟今兮升斯堂!

有艳淑女在闺房,室迩人遐毒我肠。

何缘交颈为鸳鸯,胡颉颃兮共翱翔!

凰兮凰兮从我栖,得托孳尾永为妃。

交情通意心和谐,中夜相从知者谁?

双翼俱起翻高飞,无感我思使余悲。

翻译成白话文的意思就是:

凤鸟啊凤鸟回到家乡,游遍天下找寻心中的凰。

没遇到凰啊不知所往,如何开解登门后的感伤!

美丽的女子啊在闺房,忽远忽近地让我痛断肠。

如果能做亲热的鸳鸯,我和你展翅在天空翱翔。

凰鸟啊凰鸟愿跟我走,哺育生子永做我的配偶。

情投意合啊心心相印,夜晚里常伴啊还能有谁。

张开翅膀啊远走高飞,徒然的思念啊感到伤悲。

当然,《史记》中并未收录《凤求凰》的歌词,直到南北朝时陈朝人徐陵编《玉台新咏》里才第一次收录,并加序说明。唐《艺文类聚》、宋《乐府诗集》等书也有收录,因为时间差距过大,所以今天的研究者怀疑这不过是两汉时的琴工假托司马相如所作而已。不过无论《凤求凰》的真实歌词写的是什么,司马相如的才艺展示无疑是非常成功的。

卓王孙有个女儿叫卓文君，丈夫死了正在娘家守寡待嫁。她听说了司马相如的事，隐隐有些好奇，于是在司马相如弹琴的时候她就从门缝里偷看，发现这小伙长得帅又风度翩翩，心里就产生了好感。再加上卓文君也是个音乐发烧友，司马相如一弹琴，卓文君瞬间心动，开始浮想联翩，既担心自己的心意司马相如不知道，又担心自己配不上司马相如。

可没想到宴会一结束，卓文君就收到了司马相如写来的求爱信，为爱痴狂的卓文君当天半夜就离家出走和司马相如私奔了。

爱情是美好的，现实却是残酷的。卓文君到了司马相如成都的老家才发现，这家是真穷啊，穷到诞生了一个成语叫"家徒四壁"，就是房子里除了立着四面墙之外啥值钱的都没有啊！而卓王孙知道女儿私奔的事后也气炸了肺，说这个女儿太能作，我不管她了，她今后别想从我这里拿到一分钱。

卓文君从一个富家千金一下子跌落谷底，没过多久她就受不了苦日子，就对司马相如说，咱回临邛去，哪怕是跟我兄弟们借点钱，也比这么穷着强。

小两口又回到了临邛，司马相如用最后的钱兑了一个酒吧，卓文君当酒托卖酒，司马相如则穿着大裤头，扎着围裙在后厨打下手。

这下子卓王孙的脸可算丢尽了，他每天蹲在家里生闷气。有人来劝他说，再怎么说也是你女儿，你也不差钱，何必这么置气呢？卓王孙没有办法，只好给了女儿女婿一大笔钱和嫁妆，司马相如和卓文君这才拿着钱回到成都过上了好日子。

勇敢追求爱情的两个年轻人冲破世俗的偏见，从此幸福地生活在一起，听起来很符合童话里的爱情套路，也值得千古传诵，然而故事到这里就结束了吗？

并没有。在这个流传至今的"凤求凰"故事里，其实漏掉了几个关键的信息，如果把这几个信息加上，就会发现整个故事的风格直接从娱乐频道切换到了法制频道。

我们之前说过司马相如在成都穷得要死，是受一位神秘朋友邀请来到临邛。而《史记》里记载，这位朋友不是别人，就是临邛县令王吉！王县令和司马相如是多年的老朋友，虽然王县令在职场上没法给司马相如提供什么实质性的帮助，但他作为临邛的最高长官，对本地的情况非常了解，所以他们才自编自导自演了这出骗婚大戏。

首先是炒作司马相如，为大才子造势。王县令故意每天到司马相如家主动求打脸，而司马相如也装作一副爱答不理的样子。在旁人看来，本县的县令这么尊贵的人物如此讨好的人，哪能是一般人啊，果然引起了卓王孙的好奇心，举办了酒会想见识一下高人。司马相如继续欲擒故纵，你们请我来我也不来。王县令也故意做出司马相如不来我都不敢吃饭的姿态，给足了司马相如面子，让所有人都觉得这个才子果然不是一般人，让他一出场就自带巨星光环。

之后就是才艺展示。宴会进行中，王县令这个托还特意让司马相如弹琴。《史记》里记载司马相如虽然文采一流，但是本人有口吃，再有才华说话总断拍也容易被扣分啊。于是有了应对策略——装高冷少说话，弹古琴秀才华，算是扬长避短。而卓文君爱好音乐这个情报估计王县令早就掌握，还有什么能比在一个音乐爱好者面前弹琴更加分的事呢？

在两人的精心设计下，卓文君果然对司马相如一见倾心，而司马相如也肯定知道卓文君就在偷看，所以宴会一结束情书就递进去了，这要不是提前计划好哪能这么迅速？

当卓文君私奔出来后，司马相如为什么连夜把她带回成都？一是怕夜长梦多卓文君冷静下来反悔了,二是怕卓王孙发现后把女儿抢回去,所以赶紧领回家,生米做成熟饭,保证你上了贼船就下不来。

后来卓文君和司马相如回临邛卖酒,其实也不是为了赚钱糊口,就是为了打老丈人卓王孙钱包的主意:你不给我钱,我就丢你脸,看咱们谁先挺不住!

绑票的歹徒用人质的性命相威胁,骗婚的司马相如用卓家的脸面当筹码,其实本质上也没差多少。汉代的另一位汉赋大家扬雄说司马相如是"窃赀",就是非法诈骗;南朝的刘勰说司马相如是"窃妻",就是拐卖妇女;而宋代的苏轼更狠,直接骂司马相如是骗钱骗色的小人[1]。

对两人的最终结局,很多人也知道。司马相如后来想娶小妾,卓文君就写了一首《白头吟》:

皑如山上雪,皎若云间月。闻君有两意,故来相决绝。

今日斗酒会,明旦沟水头。躞蹀御沟上,沟水东西流。

凄凄复凄凄,嫁娶不须啼。愿得一心人,白首不相离。

竹竿何袅袅,鱼尾何簁簁。男儿重意气,何用钱刀为。

其中"愿得一心人,白首不相离"一句流传至今,很多人还拿来表白用。

不过当年这句话可没感动司马相如,他铁了心要娶小妾,回了卓文君一句:"一二三四五六七八九十百千万",一堆数字里唯独没有亿,意思是对你已经没有回忆了,赶紧分手得了。

卓文君一看,心凉如水,又写了一首《怨郎诗》:"一别之后,二地相悬。只道是三四月,又谁知五六年。七弦琴无心弹,八行书无可传,九连环从中折断,十里长亭望眼欲穿。百思想,千系念,万般无奈把郎怨。万语千言说不尽,百

1.《东坡志林》。

无聊赖十倚栏。重九登高看孤雁,八月仲秋月圆人不圆。七月半秉烛烧香问苍天,六月伏天人人摇扇我心寒。五月石榴红胜火偏遇阵阵冷雨浇花端。四月枇杷未黄我欲对镜心愈乱。忽匆匆,三月桃花随水转,飘零零,二月风筝线儿断。噫,郎呀郎,巴不得,下一世,你为女来我做男。"

《怨郎诗》把司马相如信中的数字串起来正说反讲,既文采非凡,又表达了自己的哀怨。司马相如看后才发现妻子是如此才华横溢,遥想昔日夫妻恩爱之情,羞愧万分,于是放弃了美丽的小妾,和妻子安居山林白头到老。

抱歉,这也是假的。《白头吟》如此工整的五言诗,在西汉中期压根儿就不存在,后世虽有记载卓文君作《白头吟》以自绝之说[1],但并不被史学界所采信;而《怨郎诗》中的"百无聊赖"一词出自汉末大才女蔡文姬[2],《怨郎诗》整首也呈现明显的元曲风格,不像是司马相如卓文君那个年代的手笔。所以两人的感情波折和破镜重圆恐怕也只是后人附会而已。

司马相如文采非凡,留下了经典的传世名篇和传说故事,但他在政治上并没有太多的追求,毕竟靠着老丈人家里的钱不愁吃喝,汉武帝也只是把他当成偶像明星来崇拜罢了。闲暇时风花雪月、赏琴听诗当然很美好,但汉武帝的小美好持续不了多久,因为他还有更头痛的问题需要解决,这个问题他爷爷和老爸在位时都没根除过。汉武帝的解决方案是什么呢,会更高明吗?

1.《西京杂记诗》。
2. 蔡琰《悲愤诗》:"为复强视息,虽生何聊赖。"

第二十四篇

推恩令
有毒的馅饼你吃不吃

汉武帝登基的时候，汉朝经过几十年的休养生息，国力已经得到恢复和发展，汉武帝手中握有的资源是之前的皇帝所不能想象的。但当时的汉武帝还是面临着三个问题：一是诸侯王势力仍然很强大，威胁中央权威；二是地方豪强大肆兼并土地，影响社会稳定；三是匈奴人总在边境搞事情，危害国家安全。

本着先易后难，先摆平内部，再搞定外部的原则，汉武帝刘彻决定先解决这些诸侯国的"叔叔大爷们"。其实从刘彻的爷爷汉文帝那辈儿开始，中央政府就想解决诸侯王问题了。汉文帝软刀子刺人，副作用小，但效果也差，只不过分割了齐国和淮南国；到了汉景帝手里，大斧子猛砍，效果明显，但副作用也要命，"七国之乱"搞到国家内战。这些诸侯王也不是傻子，皇帝摆明了要收拾自己，哪有老实听话的可能，逼急眼了再来一次叛乱，大家都别想好过。

所以，怎样才能削弱诸侯国，又不捅出"七国之乱"那样的大娄子呢？

汉武帝正为此头痛时，一个大臣给他出了一个绝妙的主意，叫"推恩令"，这个大臣就是主父偃。

主父偃，齐国人，精通纵横家、道家、儒家等诸子百家的学说。这个人做事的能力很强，但是做人非常失败，在家乡齐国没一个同学喜欢他，他们甚至集体孤立排斥他，简直就是汉代的校园霸凌。父母不喜欢他，兄弟不搭理他，朋友不待见他，连邻居都不给他好脸色看，他在家乡混不下去，只好到燕国、赵国等地游学，结果还是遭到排挤，简直就是自带招黑体质。

主父偃一看，这些诸侯国的人都有眼无珠，所以直接冲向首都给皇帝上书。汉武帝看到主父偃的上书非常欣赏，甚至有种相见恨晚的感觉。于是主父偃趁热打铁不断地给皇帝上书，每上书一次汉武帝就给他升一级官，一年之内他连续升了四次，堪称火箭式提拔。

主父偃也的确有水平，他对汉武帝说，以前的诸侯国也就那么一点大，怎么着都好控制，可现在这些诸侯，大的拥有几十座城市，方圆上千里。天下太平的时候，他们铺张浪费，日夜行乐；天下有事的时候，他们就割据一方，伺机叛乱。强行削藩肯定不行，不如陛下您下令让诸侯王的所有儿子都能继承一块封地，这样诸侯国越分越小，实力也就越来越弱了。

这个方法就叫推恩令，意思是皇帝把诸侯国继承权的恩德推广开来。这主意最高明的地方，就在于它切实有效，而且不会激起诸侯王的反抗。

因为按照古代继承原则，原本只有诸侯王的嫡长子才能继承整个王国，其他的儿子连根毛都捞不到。这样那些强大的诸侯国代代传承，对中央政府始终是潜在的威胁。现在推恩令一出，所有的儿子都有继承的可能，而且那时候一个诸侯王有十几个儿子也是常事。最夸张的就是中山靖王刘胜。司马迁评价这位王爷喜好酒色，有儿子、亲属一百二十余人[1]。班固也说这位老兄死的时候光

1.《史记·五宗世家》。

儿子就有一百二十多个[1]，一家子加起来就能组成一个职业足球联赛。三国时刘备总自称"中山靖王之后"，说的就是这个中山靖王。

按照推恩令原则，中山靖王死后，他的嫡长子继承一份，其他一百多个儿子每人再分一份，一个挺大的诸侯国一下子就变成一百多个碎片了。而且其他儿子拿到手的也不是真的土地，根据规定，他们可以拿到这块土地上的收入，但新封侯国不再受王国管辖，直接由各郡来管理，也就是说这块地的行政权已经被中央政府收回了。可想而知，不出三辈儿，再大的诸侯国也会被拆得稀碎。

诸侯王也不是傻子，这推恩令一看就是张有毒的馅饼，但他们为什么还硬着头皮往下咽呢？很简单，首先推恩令是皇帝的指令，而且也合情合理啊，毕竟没把你的封国砍掉，还是留给了你自己的儿子。你要是不听话，中央政府派兵来打你也是名正言顺。其次，就算老诸侯王和嫡长子想不同意也做不到，后面那么多儿子呢，原来啥也没有，现在有机会分一笔遗产，你要敢说不同意，不用汉武帝出手，这些儿子就会造自己老爹和哥哥的反。

所以推恩令一出，诸侯王问题算是彻底成了老皇历。主父偃乘胜追击，建议汉武帝把地方上有权有势的豪强都迁到首都附近，这样方便控制，汉武帝也同意了。主父偃不但解决了诸侯王问题，甚至亲手解决过诸侯王本人。他游历燕国的时候，听说燕王乱伦，主父偃一状告到皇帝那儿，燕王就这样因为个人作风问题被迫自杀了。主父偃势力越来越大，而且文笔很厉害，告人一告一个准，很多人都讨厌他但又怕他，所以纷纷给他送钱行贿，主父偃也是来者不拒。

有人就劝主父偃，说你这也太横了，这样不好。

主父偃却说，我之前读书游学四十多年，没一个人待见我的。我现在算是

1.《汉书·景十三王传》。

想明白了，男子汉大丈夫，"生不五鼎食，死即五鼎烹耳。吾日暮途远，故倒行暴施之"。意思是，我活着的时候要是吃不上满汉全席，死了就把我做成满汉全席！反正我都这么大岁数了也没几天好活，我还就横给你看！

主父偃这么嚣张，有一个人看不下去了，他就是左内史公孙弘，相当于财政部部长兼首都市长。公孙弘六十岁才当上这个官，外表看起来和和气气，但内心狠毒极了，属于典型的背后捅刀的笑面虎。主父偃在朝堂上和公孙弘意见相左，让他下不来台，公孙弘就在心里的小本本上，把主父偃的名字打了个大叉。

很快，主父偃就为他的嚣张付出了代价。

汉武帝他娘王太后想把外孙女嫁给齐王，主父偃听说后就跟办事的人说好把自己的女儿也一起嫁给齐王，弄个诸侯王当女婿，想想都特别有面子。但没想到齐王本人的感情史却有点复杂：齐王的母亲原先让他娶自己的表妹，结果齐王不喜欢表妹。于是齐王的母亲让齐王的姐姐去劝齐王，可是齐王不但不喜欢表妹，反而喜欢上了来劝自己的姐姐！所以办事的人回来跟王太后说，齐王呢，不太适合当孙女婿。

有这样的丑闻，王太后也就没啥想法了。可没想到主父偃有想法，他觉得自己没当成诸侯王的老丈人完全是齐王的错，所以到汉武帝面前举报齐王，汉武帝也被齐王家的复杂感情线震惊了，便任命主父偃为齐国国相，亲自审理齐王的案子。主父偃得意地来到齐国，开始大张旗鼓地审查。可惜他凶名在外，齐王又是个胆小的年轻人，还没审就自杀了，而齐王又没有后代，于是齐国被撤销，变成了中央政府直辖的郡县。

这下子主父偃可尴尬，虽然他啥都还没干，但毕竟死的是刘姓的诸侯王，而且说起来推恩令是他提的，齐王的罪行也是他告发的，舆论一下子把他推向了逼死齐王的直接责任人。

更要命的是，这时候赵王跳出来告主父偃的状——除了逼死齐王，主父偃还涉嫌收受贿赂。因为这个赵王家里也有乱伦的事，而主父偃之前用同样的罪名告死了燕王和齐王，偏偏他也去过赵国，保不齐知道赵王家里的那点破事，所以赵王先下手为强打算把主父偃告倒。汉武帝觉得动静闹得有点大，就把主父偃抓起来审讯。主父偃承认受贿，却不承认逼死齐王，因为受贿不一定会死，逼死诸侯王这么大的罪名可一定会让自己掉脑袋。

这案子本来证据就不足，汉武帝也有意放主父偃一马。但好死不死主审主父偃案子的就是公孙弘，他一看报仇的机会来了，就对汉武帝说，按证据的确是判不了死刑，但如果不杀主父偃，陛下没有办法向天下人交代啊。

这句话的潜台词汉武帝听懂了。削藩是汉武帝的追求，推恩令是主父偃出的主意。现在齐王死了，齐国也被中央收回了，在其他诸侯王看来，这就是汉武帝和主父偃一唱一和演的双簧，随便找个罪名就把一国的诸侯王弄死，然后直接收回封地。这比汉景帝削藩还狠，毕竟汉景帝和晁错当初也只是要诸侯王的地，而汉武帝和主父偃是先要命再要地啊！如果主父偃不死，那就是告诉天下人，"齐王案"是皇帝的意思，逼死齐王的直接责任人就变成了皇帝本人，接下来诸侯王为了保命，别说七国之乱，七十个国都得乱啊！

再加上朝臣们都对主父偃的倒行逆施感到害怕，纷纷痛打落水狗，所以汉武帝当然也就只能把锅甩给主父偃，杀了他全族。

主父偃性格有缺陷，情商更堪忧，但是他提出的推恩令的确解决了困扰汉武帝的诸侯王问题。接下来汉武帝如何处理国内的豪强呢？

第二十五篇

我不是豪强

谁害死了郭大侠

"倒行逆施"的主父偃因为"齐王案"惨死,但他提出的推恩令对症下药,确实有效解决了汉朝从建立起就留下来的老病根——诸侯王问题。不但如此,主父偃还为解决国内的豪强问题开出了药方。所谓豪强,就是在地方上有钱有势的家族,他们欺凌弱小,横行霸道,甚至公然对抗政府。这对想建立高度集权大一统帝国的汉武帝来说,是必须要收拾的。

主父偃开出的药方就是搬迁,把关东的地方豪强强制搬迁到关中,放在皇帝眼皮底下就近看管。一个家族全家老少背井离乡来到陌生的环境,一路折腾下来,就算不破产也得元气大伤,这样自然就没什么威胁了。

没想到,皇帝发出的拆迁令,竟然导致了当时一位江湖上名声赫赫的郭大侠死于非命。这位郭大侠是谁呢?

这位郭大侠的名字叫郭解[1],轵人,轵在今天的河南济源附近,他和战国时著名的刺客聂政是老乡。郭解这个大侠是祖传的,他的外婆就是我们之前提到

1.《史记·游侠列传》。

过给薄姬、邓通和周亚夫都算过命的女相士许负，郭解的爹也是个大侠，只是在汉文帝时代的"扫黑除恶"行动中被干掉了。

郭解年轻的时候个头不高，但出手狠辣，打架斗殴、聚众闹事、铸造假币、挖坟盗墓的勾当都是家常便饭。但郭解为人机灵，每次犯了事都能逃脱，背着罪名躲一阵子，赶上朝廷大赦，身上的罪名没了又出来混。后来随着岁数渐长，郭解也开始转变画风。他不再动不动就亮刀子，做坏事，反而越来越习惯以德服人，经常帮助别人调解纠纷，摆平麻烦，而且从不要求什么回报。这么一来，郭解的大侠之名越传越广，很多当地的年轻人都把他当成人生偶像。

郭解年轻时确实流氓过，但他并不是我们印象中蛮不讲理的流氓。其实郭解所代表的游侠精神源自墨家，既有墨子"兼爱非攻"的侠义精神，又有聂政、荆轲"士为知己者死"的献身情结，所以郭解表现得比一般人还要讲道理。

当时郭解的侄子仗着他的名声，喜欢强灌别人喝酒，对方不喝就捏着鼻子往嘴里倒，简直是欺人太甚。结果有一次把一个人惹毛了，那人一刀就把郭解的侄子给杀了。以郭解的能力，解决这个凶手简直是分分钟的事，这小子也知道自己肯定跑不了，只好找郭解来自首。但是郭解了解了事情的经过后说，这事儿不怨你，是我们家那小子太欺负人了。就把这个杀自己侄子的人放了。

这事儿传开后，所有人都说郭大侠果然讲道义啊，于是更加倾慕郭解了。很多人有麻烦全都来找他，仰慕他的迷弟迷妹更是一抓一大片。郭大侠虽然没有一官半职，但在当地的影响力甚至超过了官府，只要是他想安排的事、他想安排的人就没有安排不了的。

郭解的影响力如此之大，让地方官府都有点坐不住了。正好公元前127年，汉武帝采纳了主父偃的建议，要迁徙一批地方豪强搬迁到关中，虽然郭解的财产没有达到搬迁标准,但当地的杨县掾,也就是当地行政长官的副手,还是把郭解的名字加到了搬家的名单里。

郭解当然不想去,就发动朋友圈给自己平事情。结果关系网不知道怎么的,延伸到了汉武帝的小舅子、大将军卫青的头上。卫青就跑去向汉武帝求情说,这个郭解就是个一般人,不符合豪强搬迁的标准啊。

汉武帝的回答很耐人寻味,他笑着说:一般?能求动你卫大将军来说好话的人,可见他一点也不一般!

皇帝都这么说了,郭解这家,是不搬也得搬了。

听说郭大侠要搬家的人纷纷来送行,光随的份子钱就超过了一千万。虽然场面如此风光,但对郭大侠来说是背井离乡。追根究底,都是那可恶的杨县掾搞的鬼,所以郭解的侄子就把杨县掾给杀了,替自己的叔叔出了一口恶气。

郭解迁到了关中,虽然是客场,但听过他名声的人还是很多的,不管贫富贵贱都争着跑来和他做朋友,郭解也依然很谦虚,很低调。可他家乡的那些崇拜者一点也不低调。他们觉得光杀一个杨县掾还不解恨,又杀死杨县掾的老爹。杨家人一看这日子没法过了,就派人去长安上访,结果上访的人走到皇宫门口竟然又被郭解的小弟。在皇帝眼皮子底下杀人这么嚣张的事,换哪个皇帝都忍不了。于是汉武帝下令成立专案组逮捕郭解。

郭解得到消息后安顿好家人,一个人开始跑路。在他逃亡的过程中,不断地有人替他传消息打掩护,那些帮助郭解逃跑的人,被抓后宁可自杀也不肯透露郭解的行踪,给专案组的抓捕工作带来了巨大困难。

不过一个人能耐再大,也斗不过国家军队,郭解最后还是被抓住了。

专案组调查下来,却发现一件很尴尬的事:杨县掾一家的命案既不是郭解所为，也没有证据证明是他的指使，而郭解年轻时犯的罪又早已随着朝廷的赦免令而无法追诉，所以按照法律来说，郭解现在是无罪的。

于是专案组又派人去郭解的家乡调查情况。当地有一个儒生负责招待这些使者，宴会上郭解的小弟们拼命替郭解说好话，可这个儒生说，郭解不过是个偷奸耍滑的臭流氓、无恶不作的古惑仔，有什么可夸的！

这句话可把郭解的众多小弟惹恼了，他们不但把这个乱说话的儒生杀死，还把他的舌头割了下来。案子的情节一下子就严重了，专案组要求郭解说出凶手，但是郭解也很绝望，我小弟这么多，谁知道是哪个干的？

由于缺乏实在的证据，专案组只好向皇帝报告说没法给郭解定罪。这时候我们的另一位老熟人又出场了，就是一句话"杀"死主父偃的公孙弘，他对汉武帝说，郭解这个人平时装什么大侠，实际却因为一点小事害死了很多人，虽然不是他亲自动手的，但是这么多人愿意为他杀人，这比他亲手杀人还严重，所以更应该判他死罪。公孙弘的毒舌水平一向犀利，一出手就要人命，于是郭解全家都上了刑场。

这么看下来，是郭解的那些盲目崇拜的脑残粉害死了他吗？不，郭大侠必须死。因为对中国古代的最高统治者来说，从来都不需要什么大侠。他的影响力就是他必须死的原因。公孙弘那段话背后的意思汉武帝很清楚，整治豪强就是因为他们能量太大，容易威胁政府对地方的控制。郭解已经到了想要谁死都不需要自己动手的地步，这样的人不弄死还留着过年吗？

汉武帝是一个权力欲望非常强的皇帝，这样的皇帝怎么会容忍一个藏在政府之下的隐形权力中心？而游侠精神又源自墨家，《韩非子·五蠹》就说过，"儒以文乱法，侠以武犯禁"，儒指的是以儒家为代表的文人，侠指的就是以墨家为代表的游侠。在法家代表人物韩非子眼中，文人和侠客一样，喜欢破坏社会秩序，都是政府需要打压的对象。当然，相比只喜欢和政府打嘴仗的儒家，组织严明战斗力强的墨家更可怕。

《淮南子·泰族训》说，"墨子服役者百八十人，皆可使赴火蹈刃，死不还踵"，就是说墨家的人，向着刀山火海前进，连眼皮都不眨，连脚跟都不转，绝对的视死如归、一往无前。这么恐怖的战斗力，哪个朝廷不害怕呢？

所以，这位郭大侠必须死，他死于自己的侠义之名，也死在了自己的侠义之道上。

汉武帝搞定了诸侯王，也削弱了地方豪强之后，终于把目光投向了北方的匈奴。匈奴人是骑马的汉子威武雄壮，而汉人是你耕田来我织布的农耕民族，想要打败来去飘忽的匈奴人必须以骑兵对骑兵，但当时汉朝连马镫都没有发明，又要怎么对抗强大的匈奴人呢？

第二十六篇

卫青的骑兵天团

没马镫怎么骑马

大汉帝国北部边境的匈奴人,一直让皇帝头痛、烦心:短期决战拿不下,长期对峙又受不了,所以汉朝在初期只能采取忍气吞声的和亲政策。

但和亲只是争取时间恢复实力的手段,到汉武帝上台时,通过对内部的梳理和整合,大汉已经拥有了与匈奴战个痛快的实力。

匈奴号称"控弦之士三十万",就是差不多全民都能拉弓射箭骑马打仗,想要打败他们,靠一群种地出身的汉人,骑着连马镫都没有的战马,能做到吗?

骑兵出现在战场上的时间其实很早。在河南殷墟考古中专家发现了一座人马合葬墓,墓中出土了马具和武器,其主人可能就是一位商代的骑士;公元前636年,秦穆公派"革车五百乘,畴骑二千,步卒五万[1]"武装护送晋公子重耳回国即位,战车兵、骑兵和步兵的兵种区分非常清晰;赵武灵王"胡服骑射"之后,骑兵更是在战场上大放异彩;秦赵长平之战中秦国大将白起就是派五千骑兵,截断了四十万赵军的粮道;后来的楚汉争霸中,双方也大规模地使用骑兵部队。

1.《韩非子·十过》。

实际上，战国后期中原各国一直是骑兵、步兵、车兵混编成军，协同作战，史料中记载苏秦合纵六国时，各国军事实力大致有秦虎贲之士百余万，车千乘，骑万匹；楚带甲百万，车千乘，骑万匹；赵带甲数十万，车千乘，骑万匹；燕带甲数十万，车七百乘，骑六千匹[1]。骑兵的比例并不算高。

不过雄才大略的汉武帝却清楚，要打败匈奴人，必须以骑兵对骑兵。

那么，要如何打造一支能和匈奴相抗衡的骑兵军团呢？

俗话说千军易得，一将难求，首先必须给骑兵们找一个好的带头大哥。这个人就是大汉的长平侯、曾当过大司马大将军的卫青。

卫青本是个私生子，因为姐姐卫子夫被汉武帝宠幸，他才被安排了一个小官当，一开始并没有引起皇帝的注意。但是后来卫子夫怀孕了，没有儿子的陈皇后非常妒忌，她的母亲馆陶公主就派人把卫青绑来准备杀了出气。

这下子把汉武帝惹恼了，他把卫青提拔为建章监、侍中，后又任命卫青为太中大夫，俸禄千石，掌管朝政议论。最开始汉武帝只是想和陈皇后置气，但在平常的接触中，他发现卫青的能力出众，办事靠谱，为人处世也十分得体，这不就是骑兵军团指挥官的最佳人选吗？

于是骑兵指挥官到位了，剩下的是硬件问题了。既然是骑兵，总不能用两条腿跑吧，马也就成了最重要的战略物资。

虽然在先秦时代，秦人的祖先就在渭水替周天子养马，但一直以来制约中原骑兵发展的主要原因是缺乏优良的马种。根据考古学家对秦兵马俑的研究，兵马俑中的马匹身材矮小，仅高大约一米三，高度和体重都达不到顶级的战马标准。

---

1. 据《战国策》整理。

汉代立国后，动用国家的力量修建了大量的养马场[1]。马匹数量大幅增加，质量也不断得到了改良。汉武帝派张骞出使西域后，不惜用重金从西域引进优良马种，终于组建起了庞大的骑兵团，而且战马的等级品质也不断提高。

从1965年在陕西省咸阳市杨家湾汉墓出土的汉代骑兵俑来看，汉代战马马蹄更大，胸脯更宽，肩高也明显增加，这应该是多年种群改良的结果。

现在战马也有了，还缺什么呢？当然是骑马的工具和战斗的武器。

骑兵的两大法宝是高桥马鞍和金属马镫。高桥马鞍是绑在马背上的座位，前后翘起，这样可以固定骑兵的前后移动；金属马镫是垂在马匹两侧的脚蹬，它除了方便骑兵上下马之外，还能防止骑兵左右滑落。高桥马鞍和金属马镫从前后左右四个方向帮助骑兵更稳当地骑在马上，骑兵既方便操纵马匹，又可以把双手解放出来，进行更多的攻击动作。

但是很可惜，汉武帝时代还没有这些东西。无论是匈奴还是大汉的骑兵，都只能用两条腿使劲夹着马才能保证自己不掉下来。匈奴人从小骑在马上，没有马镫也习惯了，甚至可以在马上睡觉，当然马术高超的代价就是一个个成了罗圈腿。而汉朝的骑兵没有那么多骑马的时间，所以骑术水平是中原骑兵的短板。

很多人都以为在高桥马鞍和金属马镫出现之前，汉人的骑兵根本打不过北方的少数民族，其实并不是这样。汉朝名臣晁错写的《言兵事疏》里，曾有这样一段论述说：穿山越岭，中原的马不如匈奴；骑在马上射箭，中原的骑兵不如匈奴；忍耐疲劳，中原的士兵不如匈奴。但要是到了平地，无论骑兵对冲、远程对射、贴身肉搏，还是兵种搭配、列阵对抗，匈奴人都不是我们的对手。

1.《汉仪注》："太仆牧师诸苑三十六所，分布北边、西边，以郎为苑监，官奴婢三万人，分养马三十万头，择取教习给六厩，牛羊无数，以给牺牲。"

也就是说哪怕在西汉文景时代，匈奴人也不过是马好一点，骑射能力强一点，忍饥挨饿的毅力大一点而已，真到了大兵团正面作战的时候，完全不够看。

为什么？这就是中原文明的优势了，我们可以用装备来弥补技术的不足。

汉武帝组建的骑兵军团，穿着红色的铁甲，骑着高头大马，携带着威力十足的弓弩和长达两米的马戟，后期装备的环首刀长度超过一米，锻造精良，设计合理，非常利于骑兵作战。这样一支部队既能远程攻击，又能列阵冲锋，当十几万一身红色的骑兵纵横驰骋，简直就是流动的钢铁海洋。

而对面的匈奴人，身上能有一副皮革做成的盔甲都算好的。手里的刀剑又短[1]，质量也不过关，怎么能和一身铁甲武器的汉军骑兵正面硬抗，也就他们手里的弓箭能够造成一点杀伤。可是对面汉军手里同样拿着弩，相对弓箭来说弩虽然射速上不占优势，但威力更大，持续性更强，杀伤率更高。

所以，当汉武帝的骑兵军团成形之后，匈奴人的苦日子就来了。

公元前133年，汉武帝打算趁着还没和匈奴人彻底撕破脸，打他们一个措手不及，就在马邑[2]用五路大军摆了个包围圈，然后派人引诱匈奴人往里钻。可惜事到临头被匈奴人发现了，这次伏击没打成，却吹响了汉匈百年战争的号角。

公元前129年，匈奴人南下找场子。汉武帝派卫青、李广等四位将领，各率领一万骑兵迎击。结果四路军队中，两路被打败，一路出去逛了一圈没找到人，只有卫青这一路军队深入险境，直捣匈奴祭天圣地龙城，还抓到了七百多名俘虏。龙城之战是自汉初以来对战匈奴的首次胜利，为以后汉朝的进一步反击打下了良好的基础。卫青首战告捷，充分证明了自己的军事能力，汉武帝大加赞赏，

---

1. 《史记·匈奴列传》："其长兵则弓矢，短兵则刀铤。"
2. 今山西省朔州市。

封卫青为关内侯。

公元前128年秋,卫青领三万骑兵出雁门,冲到草原上又取得了连砍带抓数千人的战果。习惯了大摇大摆南下杀人放火的匈奴人哪受得了这个委屈,于公元前127年大举入侵,先攻破辽西,杀死辽西太守,又打败渔阳守将,劫掠百姓两千多人。于是汉武帝派卫青率大军进攻匈奴盘踞的河南地,就是今黄河河套地区,卫青指挥大汉骑兵采用"迂回侧击"的战术,绕到匈奴军的后方,切断了驻守河南地的匈奴军队同主力的联系。

卫青再次率大军南下,包围了入侵的匈奴部队。此战汉军活捉敌兵数千人,夺取牲畜数百万之多,而且重新控制了河套地区,这就是汉匈战争中的"河南之战"。汉武帝随后在这里设朔方、五原两郡,从内地迁徙过来十万人,还修复了秦朝时蒙恬所筑的边塞和沿河的防御工事。此战不但解除了匈奴对首都长安的直接威胁,也建立起了进一步反击匈奴的前方基地。汉军损失微乎其微,卫青因功被封为长平侯。

这还没完,公元前124年卫青北上,俘虏匈奴一万五千余人,缴获牲畜达数十万头。汉武帝接到战报后,派特使拜卫青为大将军。

公元前123年,大将军卫青率十万铁骑两次出击匈奴,杀敌缴获无数。可以说,匈奴人的眼泪基本都是为卫青一个人而流啊。

大汉和匈奴的战争打得热火朝天,大将军卫青成为汉武帝手中最强力的武器,但就在汉武帝想全部梭哈,玩一票大的,彻底解决匈奴问题时,国内的麻烦又一次找上门来。拥有光荣造反传统的淮南王因造反被人举报,而举报淮南王造反的,就是淮南王的亲孙子。这又是什么神奇的剧情呢?

第二十七篇

造反的淮南王

猪队友能有多猪

淮南王，应该是汉初最有反叛精神的王爷了。

第一任淮南王英布谋反被汉高祖刘邦灭了。第二任淮南王刘长谋反被汉文帝给收拾了。到了汉武帝时期，现任淮南王刘安又要谋反，结果被自己的手下和亲孙子举报了，这到底是怎么回事呢？

淮南王和汉朝中央政府的恩怨，得从刘邦时期说起了。

当初刘邦干掉了造反的淮南王英布，就把小儿子刘长[1]封在了淮南国。吕氏外戚被平定之后，刘长在皇帝海选中输给了后来的汉文帝刘恒，这心理落差可想而知。

偏偏汉文帝对这个弟弟还特别骄纵，允许刘长在狩猎时和自己同坐一辆车子，刘长管汉文帝直接叫大哥，一点臣子的样子也没有，甚至因为私人恩怨当街杀死了朝廷册封的侯爵，汉文帝都没有追究。

结果刘长越来越嚣张，发展到山寨了一套天子的排场想造反，就这样汉文

1.《史记·淮南衡山列传》。

帝还是赦免了他的死罪，改成流放蜀郡的严道县[1]。汉文帝还特意昭告天下，让刘长的妻妾侍女随行伺候，一路好吃好喝地慢慢走。没想到刘长觉着在流放这一路上被人围观太丢脸，居然绝食自杀了。汉文帝知道后很伤心，把弟弟风光大葬，还把淮南国一分为三，封给了刘长的三个儿子，而继承了淮南王封号的，就是刘长的长子刘安。

这么看起来，汉文帝这个哥哥真是人间大爱，刘长这个弟弟也的确是死得活该。真的是这样吗？汉文帝骄纵弟弟刘长的剧本和春秋时代郑庄公对付弟弟叔段的做法简直不要太相似。

汉文帝是海选出道，以庶子身份继承帝位，其正统性和法理性并不高，所以他无法和那些通过正常嫡长子继承制的皇帝一样随意地处理自己的兄弟，不然会落下个无情无义的名声。既然如此，还有什么比让自己的嚣张弟弟嚣张到罪无可恕更好的办法呢？

其次，当流放刘长的命令发布出去后，袁盎就劝汉文帝说，你这个弟弟心高气傲性子倔，流放的羞辱可能会让他想不开啊。汉文帝却不为所动，说我只是让他吃点苦头，过两天就把他整回来啦。结果刘长果然自杀而死，按理说连袁盎都能看出刘长一定会自杀，作为哥哥的汉文帝会不了解自己的弟弟？

最后关于刘长的自杀，也很蹊跷。《史记》上说刘长是自杀，但又写到从长安走出去几百里，沿途押解的官吏都不敢打开刘长的囚车，所以刘长才绝食的。这究竟是自己把自己饿死的，还是一路上不开门不给吃的才饿死的，也是很值得怀疑了。

老爹死得不明不白，新任淮南王刘安再对中央政府感恩戴德，那是没有可

---

1. 今四川雅安。

能了。从刘安继承了淮南王的爵位那一天起,他就无时无刻不想着报仇。淮南王一系造反叛乱的"光荣"传统,就这么流传下来了。

不过刘安和他那个嚣张老爸可不是一个风格,他喜欢读书,爱好音乐,不喜欢打猎游玩,对老百姓很好,也乐于结交社会上有才能的人。他在淮南国招揽了数千门客,一起编写出《淮南子》这样一部哲学巨著。他热衷于求仙炼丹,结果一不小心还发明了豆腐[1]。

但刘安造反的心思也从未停止。公元前154年,吴楚七国之乱爆发,刘安打算起兵响应,结果还没动手七国叛军就被中央给灭了,刘安也只好继续等待机会。后来汉武帝登基,因为和陈皇后闹别扭,一直没有孩子。刘安就在淮南国努力攒人气,等着万一哪天汉武帝挂了又没继承人,凭自己这么有才华又有人缘,一定能赢得海选成为新一任的皇帝。所以他派自己的女儿刘陵打入敌人内部,在长安周旋于皇室重臣之中,充当交际花刺探情报。

时间一点点过去,淮南王刘安造反的准备也一点点完成。但就在这时候,他身边的猪队友开始一个接一个犯蠢了。

第一位猪队友就是他的亲儿子、淮南国的太子刘迁。

当时刘安的门客中有一个人叫雷被,是一个有名的武林高手,特别擅长剑法。而淮南国太子刘迁也是一位功夫发烧友,特别喜欢和人比武。别人都看在他爹的面子上故意让着他,刘迁还真就以为自己天下无敌了,非要和雷被比试一把。雷被屡次推辞不过,就和刘迁比了一回,结果一不小心赢了刘迁。于是刘迁怀恨在心,拼命在刘安面前说雷被的坏话。雷被一看这董事长的公子对自己如此不满,职场是没法混了,正好这时候汉武帝对匈奴的反击战开始了,他就打算

1.《宋拾遗录》。

去参军打匈奴。

结果刘安不同意,雷被一气之下,就偷跑到长安去告淮南王一家心怀不轨。汉武帝派人调查之后,对自己这位多才多艺的皇叔还是挺客气的,只是削掉了淮南国的两个县作为惩罚。

但是皇帝的宽容换来的是淮南王变本加厉的造反之心,刘安和太子刘迁带着一群人日夜策划怎么起兵,怎么夺取皇位。他的门客中有一个人叫伍被,据说是春秋名臣伍子胥的后人,业务水平远超其他人。伍被看到当时汉武帝励精图治,对外战功赫赫,对内百姓安定,造反根本没戏,所以几次劝阻刘安的造反计划,刘安都不听,反而把伍被的爹妈抓住关了起来。

正当刘安坚定不移地推进自己的造反大计时,此故事中最猪的猪队友出场了。他就是刘安的亲孙子,刘健。

刘健虽然是刘安的孙子,但父亲只是个庶出。他每天看着爷爷和叔叔刘迁热火朝天地准备造反,心想一旦造反成功了,叔叔刘迁以后就是太子,可自己的老爹啥也捞不着,连带着自己也是啥也捞不着,这多吃亏啊。所以他想出了一个绝妙的主意:先把叔叔刘迁的太子之位弄掉,然后扶自己的老爹上台,再然后造反成功,爷爷就是皇帝,老爸就是太子,自己就是未来的太子和皇帝啦。

那怎么才能弄掉叔叔刘迁的太子之位呢?

好办,告他谋反啊!这还不一告一个准,因为他的确在谋反啊!

于是最佳猪队友刘健向汉武帝告自己的爷爷和叔叔谋反,汉武帝一听,那就赶紧调查吧,这一查还有查不出来的吗?

眼看造反的事马上就要变成全国皆知的秘密了,调查团也要来了,刘安却还在犹豫,到底是起兵搏一把呢,还是缩头忍一回呢?伍被一看,最猪的队友就是领导淮南王本人啊，于是他自己先去朝廷那儿自首告刘安谋反了。

这下子刘安不用犹豫了，调查团一来就把所有人全都拿下，造反的证据也全都被搜了出来，淮南王刘安自杀，所有参与谋反的人一个不剩都去见了阎王。准备了一辈子造反的淮南王刘安，到死都没有拉起一兵一卒打一场，不知道是对"造反"这两个字有什么误解。

不过刘安虽然造反的技术差了点，他对淮南国的百姓还是挺不错的。

在他死后，有传言说他其实并没有死，而是刚好炼成了仙丹，不但自己飞升登仙，他家的鸡和狗吃了点仙丹的碎末也一起成仙了，这就是"一人得道，鸡犬升天"的由来。

不仅如此，刘安手下几千名门客中，以雷被和伍被为代表的八个人最有名，被尊称为"八公"，民间传说刘安成仙后这八位门客也随着他一起成仙，现在安徽省淮南市有座八公山，其名字的来源就和这八位门客有关。

当然成仙什么的都是一种美丽的瞎扯，一直造反的淮南王家族这回才算是正式退出了汉代的政治舞台。

这个小小的插曲对汉武帝来说根本算不上什么大事，这位帝王的目光，依然紧紧盯着帝国北部的边境，因为一场宏大而艰苦的战役正在那里展开，两个他最倚重的将军，正带着他的大汉铁骑，打算给匈奴人一个大大的惊喜。

这场战役的结果如何，大汉与匈奴之间的战斗又会有哪些变数发生呢？

第二十八篇
速度与激情
没有卫星怎么导航

淮南王刘安过家家一样的造反闹剧，汉武帝其实根本没放在心上，对匈奴的战争才是皇帝心目中的头等大事。

经过河南之战，大汉转守为攻的战略局势已经明朗，对匈奴的最后决战也提上了日程，汉武帝准备派出自己手里最大的两张王牌了。一个就是我们之前提到过的功勋卓著的大将军卫青，另一个就是卫青的外甥——冠军侯霍去病。

霍去病是百年不遇的军事天才，他的作战风格飘逸犀利，最擅长轻装突进，长途奔袭，通过战场的大穿插大迂回，找机会绕到敌人防守薄弱的后方，专挑匈奴人的软肋下手，将骑兵的机动性和杀伤力发挥到极致。

但匈奴人是游牧民族，本身居无定所，而且作为一群骑马的汉子，随时搬家简直不要太方便。再加上大漠草原如此宽广辽阔，所以在对匈奴的战争中，出击的汉军去草原里晃一圈连一个敌人都找不到的情况层出不穷。

可霍去病数次出击匈奴，回回都抓到了匈奴的主力，没有一次是空手而归。既没有卫星定位，也没有高德地图，霍去病是怎么导航并且找到匈奴人的呢？

这得归功于霍去病部队中的匈奴向导。

在汉匈战争中，许多被俘的匈奴人经过筛选都成为大汉骑兵的一部分。他们熟悉草原的地理环境，了解匈奴人的习性，不但能侦察敌情，追踪痕迹，帮助汉军找到匈奴主力的踪迹，还可以寻找水源，保障后勤，提高汉军进入草原之后的生存能力。正是因为这些带路者的存在，霍去病才能在茫茫草原上找到匈奴的主力。

霍去病第一次在战场上大放光彩，是在公元前123年漠南之战。

年仅十七岁的霍去病被舅舅卫青任命为嫖姚校尉，率领八百骑兵随军出征。但让所有人都没想到的是，初出茅庐的霍去病就敢脱离大部队，带着八百骑兵一顿狂飙突进，长途奔袭数百里穿插到匈奴主力后方，专挑匈奴人的软肋打，斩获敌人二千余人，其中包括相国、当户级别的官员，同时斩杀单于的祖父辈籍若侯产[1]，俘虏单于的叔父罗姑比，把匈奴单于留在后方的叔叔大爷和亲戚重臣全都一锅烩了。

汉武帝赞叹他勇冠三军，所以将他封为冠军侯，从此一代名将横空出世。到了公元前121年的河西之战中，霍去病已经被任命为骠骑将军，独自率领精兵一万出征匈奴。河西地区指黄河以西刚好夹在两山之间的狭长地带，也称河西走廊，是中原地区通往西域的咽喉要道。

十九岁的骠骑将军霍去病带领骑兵一路高歌猛进，于春、夏两次率兵出击占据河西地区的浑邪王、休屠王部，前后歼敌四万余人，俘虏匈奴王五人及王母、单于阏氏、王子、相国、将军等一百二十多人。

霍去病的闪电战把匈奴人打得溃不成军，匈奴不得不退出了河西走廊。

---

1. 籍若侯乃封号，名产。

这场战役还带来了一个额外的福利。

浑邪王和休屠王一方面被霍去病打得怀疑人生，一方面觉得输成这样匈奴单于也不会放过自己，于是带着仅存的四万部队向汉朝投降。两军交战，在不知道敌人投降是否有诈的情况下，霍去病受命前往接受投降。

没想到声称要投降的匈奴人内部发生了火并，浑邪王干掉了休屠王，吞并了休屠王的队伍。这次内讧造成了匈奴部队的混乱，一部分人趁机鼓噪起来，反对浑邪王投降大汉的决策。

在这动荡危急的关头，霍去病当机立断带着少数人冲进了匈奴人的大营，喝令浑邪王把那些心存侥幸不想投降的匈奴人都给镇压了，这才保证了投降顺利完成，霍去病的勇气和魄力让自诩勇猛的匈奴人都佩服不已。

此战过后，汉朝设立了河西四郡，打通了和西域的交通，更使匈奴的经济实力受到了沉重打击，匈奴歌谣唱道："失我祁连山，使我六畜不蕃息。失我焉支山，使我嫁妇无颜色。"最重要的是，大汉掌握河西地区之后，匈奴单于所部的侧翼已经暴露在大汉的打击范围内，最终战略决战的时机成熟。

公元前119年，汉武帝发动漠北之战，这是汉武帝时代对匈奴战争的大决战，也是整场战争中最艰苦的战役。此时霍去病身上战功赫赫，声望和地位已经和舅舅卫青不相上下，所以汉武帝派卫青和霍去病两路出击深入漠北。卫青走西路，遭遇了匈奴单于主力，一番苦战后大获全胜，还差一点活捉了匈奴单于。

而东路的霍去病更是奔袭两千多里，一路追杀到了瀚海[1]方才收兵，这既是汉匈战争中的壮举，更是人类古代军事史上的奇迹。

经过漠北之战后，匈奴被迫全面收缩，按照当时的说法就是"漠南无王庭"，

---

1. 今俄罗斯贝加尔湖。

整个大漠以南再也找不到像样的匈奴主力了。卫青和霍去病，是大汉对匈奴战争中最闪耀的双子星，更是汉武大帝最信任的帝国双璧。其实这对战场上的名将搭档和甥舅组合，无论是作战风格还是为人处世都截然不同。

舅舅卫青沉稳有大局观，外甥霍去病激扬有创造性。

虽然卫青是绕道从后方包抄敌人这种"包饺子"打法的首创者，但他打仗的时候更注重各部队之间的协作，不会采取太过冒险和突进的方式；而霍去病则擅长奇袭，喜欢以快打快，不给敌人反应时间。

卫青在整个战争中，斩首虽然只有五万，但每次都能缴获几百上千万的牛羊和马；而霍去病的斩首数达到了十一万，比舅舅斩首数的两倍还多，却通常只有斩首拿人头，基本上没有什么缴获。

卫青的打法从大局出发，侧重战略性。因为牛羊是敌人的生存基础，战马是敌人的战略资源，海量的缴获可以削弱匈奴人的战争潜力，还能补充大汉在战争中的损耗。而霍去病的打法以奇袭为主，强调战术性。因为匈奴人最大的软肋就是人力资源不足，大量的人员杀伤能打击匈奴人的军事动员能力。

所以在卫青和霍去病这套组合拳的打击下，匈奴人被赶到遥远的大漠以北，很长时间都不敢靠近大汉的边境。汉武帝虽然没有彻底解决匈奴问题，但汉朝和匈奴之间的攻守形势已经逆转。

在为人处世上，卫青和霍去病也截然不同。卫青低调谦和，大度有礼，懂得容忍退让，更像个谦谦君子；而霍去病则张扬高调，快意恩仇。卫青一直爱兵如子，视手下的兵为手足，而霍去病对士兵则一直是放养状态。史料记载，霍去病出征归来，汉武帝赏赐的美食都腐烂了，他手下的士兵还饿着肚子。

这是两人的出身和成长经历造成的。卫青是私生子出身，从小受尽白眼，知道人情冷暖，更懂得换位思考；而霍去病虽然也是个私生子，但在他长大的过程中，舅舅是大将军，姨妈是皇后，姨夫是皇帝，自己又是年少成名的军事天才，指望他像舅舅卫青一样低调本来就不现实。

这种区别，在一件事上更明显地体现出来了。

漠北决战中，号称飞将军的李广因为迷路错失战机羞愧自杀，李广的儿子李敢觉得是卫青故意陷害自己老爸，竟然把大将军卫青给打伤了。

这本就是以下犯上，死不足惜，但卫青没有追究，反而选择息事宁人，把这件事压了下来。外甥霍去病可没有舅舅那么大的度量。他听说这件事后，在狩猎的时候用弓箭直接把李敢给杀了，而且毫不隐瞒地向汉武帝承认是自己干的。汉武帝爱惜霍去病的才能，最后才让他杀人的事不了了之。

但一代名将霍去病的闪耀周期却并不长，长年的征战给他带来了一身的伤病，射杀李敢事件一年后，年仅二十四岁的霍去病就病死了，"去病"这个名字并没有拯救他的生命。

十一年后，卫青也病逝了，大汉最闪耀的两颗将星全部陨落。奇怪的是，后世的文人在诗词中提得最多的不是卫青霍去病这两位超级名将，而是那位爱迷路的飞将军李广。这样一位在民间口口相传的名将，为什么会迷路呢？都说"李广难封"，打了一辈子仗的李广，为什么连封侯都做不到呢？

第二十九篇

李广难封

为什么封不了侯

一提到"飞将军"李广，很多人马上就想到了唐代诗人王勃在千古名篇《滕王阁序》里写下的那句"时运不济，命途多舛。冯唐易老，李广难封"。

我们翻阅《史记》和《汉书》的记载就会发现，汉武帝一朝有二十六人因军功而封侯，甚至李广的儿子李敢都混了个关内侯。那人们心目中的名将、千古流芳的飞将军李广打了一辈子仗却为什么没封侯呢？

想弄清楚李广为什么无法封侯，首先得知道在汉代封侯的四条标准：

一是杀死或俘虏敌军重要首领，如单于本人、单于的亲戚媳妇或手下的王公重臣之类的。

二是干掉一千名以上的敌军士兵，且自身的损失不能超过敌人。霍去病在漠南之战中就是带着八百骑兵砍了二千多敌人的脑袋才换来的冠军侯。

三是为战斗胜利做出重大贡献，哪怕没有能力亲自上阵砍人，带个路指个道打个辅助也是可以的。比如出使西域的张骞，就是因为在出击匈奴的战斗中为大军指路而被封为博望侯。

四是父亲在战斗中做出重大贡献,儿子可以封侯。如卫青在漠南之战中立下大功,所以汉武帝把卫青三个还在吃奶的儿子都封为侯爵。

只要达成其中的一项,就可以封侯了。但是一生和匈奴打了七十多仗的李广一条都没做到,除了命运的捉弄,他恐怕也得从自己身上找原因了。

很多人认为唐代著名边塞诗人王昌龄写的"但使龙城飞将在,不教胡马度阴山",是肯定了飞将军李广在对匈奴战争中的崇高地位:只要有飞将军李广在,就能吓得匈奴人不敢南下,这还不能说明李广的战斗力吗?还真不能。

首先唐诗毕竟是文学作品,并不能代表真实的历史。而且原来大家都认为这"龙城飞将"指的是李广,因为《史记》里有记载匈奴人称李广为飞将军。可是"龙城"二字怎么也扣不到李广头上,因为"龙城之战"就是卫青出道的第一战,也是卫青封侯的一战,"龙城飞将"明显应该指卫青才对。所以最新的语文教材中,将"龙城飞将"一词解释为卫青和李广,泛指汉朝和匈奴战争中的将领们。

那李广打了这么多仗,难道都巧妙地避开了所有封侯的标准?还真是,这恐怕跟他的运气也有点儿关系。李广是秦代名将李信的后人。虽然是将门世家出身,但李广少年参军,从一个小兵开始做起,因为擅长骑射,个人武力和战斗力都非常惊人,所以很快被提拔为皇帝的贴身武官。当时在位的汉文帝看到李广后叹息说,可惜你没生在好时候啊,要是活在高祖的那个时代,凭你的本事,封个万户侯就是分分钟的事啊。

这句话本是对李广的称赞,但没想到皇帝的嘴也开过光,它成了李广一生的悲催写照。汉文帝时代执行的是休养生息的国策,根本没有打仗的心情,作为武将的李广当然没有出头的机会。

等到汉景帝上台，外部战争虽然还是没指望，但吴楚七国之乱的内战总算给了李广发挥的舞台。他也的确很给力，追随太尉周亚夫进攻吴楚叛军，身先士卒，跟开了挂一样一个人冲进敌阵，夺取了叛军的军旗。这在古代战争中是绝对的大功一件，按理说捞个侯爵啥的本不成问题。

命运就是这么神奇，当时汉景帝的弟弟梁王刘武也相中了李广的勇武，就私下授予了李广将军的职位和印信，李广竟然接受了。这下子可麻烦了，因为储位问题，梁王一直是汉景帝心里的一根刺：你一个诸侯王拉拢李广想干什么？而且李广竟然给了就要，是打算跳槽找下家吗？所以战后论功行赏的时候，李广不但什么也没捞到，还被汉景帝调去了北方边境吃灰。

当然李广在边境也没闲着，别的将领面对来抢东西的匈奴人都是蹲在城里防守，只有李广凭着自己的骑射功夫和匈奴人对攻。可惜汉景帝觉得他不够可信，而且当时大汉也没有和匈奴全面开战的实力和想法，李广成天和匈奴人对着干容易把边境摩擦扩大为全面战争，这不符合大汉休养生息的国策。所以直到汉景帝去世，李广都只是在北方各个边郡之间平调，完全没有封侯的机会。

等到汉武帝上台，汉朝对匈奴的全面反击战正式打响，这回飞将军的机会总该来了吧？李广也是这么想的，不过可惜老天爷不是这么想的。我们来梳理一下飞将军的战绩：

公元前133年，汉武帝想在马邑打匈奴的埋伏，当时李广作为骁骑将军带领一支部队蹲在包围圈外，结果匈奴人察觉有埋伏一转身撤了，李广和十几万大军白等了一场。

公元前129年，龙城之战，汉武帝派卫青、李广等人分四路北击匈奴，这回李广总算等到匈奴人了，结果寡不敌众全军覆没，李广也被匈奴人俘虏，好不容易找了个机会逃了回来。转头一看，卫青因为直捣匈奴祭天圣地龙城，并且俘虏了七百多人而被封侯。

公元前 123 年，漠南之战，李广随大将军卫青出击匈奴，没找到匈奴人，没有战功。在这场战役中，十七岁领军的霍去病斩首超过两千而被封为冠军侯。

公元前 121 年，为配合霍去病在河西地区发起的战役，汉武帝派李广和博望侯张骞从东线牵制匈奴。李广带领四千轻骑兵先走，结果被数万匈奴主力包围，一番苦战之后张骞的主力部队才赶到，匈奴一看对方援军来了便解围而去，不过李广的四千人基本上都打光了。李广无功无过，白干一场，封侯没戏，张骞更惨，因为救援迟到，侯爵都丢了，被一撸到底贬成了普通人。

公元前 119 年，最后的漠北大决战，已经六十多岁的李广强烈要求抓住这最后的机会，汉武帝却信不过他，特意嘱咐卫青一旦真打起来就把李广调远点，因为这个人太晦气，别连累整场战役都跟着倒霉。

所以卫青把本来是前锋的李广调到了侧翼，结果李广在侧翼因为迷路耽误了战机，卫青都打完了李广才赶到战场，按照军事纪律这种行为必须接受调查，而戎马一生的老将军李广实在无法忍受这种屈辱拔剑自杀了，至死没有封侯。

这么一算，李广五次主动出击，三次迷路打酱油没碰到敌人，两次碰到敌人又都被打得几乎全军覆没，简直就是倒霉界的扛把子、点背界的总冠军。

唐代诗人王维在诗中写道，"卫青不败由天幸，李广无功缘数奇"，数奇的意思就是命不好。因为古人认为偶数吉利，奇数不吉利。在王维看来，卫青的成功完全是因为点子正，而李广的不成功则全是因为命不好。

真的是这样吗？其实飞将军李广在民间的人气和声望如此高，除了他自身悲剧英雄的人设，还要感谢司马迁老师。他在《史记·李将军列传》中对李广的赞美影响了一代又一代的读史者。的确，李广作为一名将领，作战勇猛，爱兵如子，个人能力相当过硬，但是很可惜，他本身也有一些致命的缺陷。

首先是自身战略转型的失败。李广之前的战斗经历主要集中在汉景帝时期，无论是平定吴楚叛乱，还是在北方边境对战匈奴，都是在主场的防御型作战，而到了汉武帝时代的深入客场主动出击，李广在之前积累的经验完全派不上用场，这种不适应导致了他在新型战争中的不顺利。

其次是自身战术能力的局限。汉武帝打造的骑兵军团，以装备提升攻防能力，用远程攻击配合近战肉搏，卫青和霍去病都将近战骑兵的威力发挥到最大。李广一生最自豪的就是自己的骑射功力。李广的骑射水平的确一流，但骑射是需要天赋的，汉朝只有一个李广，对面的匈奴人却是人人都会骑马射箭，就算单挑不是李广的对手，人一多汉军也架不住。所以以骑射对骑射的战术，完全是以短击长。

总的来说，卫青和霍去病代表了汉武帝时代骑兵作战的新模式，而李广则是落后于时代的旧骑兵。所以李广指挥大兵团作战的能力也十分有限，卫青和霍去病遇到匈奴主力能以少胜多，而李广一旦遇到匈奴主力则只能寡不敌众，自然拿不到封侯需要的战功。

"李广难封"这件事，虽然有运气成分，但更多的是在那个风云巨变的时代里，个人能力和时代发展错位所带来的必然结果。

但李广在汉武帝时代还不算最惨的武将，有一个人比李广还倒霉，这个人还是李广的亲孙子，这又是怎么回事呢？

第三十篇

假戏真做

李陵为什么会投降

飞将军李广征战一生却难以封侯，最后还落得个阵前自杀的结局，听起来已经够可怜了，但实际上老李家的悲催剧情还没有结束。

李广的大儿子和二儿子都早死，只剩下小儿子李敢活了下来还凭军功封了侯，结果却因为打伤了大将军卫青，被卫青的外甥霍去病一箭射死。而且汉武帝对霍去病极为宠爱，李敢这条人命算是白扔了。

俗话说，事不过三，按理说老李家的倒霉劲儿也该过去了，没想到李广爷爷的遗传基因太强大，硬生生把老李家的悲剧拍成了连续剧。李广的长孙李陵不但没有战胜归来，反而投降匈奴叛国，害得全家老少都去见了阎王，这又是怎么回事呢？

李陵曾担任汉武帝的侍中，就是皇帝身边的贴身武官，他继承了爷爷李广的骑射天赋，而且仁爱谦让，名声很好。汉武帝也觉得他有当年李广的风范，就提拔为骑都尉，让他带领五千精兵驻防在酒泉和张掖一带。

李陵刻苦练兵，努力训练，他最大的愿望就是取得军功，完成爷爷李广没能实现的封侯目标,给老李家争一口气。爷爷李广在天之灵看到孙子这么有上进心应该会很欣慰,人都说祖先有灵,保佑子孙,但李广爷爷可能下凡保佑孙子的时候又迷了路,所以李陵一生坎坷程度完全不亚于自己的爷爷。

当时的匈奴在汉武帝的强力打击下,已经无力在正面战场和汉朝硬抗,只好从侧面找麻烦。双方争夺的焦点就逐渐集中到西域地区,匈奴想在西域作威作福收保护费,汉朝却把西域当成了自己的后花园。而李陵驻守的河西走廊一带,正是这一时期汉匈之间的主战场。看上去军功唾手可得,但很不幸,李陵没有太多的机会。

如果说爷爷李广因为头上有卫青和霍去病这两位军功收割机压着,导致总拿不到人头的话,那李陵就更憋屈了。因为挡在他和军功之间的那个人叫李广利,跟爷爷的名字只差一个字。

这个李广利是汉武帝宠妃李夫人的哥哥,他还有个兄弟叫李延年,就是唱"一顾倾人城,再顾倾人国"的那位音乐家。

李夫人是婀娜多姿的舞蹈达人,李延年是才华横溢的音乐天才[1],说起来这位李广利将军,也算是音乐世家出身了,却被汉武帝放到西部战区来赚军功。

李广利的打仗水平实在一般,两次出征西域虽然都勉强打赢了,但战斗过程简直惨不忍睹,跟"名将"两个字一看就无缘。可是没法子,谁让人家后台太硬,李陵再能打也只能给李广利打下手,这种感觉别提多憋屈了。

公元前99年,汉武帝决定再给自己这个大舅哥李广利找点表演的机会,命令他率军攻击匈奴在天山附近活动的部队,并下令李陵为李广利运送粮草。但李陵再也不想给李广利这个业余选手打辅助了,他求汉武帝说,我的部队远程

1.《史记·佞幸列传》。

攻击力无人能敌，能不能给我一个单飞的机会，别总让我给他当后勤送快递啊。

汉武帝说，我明白你的心情，但我这次出动骑兵太多，也没有战马配给你啊。

李陵说，不用战马，只要让我出战，我领着手下的五千步兵就能一路打到单于的老巢去！

汉武帝觉得李陵请战的意愿强烈，而且勇气可嘉，就同意了他的请求，虽然不指望靠五千步兵就能把匈奴单于灭了，但能为李广利的主力部队吸引一下匈奴人的火力也是好的。

于是李陵带着一手训练出来的五千精锐出发了，向北走了三十天，到浚稽山扎营。李陵的部队虽然人数少，而且全是步兵，但他们带的强弩比起匈奴人的弓箭，射程更远，杀伤力更大。只要弩箭充足，这五千人就是一个恐怖的远程大杀器，所以李陵还是有信心和匈奴骑兵正面较量一下的。结果他真的遇到了三万匈奴骑兵。李陵用战车作为防守阵地，用强弩作为伤害输出，匈奴人冲又冲不进来，对射又不是对手，在李陵的万箭齐发下损失惨重。

这么一点步兵都拿不下来，匈奴人难道不要面子的吗？于是他们不断地增兵，最后调来了八万人来围攻李陵，李陵边打边向南撤退，五千精兵打得只剩下三千人，但也干掉了大概一万的敌人。

这个时候李陵的部队已经牢牢吸引了匈奴的主力，如果其他汉军及时跟上，至少能打匈奴人一个手忙脚乱。但老李家拿到的剧本就是这么悲情，主帅李广利率领的主力部队被匈奴人打到血槽已空，好不容易才突围回国。其他的汉军部队也无法赶来支援，李陵陷入了孤军作战的境地。

好在李陵部队的远程攻击能力超群，一边战斗一边往回撤。匈奴人死伤众多不说，也觉得离汉朝的边境越来越近，心里怀疑李陵这是在诱敌深入，恐怕有诈的匈奴人就准备撤军。要是这样的话,李陵这一战应该就算打赢了。

但这时候李家祖传的霉运又来了,李陵手下的一个军官叛变,跑到匈奴人那里去告密,说李陵身后根本没有什么埋伏,军中随身携带的箭就要用完了。

得到了情报的匈奴人开始放心地围殴李陵,李陵和剩下的士兵虽然英勇作战,但是奈何没有援兵,带的箭再多也有用完的一天,射空了箭矢的强弩毫无用处,李陵的弩兵只好拆下车轮上的木条,拎在手里当棍子继续战斗。

弹尽粮绝之下,李陵不得不选择投降。

消息传回国内后,满朝文武都对李陵投降的行为口诛笔伐。他们觉得李陵兵败之后就应该当场自杀,怎么能干出投降这么丢人的事呢?

那么李陵为什么会投降呢?

首先是革命尚未成功。一死了之的确痛快,但李陵打仗不是为了当烈士,他身上肩负着李家三代人的期望,他需要用实打实的军功为自己和整个家族赢得应有的尊重,所以他不能死。

其次是借鉴历史经验。人活着才有东山再起的机会,之前汉朝和匈奴的战争中也有被俘的将领逃回来继续带兵的,自己的爷爷李广就是最好的例子,所以他不必死。

最后这场仗打得太憋屈。浚稽山一战,李陵光靠五千步兵,面对十几倍的敌人不但不落下风,而且用两千人的伤亡干掉了一万多匈奴人,伤亡交换达到了1∶5。只要随便来点支援部队,就能拿完人头顺利回老家了,失败完全是孤军奋战而致。这种情况下要李陵自杀殉国,鬼都得气活了。

所以他不想死,毕竟留得青山在,不怕没柴烧啊。

司马迁懂得李陵的心思,他对汉武帝说,李陵靠五千人打成这样,也算名

将了，说不定他是想假投降然后想别的办法呢。但是汉武帝听了很不开心，司马迁你的意思是李陵靠五千人就打成这样，朕安排的李广利带三万人却打成那个惨样，是讽刺我不会用人咯？

于是可怜的司马迁老师被汉武帝下狱，后来还遭受了宫刑。

远方的李陵不知道司马迁因为给自己说了句公道话而倒霉，他还等着找机会逃回去继续打匈奴呢。结果不到一年，李陵就听说汉武帝把自己留在汉朝的一家老小全给杀了。他瞬间崩溃了，正好有个汉朝的使节来到匈奴，李陵就问，我是因为孤军奋战不得不假意投降，也没有对不起朝廷啊，为何要杀我全家？

使节说，因为皇上听说你给匈奴人练兵，这就是投降叛国，不杀你全家杀谁！

李陵郁闷地说，给匈奴人练兵的那是另一个姓李的，叫李绪，不是我啊！我冤啊！

冤也没办法，人都杀完了，这下子假投降也得变成真投降了。家破人亡的李陵无路可走，只好彻底待在匈奴这里。匈奴单于很看重他，不但招他当了驸马，还封他为右校王，算是非常器重了。

名将之后、一心想要打匈奴赚军功壮大家族的李陵，不但莫名其妙地成了叛国贼，还害得全家人集体去见阎王，这人生也真够曲折离奇了。

李陵在匈奴郁闷透顶不说，匈奴单于还给了他一个非常难堪的任务，让他这个已经投降的俘虏去劝另一个打死不投降的俘虏投降，而且宁死不降的俘虏是李陵以前的好朋友，这又是怎么回事呢？

第三十一篇

放羊的日子

苏武为什么不投降

假投降变真叛国的李陵接到了一个很尴尬的任务,要去劝降一个打死不投降的汉朝俘虏,这个人就是李陵从前的同事兼好友苏武苏子卿,一位出使匈奴却被扣留的大汉使节。

身为将军的李陵都投降了,一个文官出身的苏武,为什么不投降呢?

其实苏武落在匈奴人手里比李陵还早一年。

公元前100年,匈奴的且鞮侯单于上台。大汉和匈奴虽然一直在打仗,但战斗间歇双方也会互派使者。既是吵架谈判,也是测探军情,所以匈奴这边扣留了好几拨汉朝的使节,汉朝方面也针锋相对地逮捕了匈奴的外交官。

且鞮侯单于刚即位,内部问题还没有解决,统治根基也不够牢固,他生怕这时候大汉过来砸场子,所以就给汉武帝写了封信服个软,称汉武帝是自己的"丈人"。

汉代说的"丈人"不是女婿称呼老丈人的意思,而是当时晚辈对父亲那一辈的尊称,且鞮侯单于语气亲热态度恭敬不说,还把之前扣押的汉朝使节都释放了。

面对匈奴单于释放的善意，汉武帝挺高兴，就决定派使团护送之前扣押的匈奴使节回去。苏武奉命以中郎将持节出使，就是这支大汉使团的团长，副中郎将张胜为副团长，连同临时招募的士卒、斥候百余人共同组成了出使的队伍。

但是很不幸，之前所有的一切都只是且鞮侯单于为了巩固自己的地位而实行的缓兵之计。当苏武带领的使团来到匈奴传达了皇帝的赞许，并送上精心准备的礼物后，匈奴这边却开始变得傲慢无礼了，一看就不是诚心要和好。

既然言辞不能表达，那就在战场上用刀剑来说话。苏武的使团正要准备回家，不料就在此时出事了。

匈奴内部有人想造反然后投奔大汉，结果失败被抓住了。

按理说这是匈奴内部自己的破事，和苏武他们也没啥关系，但造反的一帮人和苏武的副手张胜是老相识，最要命的是张胜不但提前知道他们造反的计划，甚至资助了此次叛乱，这下子可脱不开身了。

果然，匈奴方面通过审问得到了汉朝使团参与叛乱的口供。且鞮侯单于大怒，就派卫律去提审苏武。这个卫律也算汉朝人民的老朋友。他本是生长在汉朝的胡人，后来投降了匈奴，很受匈奴单于的喜爱。同作为汉朝投降过来的人，李陵被封为右校王，卫律被封为丁灵王，虽然都是王爷，但卫律明显和单于关系更亲近[1]。

卫律奉命来审讯苏武，苏武说，丧失气节，有辱使命，哪还有脸回国去呢！于是拔剑要自杀。卫律一看苏武这么刚烈，赶紧送去抢救。当然，说是抢救，但以匈奴落后的医疗水平，也就是在地上挖个坑，点上火把苏武放在上面烤，

1.《汉书·李广苏建传》。

真不知是抢救还是要直接火化。

但也不知道苏武是命好还是命不好,他还真就被这种烧烤疗法给救回来了。且鞮侯单于听说后很佩服苏武的气节,但也更加坚定了招降苏武的信念,毕竟堂堂大汉的官方使节,要是被匈奴人给拿下了,那绝对是打汉武帝的脸。

匈奴方面觉得招降苏武总共分三步。第一步,威逼利诱。

苏武的身体刚康复,且鞮侯单于就派卫律来招降苏武。

卫律先当着汉朝使团的面亲手杀掉了叛乱的匈奴人,然后举起带血的刀剑吓唬副团长张胜说,胆敢谋害单于必须得死,除非你投降!

张胜尿了,表示愿意投降。卫律就乘胜追击地问苏武说,副团长认罪投降了,你这个正团长也应该连坐,还不认罪投降?

苏武说,我姓苏,他姓张,我又不是他亲戚,凭什么连坐?

卫律举起刀剑对着苏武比比画画,苏武很淡定,你想砍就砍别废话。

一看硬的不行,卫律又用高官厚禄牛羊珍宝来诱惑苏武说,苏君啊,你看我投降以后,获得了单于的恩宠、爵位、财富、部众和牛羊,哪一样缺少了?苏君你今天投降,明天就会跟我一样,否则白白被我剁碎了当肥料多可惜。你只要投降,我们还能做兄弟,你要是不投降,哼哼,以后再想见我都难咯!

苏武怒了,大骂道,你个不顾恩义的叛臣、背弃父母的贼子,我有什么好见你的!南越国杀过大汉使节,结果变成了汉朝的九个郡县;大宛的国王杀过大汉使节,后来他的脑袋被挂在城门口展览;东边的朝鲜杀过大汉使节,现在这个国家已经不存在了。只有匈奴还没享受过这种待遇。来吧,不如就从今天杀了我开始吧!

卫律听了内心是崩溃的,这到底是谁威胁谁啊,反而下不去手了。眼看苏武软硬不吃，且鞮侯单于也较上劲了，开始了招降苏武的第二步，绝地求生。

他把苏武一个人丢到北海去放羊，北海也就是今天俄罗斯贝加尔湖附近。那地方天气寒冷荒无人烟，人想活下来都费劲。且鞮侯单于还说了，什么时候你放的羊下了崽儿，有了奶我就放你回去。但是他给苏武的全都是公羊，明显就是告诉苏武，你要是不听话，一辈子就在北边苦寒之地蹲着吧！

放羊的苏武过得很惨，匈奴人当然不会那么好心给他粮食，而且这放的羊也是属于匈奴人的，苏武不能杀了吃肉。饿得没办法的苏武只好去草原上挖老鼠洞，堂堂大汉使节只能靠抢老鼠藏在洞里的粮食活着。

但就算这样，苏武每天都紧紧拿着代表使节身份的节旄，节是指古代使者所持的身份凭证，旄则指的是挂在节上的牦牛尾装饰物。一年又一年，节旄上的毛都掉光了，可苏武仍然把这根光杆紧紧地攥在手里。因为这是他使节的身份，是大汉的象征，只要他活着就不会丢下。

过了好多年，原来的世家公子苏武被北海的牧羊生活硬生生地改造成了野外生存专家苏武。他学会了在贫瘠的土地上搜寻食物，学会了在寒冷的风雪中保持体温，学会了在茫茫的草原上应对各种天灾人祸、疾病意外。如果放到今天，他去参加荒野求生真人秀绝对能挺到最后。

且鞮侯单于一看苏武的技能点涨得太邪乎，再过几年说不定真能让公羊都下出崽来，于是使出了招降苏武的第三步，老友相劝。

而这位老朋友，自然就是李陵了。李陵和苏武曾是职场上的同事，也是私底下的好友。但现在李陵已经彻底变成了一个匈奴人，身份、地位、权势、金钱一样都不缺，而苏武则变成了一个俘虏，生命安全都得不到保障。但不知怎么，当一身匈奴人打扮的李陵看到苏武手里那根已经没了毛的节旄时，内心却是五味杂陈的。

他用隆重的宴会和歌舞来招待苏武，一边喝酒一边叫着苏武的字说，子卿啊，单于知道我们以前是好朋友，所以让我来劝劝你。你这辈子都回不去了，这么吃苦受罪又有谁能知道呢？你大哥给皇帝管专车，结果车子剐蹭了一下就被迫自杀；你弟弟去抓罪犯，没抓到也吓得服毒自杀。我比你晚出发，来的时候你老娘已去世了，是我亲自送的葬。你被扣在这里这么多年，媳妇早就改嫁，孩子也不知是死是活。而且皇帝现在老了，动不动就把大臣满门抄斩，你这么硬挺着有什么意思啊？

苏武说，我们苏家父子两代，都是因为陛下的恩赐才能位列将帅，获爵封侯。现在能够杀身报恩，即使是上刀山下油锅也觉得快乐。臣子事奉君主，就如同儿子事奉父亲，儿子为父亲而死没有什么遗憾的。希望你不要再说了。

李陵还想再劝，苏武却说，我早就当自己死了，大王，你要是再劝，这酒宴也就不用继续了，我直接死在你面前！

李陵一直称苏武的字，是以朋友的身份，而苏武称李陵却叫他的官爵，就是不把他当朋友了。而且李陵的这个"大王"还是匈奴人封的，一个匈奴人封的王有什么立场来劝大汉的使节投敌叛国！

李陵听后仰天长叹说，你真是个英雄，而我却是有罪之人啊！说完流着泪就走了。李陵走后，苏武就捧着那根破破烂烂的节旄继续放羊。

公元前87年，汉武帝驾崩，汉昭帝即位，汉朝和匈奴重新开始谈判，就想把苏武接回去。匈奴人却说苏武早就死了。汉朝派来的人知道苏武还活着，就骗匈奴人说，皇帝在上林苑打猎时射下来一只大雁，大雁的腿上绑着苏武写的亲笔信，说他就在北海放羊呢！

匈奴人一看这苏武的野外生存能力都进化到能让大雁送信了，只好承认苏武还活着，并且把苏武等人送回了汉朝，这就是成语"鸿雁传书"的由来，从此以后，大雁也就成为传递信息的象征。

苏武临走前，李陵特意来送行。李陵说，今天你就要回家了，在匈奴中扬名，也为大汉立了功，即便是古代史书中记载的事迹、图画中描绘的英雄也比不上你啊！我李陵虽然既无能又胆小，但假如当年朝廷宽恕我，不杀我的家人，使我能够在投降的耻辱中继续报国，哪怕当个刺客也好啊！结果却是朝廷杀光了我的家人，断绝了我的顾念。不过说这些也没用了，今日一别就是永别啦！

说完李陵一边跳舞一边唱道：

走过万里啊穿越沙幕，报效君王啊奋击匈奴。

刀箭损坏啊没有归路，将士俱亡啊名声败无。

老母已死啊哪里又是我的归处？[1]

唱完李陵挥泪送别苏武，两个曾经的朋友此生再也没能再见。

宋代的文天祥写过一首诗，内有"李陵罪在偷生日，苏武功成未死时"。李陵和苏武曾是志同道合的同事，更是交心的好友，又一起深陷敌营。李陵有他投降的原因，苏武也有自己决不屈服的理由。

李陵是军事家，胜败乃兵家常事，就算屡战屡败也可能有逆风翻盘的机会，所以为了最终的胜利，可以忍受暂时的屈辱。但苏武是外交官，是大汉的使节，他代表的不是自己，而是整个大汉的尊严，所以他没有任何退路，他也决不能屈服，这既是他个人的气节，也代表了那个时代整个民族的骨气。

苏武被扣留在匈奴十九年，历经磨难却依然坚守作为一个使节的底线，终

1.《汉书·苏武传》。

于等到回家的这一天，他的名字既是大汉的传奇，也是历史的丰碑。

但十九年的时间，一切都已物是人非。苏武回到国内才发现，一代雄主汉武帝已经去世，新上台的皇帝，也不是当年的太子啊！这又是怎么回事？

第三十二篇

巫蛊之祸

惨案是怎样发生的

汉武大帝刘彻这一生，打败了专权的外戚，搞定了谋反的宗室，打服了嚣张的匈奴，可以说是百战百胜从无失手。

但再伟大的帝王都有一个不可战胜的敌人，那就是时间。一代雄主也避免不了地走向衰老，精力不济，疾病缠身。就算是骄傲的汉武帝也不得不承认，自己离死亡已经越来越近了。身体的病痛和精神的衰老让晚年的皇帝变得更加疑神疑鬼，更加暴躁不安，更加喜怒无常。

于是，汉武帝统治晚期最大的惨剧，史称"巫蛊之祸"从此拉开序幕。这场惨剧持续数年，造成了数万人伤亡，无论是高高在上的皇帝、皇后、太子，还是中流砥柱的丞相、王侯、将军，甚至是底层卑微的士兵、居民和囚犯，全都被卷入了血腥的屠杀之中。

那么巫蛊到底是什么，这场惨案又是怎么发生的呢？

所谓巫蛊，就是一种巫术。当时人认为巫蛊是一种非常高端的暗黑系精神法术，只要请巫师作法或者在地下埋个木头人，然后念咒语诅咒那些得罪过自己的人,他们就会倒霉受灾,甚至直接没命。所以谁对我不好了,或者谁跟我结仇了,就弄些巫蛊的道具,躲在暗处拼命扎小人诅咒这个人。

其实这种巫蛊术只是一种迷信,根本没有什么实际杀伤力,无非是让诅咒的人心里痛快一点罢了。但当时的人都相信,尤其是汉武帝年老多病,经常做噩梦,就怀疑是有人用巫蛊之术诅咒自己。对,一定是有刁民想害朕!

所以一场以保卫皇帝健康,打击诅咒恶习的扫巫打蛊专项治理行动,就在大汉的都城长安轰轰烈烈地展开了。这场行动的总负责人是皇帝手下一个有名的狠角色——绣衣使者江充。

绣衣使者是汉武帝设置的秘密警察部队,有点类似明朝的锦衣卫。他们的特征是穿着华丽的衣服,手里拿着代表权力的节仗和虎符,四处巡视督察,一旦发现不法的事情可以直接代天子执法。

神出鬼没的绣衣使者已经很吓人了,而江充更是出了名的冷酷无情,只要落到他手里,不管是皇亲国戚还是王公重臣,一概要挨收拾,谁说话都不好使。汉武帝命他追查巫蛊的事情,他就带着一群巫师到处挖,一旦挖出了巫蛊的木头人,就把周围的人全部抓起来严刑拷打逼他们认罪。他还发动老百姓互相揭发,结果全国上下因为涉及巫蛊而被处死的人有好几万。

江充的执法风格很得汉武帝的喜欢,但他也得罪了很多人。其中就包括汉武帝的太子刘据,因为刘据是皇后卫子夫所生,所以历史上一般称他为卫太子。汉武帝到晚年身体不好,一直住在长安城边的甘泉宫疗养,把政务都委托给卫太子打理。

江充心想,现在自己虽然得宠,但皇帝都这么大岁数了,自己的好日子也没剩几天,等太子上台还不得收拾我?于是他指使手下的巫师对汉武帝说,最大的诅咒应该是在皇宫里,如果不把这个人抓出来,皇帝的病就不会好。

汉武帝就指派江充成立专案组,并派宦官苏文协助江充去追查皇宫里的巫蛊案。江充带着人在皇宫里掘地三尺,连皇帝的宝座都拆了,皇后和太子的屋里更是被翻了个底朝天,连一块能放床的平地都找不到。最后在太子的宫里挖出了诅咒用的木人,这下子事情就变得有趣了。

这个木人到底是真的在那里,还是江充的诬陷,史书上并没有说明,总之江充找到了他想要的东西。卫太子一方面觉得百口莫辩,一方面他已经很久没有见过皇帝露面,谁知道皇帝到底还在不在,万一是江充假传圣旨怎么办?秦始皇的长子扶苏是怎么死的大家都记得,卫太子不想当扶苏,所以决定赌一把。

公元前91年,卫太子征得母亲卫子夫的同意后,将太子宫里和皇后宫里的力量集结起来,直接起兵把江充等人抓来杀掉,苏文侥幸逃脱。

逃出生天的苏文向皇帝报告太子起兵的消息,汉武帝一开始还觉得事情不是很严重,就派使者去召太子来解释。结果这使者怕死走到半道就回来了,说太子铁了心要造反。汉武帝大怒,下令丞相刘屈氂调集兵力武力平叛,并特意叮嘱,对待叛乱者就要大开杀戒,绝不能让他们逃出长安城。

面对前来平叛的正规军,卫太子的兵力不足,只好把监狱里的囚犯和长安市场里的人都武装起来,双方血战数日,鲜血都灌满了路边的水沟。最终太子战败,逃出了长安城,在山沟的一户人家里躲了一个月,最后还是被发现了。卫太子无奈之下自杀,他的母亲卫子夫、妻子和几个儿子、儿媳妇、孙子孙女也都在这场变乱中送了命,只有一个没断奶的孙子因为年龄实在太小而躲过一劫,被关进了监狱。

公元前90年,守卫汉高祖祭庙的郎官田千秋上书为太子鸣冤,他说是一个白胡子老头给他托梦让他为太子平反的。汉武帝觉得一定是刘邦显灵,而且冷静下来回想整个巫蛊事件也觉得不对劲,于是豁然醒悟,召见田千秋说,我们父子之间的事外人难以插嘴,只有你知道事情的真相,这是高皇帝派你来辅佐我啊。

汉武帝立即任命田千秋为大鸿胪[1],并下令将江充全家满门抄斩,将苏文烧死在横桥之上。

这还没完,当初太子起兵时,那些同情太子没有动手的,全让皇帝给杀了。而那些听从皇帝命令拼命镇压的,都赏了高官厚禄。现在皇帝后悔了,又把当初服从命令、严格执行的人给杀了。这么一场父子之间的战争,可苦了底下的大臣,不听话当时就得死,听了话回头也得死,给皇帝打工果然是脑袋别在裤腰上的差事。

汉武帝后来修建了思念太子的宫殿和平台,来表达自己的悔恨之情。但一场巫蛊之祸,皇帝培养多年的继承人没了,还造成了四十万人死伤。上至皇后丞相,下至官员士兵,整个汉代的中枢机构被血洗了一遍,极大地动摇了中央的统治基础,这么严重的后果就算皇帝再后悔也无济于事了。

我们回头来看这场巫蛊之祸,其实还有很多蹊跷之处。汉武帝一生英明神武,就算老来多病多疑,也不至于智商下线,被江充忽悠得团团转。巫蛊之祸为什么会发展到如此不可收拾的地步呢?

其实,巫蛊之祸的爆发看似偶然,却是专制皇权下的必然结果,因为它涉及一个永恒的博弈难题,那就是皇帝和储君的关系。

自古以来,作为整个帝国一把手的皇帝和未来一把手太子的关系都是非常

---

1. 大鸿胪:官署名,主掌接待宾客之事。

复杂而危险的。

从秦始皇确立皇帝制度以来,皇帝这个位置就具有天然的排他性:大权独揽,至高无上,任何想染指这份权力的人都会死得很惨。

但皇帝再厉害,也是要死的。为了保证权力的传承,他就必须有一个太子。太子是储君,说白了就是储备起来的君主替补,是随时准备接班的万年备胎。这个备胎可是很难当的,没能力不行,不然国家怎么交给你;太有能力也不行,皇帝还在呢哪轮到你出头。真是优秀也不对,落后也不行,这个分寸实在太难拿捏。

但对皇帝来说其实也是很尴尬的。为了自己退休后的皇位传承,自己要培养太子,方便他未来接班,可为了自己在皇位上不提前退休,又要防范太子,以防他提前接班。

猜疑的炸弹始终就在那里,只等有人来点燃罢了。

汉武帝晚期,卫子夫人老色衰已经失去了宠爱,汉武帝和别的妃子生的孩子一个比一个可爱,这就让卫太子很有危机感。好在当时卫青还活着,皇帝特意通过卫青给皇后和太子传话让他们安心。可后来卫青去世,太子最大的支持者就没了。而且太子仁德厚道,和汉武帝的冷酷无情很不同,导致一大批靠冷酷无情爬上来的大臣非常有危机感,他们觉得一旦太子上台,执政风格转变,自己的后半生也就凉凉了,所以拼命地想把太子搞下去。江充,就是冲在最前面的那个人。

公元前91年春正月[1],也就是"巫蛊之祸"全面爆发之前,太子的另一位重要支持者,卫子夫的姐夫,也就是太子的姨夫——丞相公孙贺一家就因为巫蛊事件被杀个精光。这时的太子已经孤立无援,成了惊弓之鸟,任何的刺激都

---

1. 据《资治通鉴》整理,下同。

会让他觉得自己要完蛋，所以面对江充的逼迫时他才会干脆起兵。

而当太子起兵后，汉武帝的操作也很有意思。

公元前91年秋七月十七日，太子战败逃出长安，皇后卫子夫自杀身亡。壶关三老给皇帝上书为太子求情，"三老"是地方掌管教化的乡官。换句话说即使地方最基层的村干部都觉得太子太冤枉，给皇帝上书了。可史书上记载"天子感寤，然尚未显言赦之也"，翻译过来就是皇帝感悟了，但还是没有赦免。

八月初八，太子自杀，太子全家及下属也全都被杀。

当太子一系的政治势力都死得差不多以后，汉武帝才"幡然悔悟"，把在平叛中立功受赏的人又全都杀了，向全天下表达自己的悔恨和怀念。

这不合逻辑啊！如果第一时间下达赦免令，太子不就不用死，皇帝也就不用事后这么后悔了啊？

不，太子必须死。

因为对皇帝来说，权威是不容挑战的，就算你有天大的委屈也不行，就算你是一人之下万人之上的太子也不行。皇帝是永远正确的，皇权是永远神圣的，任何挑战皇权的行为都必须遭到最彻底的打击，这是专制制度之下最根本的逻辑。如果起兵对抗皇帝都可以被原谅，那皇帝的权力还有何神圣可言？如果挑战皇帝的太子还能活下来，那皇帝的正确又能保持多久？所以不管巫蛊之祸背后的真相到底怎样，这样的一场惨剧都是专制皇权下不可避免的产物。这不是第一次，也不是最后一次，只要绝对的权力依然存在，就会产生更多的争夺和阴谋。

晚年遭遇了这么大的变故，苦心培养多年的继承人就这么没了，大汉的未来将由谁来接班，一代雄主汉武帝，又将怎么度过自己剩下的人生呢？

爱告密的江充

江充，本名齐，西汉赵国邯郸人。其妹善操琴歌舞，嫁给赵太子刘丹。后来刘丹怀疑他将自己的隐私告诉了赵王，派人去抓没抓到，就把他的父亲和哥哥杀掉了。江齐仓皇逃入长安，改名江充，向朝廷告发刘丹。汉武帝刘彻大怒，废除了刘丹的太子之位。后江充拜为直指绣衣使者，监察豪贵们的越礼违制行为，他从此成为刘姓宗室的噩梦。

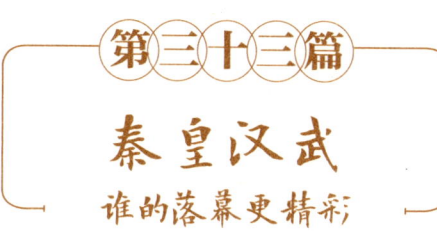

第三十三篇

秦皇汉武

谁的落幕更精彩

无论是在历史还是在文学中，秦始皇和汉武帝都是被经常放在一起相提并论的重量级选手。两位皇帝都是少年登基，一路打败各种对手，最终大权独揽，唯我独尊；他们都刻薄残忍，杀人无数；他们都雄才大略，开疆拓土；他们都好大喜功，大兴土木；晚年他们也都修仙求道，热衷方术。

可以说，秦皇汉武是整个秦汉史最有名的标签，也对中华文明早期的历史产生了无可替代的推动作用。

不仅如此，汉武帝的晚年和秦始皇也非常相似，几十年的穷兵黩武和各种折腾，花光了国库里的最后一个铜板，也抽干了天下百姓的最后一丝生气。汉武帝统治晚期的大汉已经是伤痕累累，比大秦帝国当年好不了多少。

而且汉武帝的卫太子也走上了当年公子扶苏的老路，明明有希望给帝国带来喘口气的机会，结果自己这口气反而喘没了，全家都在巫蛊之祸中遭到了团灭，只剩下一个吃奶的孙子还关在监狱里。

生命已经进入倒计时的汉武帝，这时候面临和秦始皇一样的问题：自己死了以后怎么办？如何在最后时光里安排好一切，完美地谢幕呢？

首先是确定新的继承人。

汉武帝有六个儿子，长子刘据死于巫蛊之祸，次子刘闳十几岁就夭折了，现在继承人只剩四个：燕王刘旦、广陵王刘胥、昌邑王刘髆和小儿子刘弗陵。

在此之前，汉武帝最宠爱的是五儿子昌邑王刘髆，他的母亲就是李延年《佳人歌》[1]中所唱的"倾国倾城"的李夫人。可惜李夫人生下刘髆后就死了，不过刘髆还有个舅舅，就是那位打仗水平堪忧的李广利将军，而李广利的儿女亲家刘屈氂是当朝丞相，更是刘髆的堂兄，就是他在巫蛊之祸中带兵打败了太子，还因此受到了皇帝的嘉奖。

这么看来刘髆在朝堂上有堂兄，在军队里有舅舅，再加上皇帝对他的宠爱，太子之位简直是唾手可得。

事实上，李广利和刘屈氂这二位也是这么想的。巫蛊之祸结束的第二年，也就是公元前90年，李广利率军出征匈奴，刘屈氂来送行。李广利就对刘屈氂说，现在皇帝没有太子，你赶紧找个机会向皇帝建议，立刘髆为太子。等他当了皇帝，我就是国舅爷，你是皇帝的堂哥，以后这日子还犯愁吗？

这个提议刘屈氂自然是满口答应，两个人都开始憧憬以后的美好生活了。不过，他们的美梦做得有点早了，此时汉武帝已经觉得巫蛊之祸背后的事情并不简单，开始着手收拾那些在背后推波助澜的人，而在整个事件中获利最大的刘髆、李广利和刘屈氂，就成了最大的嫌疑人。所以当李广利正在前方打仗的时候，国内突然传来消息，有人举报他和刘屈氂用巫蛊之术诅咒汉武帝，刘屈

1.《佳人歌》："北方有佳人，绝世而独立。一顾倾人城，再顾倾人国。宁不知倾城与倾国？佳人难再得！"

骜已经被皇帝给宰了，李广利全家也被关进了监狱。

李广利一听害怕了，心想怎么才能逃过这一劫呢？一看对面的匈奴人他来了主意，要是打败了匈奴人，不就能将功赎罪了吗？但他的打仗水平实在不行，不但没有捞到想要的军功，反而被匈奴人打了个落花流水。李广利一看这一步走不通了，干脆一不做二不休投降了匈奴，他在国内的家人因此被汉武帝杀了个精光。李广利虽然投靠匈奴，但没蹦跶多久，也被匈奴人杀了祭神。

出了这么大的事，再受宠的儿子也没戏了，刘髆年纪轻轻就一病不起，他的儿子刘贺继承昌邑王的爵位。

最宠爱的没戏了，那么储君之位就该轮到最年长的了吧。

燕王刘旦是汉武帝的第三个儿子，本来在北边老实当他的诸侯王，并没有争夺皇位的打算。但是随着哥哥卫太子一死，弟弟刘髆也没了希望，刘旦左看右看发现就剩下自己岁数最大了，按照继承原则皇位是不是就落到我头上了？所以刘旦每天都等着汉武帝任命自己为太子的好消息传来。

可是等啊等，汉武帝一直也没张罗着立新太子，刘旦就有点等不及了。

公元前88年，汉武帝生病了，老年人嘛，谁知道这一病还能不能好得了，所以刘旦就派使者来到长安，上书请求带部队来首都站岗放哨，好以防万一。

汉武帝一看差点没气死，心想这个混账东西，什么以防万一，这是盼着我死吗？还带着部队来站岗，我看是想给我制造点"万一"才对！汉武帝当场就把刘旦派来的使者给宰了，然后削掉了刘旦三个县作为惩罚，内心里更是把这个盼着自己死的儿子拉入了黑名单。

剩下的老四广陵王刘胥，身材高大，体魄壮健，喜好游乐，力能扛鼎，空手能和熊、野猪等猛兽搏斗[1]，是个喜欢挑战人生的极限运动发烧友，但其行为没有法度，汉武帝从一开始就没把他算在考虑范围内，于是唯一的候选人只有最小的儿子刘弗陵了。

刘弗陵是汉武帝老来得子的心头肉，他的母亲赵氏是著名的钩弋夫人，也称拳夫人。之所以叫这么个名字，是因为有一次汉武帝视察地方，当地官员给皇帝献上了一位漂亮的奇女子，她天生双手握拳不能伸展，如果用今天的医学眼光来看，可能是个小儿麻痹症患者。但神奇的是，汉武帝在这女孩手上一摸，她的手就张开了，手心里还攥着一块玉。

汉武帝觉得很神奇，就把她带回去安置在钩弋宫，拳夫人后来生下了幼子刘弗陵。刘弗陵既是汉武帝最心疼的小儿子，也是整个帝国皇位的最后继承人，不过岁数实在太小，搁今天还在上幼儿园大班，根本没有办法自己执政。汉武帝的身体也撑不到幼子长大成人，只能找大臣来辅佐这个年幼的太子。

这剧本和秦始皇当年太像了：帝国危机重重，民间哀鸿一片，呼声最高的成年继承人没指望，只能由年幼没经验没能力的小儿子撑场面，靠手下的大臣来执掌整个帝国的未来，这不就是始皇驾崩、扶苏完蛋、胡亥登基、李斯赵高执政的秦末历史重演吗？并没有。汉武帝和秦始皇虽然有很多相似之处，但在谢幕演出方面做得比秦始皇好太多了。

首先，汉武帝的起点就比秦始皇高出一大截。秦始皇刚统一那会儿，表面上看是大秦强行并购了其他六国，一下子资产规模达到了全新的高度，但新打下的地区需要一个很长的时间来消化和吸收，短期内不但无法创造任何的收益，还需要大秦本土不断追加投资，简直就是个无底洞。而汉武帝接收的是爷爷汉

1.《汉书·武五子传》："胥壮大，好倡乐逸游，力扛鼎，空手搏熊彘猛兽。"

文帝和老爹汉景帝几十年积累的巨额资产，简直就是个富三代，就算他比秦始皇还能折腾，但家底厚得很，折腾到破产还是挺有难度的。

其次，秦朝和汉朝这两家公司的员工对公司的认同感也完全不一样。秦始皇虽然统一了华夏，但大家都过了几百年彼此独立的日子，一时间还不习惯使用同一个身份。就算秦始皇在位的时候，想脱离总公司单飞的也大有人在。等到胡亥当了董事长之后，原来关东六国的部门经理就开始闹事了，而且一呼百应，得到了广大员工的普遍支持。而汉武帝上台时，大汉已经统一了几十年，所有人都已经明确认识到，在这个公司里干活挺好的，已经没有人会怀念战乱不止的分裂时代了。虽然还是有占山为王的盗贼，有图谋皇位的诸侯，有贪污腐败的官员，有投敌叛国的汉奸，但是从来没听说谁想要推翻汉朝、光复大秦的，这份凝聚力和认同感是秦始皇享受不到的。

最后，汉武帝的落幕演出拥有更充分的彩排时间。秦始皇在东巡途中突然去世，根本没有安排身后事的时间，只能落得个和鲍鱼一起装车的待遇。而汉武帝就从容多了，他在人生的最后几年就是为了自己死后做安排。巫蛊之祸后，他当机立断地清理掉不合适的皇位继承者，立幼子刘弗陵为继承人，又把刘弗陵的生母钩弋夫人也赐死，这样就避免了类似"吕后干政"的事情再发生。

最后的最后，汉武帝为自己的小儿子精心挑选了几位他最信得过的大臣作为辅助，希望他们能帮助小皇帝顺利登基，辅佐他治理好大汉。

但是，就算汉武帝这个编剧再英明，他也无法掌控自己死后发生的事情。

很快一位辅政大臣就跳出了辅助的定位，成为比皇帝说话还好使的超级权臣。据说这位权倾天下的重臣，还是内裤的发明者？

第三十四篇

权臣霍光

为什么要发明内裤

南宋政治家兼诗人王十朋在一首诗中写道:"武帝英雄类始皇,甘心黩武国几亡。晚年赖有知人术,解把婴儿付霍光。"

在古人看来,汉武帝和秦始皇一样把王朝折腾到奄奄一息。大汉之所以没像秦朝一样崩溃亡国,多亏汉武帝给小皇帝找了个好帮手。这个帮手就是汉代名臣、麒麟阁十一功臣之首的霍光。让人没想到的是,这位对西汉历史产生了巨大影响的霍光,竟然还是内裤的发明者,这又是怎么回事呢?

公元前87年,汉武大帝刘彻去世。有人说西汉十五位皇帝可以分成三类,汉武帝负责败家,汉武帝之前的皇帝负责替他攒钱,汉武帝之后的皇帝负责替他还债。虽然这是句玩笑话,但也不能说毫无道理。

汉武帝执政以来,无论是北边的匈奴人还是周边的其他少数民族都被打得没了脾气,但大汉也付出了沉重的代价。几十年积累的财富消耗一空,人口减少,土地荒废,商业困顿,矛盾激化,此时的大汉王朝,已经处于一种极度危险的状态。

汉武帝也感受到了这种危险,所以他在生命的最后时光里做了两个重大的决定：

第一是写了一份人生总结，即《轮台诏》，这意味着大汉开始改变外向的扩张政策，转为休养生息，安定内部[1]；按照司马光《资治通鉴》中的说法，这份诏书被称为《轮台罪己诏》，是汉武帝的检讨书，不过也有学者认为把这份诏书说成是"检讨书"有点夸张[2]。第二是任命了霍光、田千秋、金日䃅、上官桀、桑弘羊五位大臣为下一任小皇帝的辅政团队。

在汉武帝之前，丞相是政府首脑，负责提意见和具体执行，皇帝遇到事总得和丞相商量着办。但到了汉武帝时代，刘彻觉得丞相权力太大，用起来很不顺手，就找了一群自己信得过的小伙伴组成了小团体给自己出主意，这个小团体就叫"内朝"。内朝官儿不大，但权力很大，而且完全听命于皇帝。从此丞相带领的百官就成了外朝，只负责执行，实际权力被架空。

五位辅政大臣中，霍光、金日䃅、上官桀这三位都出自内朝。

霍光是霍去病的异母弟弟，之前虽然官职不高，只是个管理皇帝专车的交通部部长，但多年来服侍在皇帝身边，任劳任怨，从不出错，深得皇帝的信任，也是这五位辅政大臣的核心人物。

金日䃅是当年投降的匈奴休屠王之子，虽然是匈奴人，但对汉武帝非常忠心，所以被安排做霍光的副手，他的儿子娶了霍光的女儿，和霍光是儿女亲家。

上官桀也是皇帝身边的人，和霍光关系要好，他的儿子娶了霍光的另一个女儿，也是霍光的儿女亲家，经常在霍光不在的时候代理朝政。

剩下两位，田千秋是丞相，之前上书替卫太子鸣冤的就是他，但年事已高，

1. 成祖明《内部秩序与外部战略：论〈轮台诏〉与汉帝国政策的转向》。
2. 辛德勇《汉武帝晚年政治取向与司马光的重构》。

而且没什么实权，更像个吉祥物。

桑弘羊是汉武帝的钱袋子和理财师，汉武帝几十年的各种折腾都靠他来提供资金支持，现在说话依然好使。

这辅政五人团，金日磾死得早，田千秋年纪又大了，所以实际上是霍光、上官桀、桑弘羊组成执政三巨头。这个组合沟通内朝和外朝，忠诚度高，能力又强，一定能为小皇帝保驾护航。汉武帝的剧本是这么设计的，不过计划总是没有变化快。

很快，三巨头之间也产生了巨大的矛盾。首先是霍光和桑弘羊的理念分歧。

桑弘羊的理财思路，说白了就是国家垄断，不管是盐铁这些生活必需品，还是酒类这些生活调剂品，只要是挣钱的买卖，都由国家来经营赚钱。这样的政策虽然为朝廷带来了充足的收入，但也极大打击了民间的商业发展，更激化了社会矛盾，总归不是长久之计，所以霍光希望能改变这种政策，给老百姓喘口气的机会。但这个政策是桑弘羊安身立命的法宝，哪能说改就改。

所以在公元前81年，大汉召开了中国历史上著名的"盐铁会议"，专门讨论这件事。辩论的结果当然是谁也没说服谁，只是让霍光和桑弘羊的矛盾变得越来越不可调和。

这时候，作为儿女亲家的上官桀，按理说应该站在霍光一边。但实际的情况是，这对原来的老朋友早就闹掰了，起因就在于给小皇帝找对象这件事上。

汉昭帝刘弗陵十二岁时，上官桀张罗着给他娶老婆，而且这老婆就是上官桀六岁的亲孙女，霍光的女儿所生，也就是霍光的外孙女。霍光不同意，让六岁的孩子当皇后也太扯淡了吧。上官桀一看霍光不帮忙，就去求别人。当时汉昭帝年纪太小，亲妈钩弋夫人又死了，身边只有一个姐姐鄂邑盖长公主从小抚养他长大。于是上官桀走通长公主的关系,把孙女推上了大汉的皇后之位。

人家帮忙了自然得有回报,上官桀就准备给长公主的一个情夫封个爵位报答一下,结果霍光又不同意,这下子把长公主也给得罪了。于是上官桀和长公主,加上桑弘羊组成了反对霍光的小集团。小集团还引进了一位重量级的内援——当年想带兵来给汉武帝站岗的燕王刘旦。刘旦对皇位旁落一直不服气,所以决定掺和一脚。这回连宗室代表都齐了,上官桀等人开始对霍光下手。

他们让刘旦向汉昭帝打小报告说,霍光擅自调动军队,还召回了被匈奴人扣留的苏武,明显是想勾结外敌,图谋不轨,所以以防万一,就让我带着部队来给陛下站岗放哨吧!

汉昭帝年纪小但聪明得很,他心想如果霍光要造反,分分钟就杀到朕眼前了,怎么近在眼前的朕还不知道,远在燕国的刘旦哥哥你就知道了。而且你写奏折就不能走点心吗,又是带兵来站岗放哨以防万一这一套,你忘了先帝怎么处理你的了,你就是那个"万一"好不好!

所以小皇帝不但没有听信反动小集团的煽动,反而对霍光更信任了。上官桀一看文的不行那就来武的,准备发动政变直接把霍光干掉,自己登基称帝。结果阴谋还没来得及发动就被霍光识破了,鄂邑盖长公主和燕王刘旦被迫自杀,上官桀和桑弘羊也落得个满门抄斩。

这时候的霍光成了唯一的辅政大臣,说话比皇帝还好使,按理说权倾天下无人不服,这下子总该安心了吧?并没有,霍光还为皇帝的私人生活操碎了心。

当初上官桀造反全家被杀,但上官皇后毕竟是霍光的外孙女,加上年纪又小不可能参与谋反,所以皇后之位还是保住了。霍光希望自己这个外孙女能够专宠后宫,最好还能给皇帝生下个一儿半女的。但皇后年纪太小,想生孩子怎么着也得等几年啊，这期间万一别的嫔妃先生出孩子来可怎么办？

于是一代权臣、伟大的政治家霍光就发明了内裤，史书上记载"皆为穷绔，多其带"。

汉人传统服饰上衣下裳。下边就相当于穿了个裙子，而且为了上厕所方便，当时的人都是穿开裆裤的。结果霍光一声令下，皇宫里所有的女人都穿上了穷绔，这是一种贴身穿的合裆裤，而且是用超级多的带子把裆部系起来的那种，要是上厕所着急的话都不容易解开。这是为了防止皇帝和别的女人亲近，保证宫里只有皇后能给皇帝生孩子。

倒不是说这内裤真的脱不下来，而是只要脑子正常的人都明白这是霍光的一种警告，警告宫里的女人们谁敢比皇后先生出孩子来，那就是找死。

这种做法虽然听起来奇葩可笑，不过的确非常有用。

汉昭帝真的没有和别的女人生出孩子来，当然他和皇后也没生出孩子来，因为汉昭帝二十一岁就病死了，他压根儿就没孩子。

这下子尴尬了，本想等皇后长大了给皇帝生孩子，结果皇后刚长大皇帝就没了，可上哪儿弄孩子来继承皇位啊！好在大汉倒是不缺姓刘的皇族，所以霍光只好在宗室里再找一个人来继承皇位。但没想到，这个新立的皇帝只干了二十七天，就被霍光废了，这又是怎么回事呢？

第三十五篇

从皇帝到平民

刚出道为什么就解约

公元前 74 年，年仅二十一岁的汉昭帝刘弗陵去世。由于霍光发明的内裤效果拔群，所以皇帝到死都没生出来一儿半女。

皇帝练习生第二季海选正式开始，最终霍光导师选择来自齐地的第二代昌邑王刘贺成为新一任的大汉皇帝。但没承想还不到一个月，霍光导师就代表大汉朝单方面宣布和刘贺解约，到底是怎么回事呢？

刘贺是汉武帝的孙子，他爹就是第一代昌邑王刘髆，因为在巫蛊之祸中获利，事后被汉武帝清算，年纪轻轻就死了，所以刘贺六岁时就继承了老爹的王位。

等到汉昭帝去世，大臣们在剩下的皇位继承人里一筛选，发现只有汉武帝的四儿子广陵王刘胥还健在，从血缘继承关系上应该轮到刘胥上台了。但是霍光不同意，他是汉武帝晚年政策的忠实执行者，当时已经是朝廷的大司马大将军，他知道当初汉武帝考虑继承人时广陵王刘胥根本连报名的资格都没有，自己作为汉武帝的托孤大臣怎么能违背皇帝的心意呢？

而且除了汉武帝的意愿之外，霍光也有必须拒绝刘胥的理由。

第一,他是汉武帝的托孤大臣,托的这个"孤"是谁,是汉昭帝刘弗陵。现在汉昭帝去世了,如果让他的哥哥上台,人家那么大一个成年人,还需要你照顾吗?

第二,霍光是汉昭帝上官皇后的外公,外公照顾外孙女也是应该的,只要上官皇后在后宫是最尊贵的,霍光的执政也就是名正言顺的。但如果刘胥上台,新皇帝和上官皇后的关系就变成了大哥和弟妹的关系,他们在一个皇宫里住着尴尬不说,这两人到底谁比谁尊贵呢?

这两条都直接威胁到霍光继续执政的法理基础。所以无论怎么考虑,霍光都不打算在汉武帝的儿子辈里挑人了,要找只能从孙子辈找,于是刘贺成了他选择的对象。

但刘贺真的合适吗?他四五岁就没了父亲,家庭教育的环节缺失严重,当昌邑王的时候就各种作妖不正经,底下的大臣怎么劝都没有用。现在一个闲散王爷突然接到了当皇帝的通知,刘贺就赶紧带着自己的亲信一路飙车奔向长安,沿途扰民的事做了一箩筐。

到了长安城后,按规矩来奔丧的皇位继承人无论如何也得哭两声表示一下对汉昭帝的尊敬,刘贺却说自己今天嗓子疼哭不出来。等他正式登上皇位后,更是一点皇帝的样子都没有:守丧期间就大吃大喝,听音乐开舞会各种庆祝;吃饱了就坐着天子的车马在皇宫里飙车,还把太后的专用车擅自拿来给自己的奴才坐;一高兴就随意给自己亲信一大笔钱或者派个官儿当。更严重的是,他还没到太庙拜见历代先帝,就先把老爹刘髆的祭祀典礼按皇帝的规格办了,意思基本就是把自己的老爹追认为皇帝了。

诸如此类的荒唐事实在是太多,所以朝臣们都坐不住了,霍光带着大家向

上官太后请求废掉刘贺，上官太后就是之前的上官皇后，其实也只有十五岁而已。外公为首的朝臣都上奏了，她当然表示同意。

于是霍光先派人把刘贺的亲信都控制住，然后当场宣读了废黜皇帝的诏书，还亲手脱掉了刘贺的皇帝套装。刘贺被贬为庶人，却保住了性命，而他的那些亲信就没那么好运了，两百多人全都被霍光给宰了。

刘贺在这二十七天就像坐了一回人生的过山车，体会了一把从大喜到大悲的刺激。本以为天上掉下个皇位，没想到龙椅还没坐热，皇位就没了，到头来过得还不如之前当王爷的时候，真是赔得底朝天了。

但是，刘贺被废，只是因为其行为太荒唐吗？

《汉书》里说刘贺在当皇帝的短短二十七天内，就做了一千一百二十七件错事，数字有零有整一看就非常真实可信。但算起来平均每天要做四十多件坏事，每小时要做两件坏事，频率如此之高，看起来刘贺同学简直是不眠不休地在作妖，勤奋程度快要赶上电影里所有大反派的集合了。所以这个数据明显是为目的服务的，不管这些错事是不是刘贺下的命令，总之现在就是你的锅了。

不管他是不是真的做了那么多错事，至少他的行为和大汉当时的基本国情是不符的。霍光执行的是汉武帝晚年与民休养的国策，最怕的就是乱折腾，以刘贺这个精神头和破坏力，以后指不定搞出什么幺蛾子。大汉刚缓过来一口气，要是再来个胡亥那样任性的，离亡国也就不远了。再加上刘贺以皇帝的规格给自己的老爹刘髆办祭祀典礼，摆明了否定从汉武帝到汉昭帝再到他自己的继承关系，压根儿就没认汉昭帝当爹，那自然也不会承认上官太后的地位，这对霍光来说，更是不可容忍的。

而且刘贺一上台，想从霍光手里收回政权的动作就太明显了。

他刚当上皇帝，就大肆封赏自己原来的手下为官，虽然史籍上唯一记载下来的，就只有他任命昌邑国的国相安乐为长乐卫尉这件事。但长乐卫尉可不是一个普通的官职。

西汉都城长安城有未央、长乐、建章三大宫。刘邦为帝时居住在长乐宫，后来的皇帝移居未央宫，长乐宫就成为太后的寝宫。在太后的长乐宫中，设有长乐卫尉、长乐太仆、司马和户将等官。长乐卫尉秩二千石，掌领卫士，守卫宫殿、门户，说白了就是太后的保安队长。

当年汉文帝刘恒以藩王坐上皇位，第一件事是任命自己的亲信掌握皇帝寝宫的武装力量，这可以理解为皇帝谋求陌生环境中安全感的必要。刘贺在长安也是人生地不熟，但如果是想保卫安全，应该第一时间掌握的是皇帝所在未央宫的武装才对，怎么把手伸到太后的长乐宫去了？

当时的太后是霍光的外孙女，也是霍光执政最大的法理依据，才十五岁的上官太后。刘贺如此急躁冒失，怎么斗得过经验丰富的霍光。于是霍光联合上官太后，先下手为强废了刘贺，也顺手干掉了他带进长安的手下。

当刘贺的两百多名手下被押赴刑场准备砍头时，他们还在齐声高呼"当断不断，反受其乱"，这从侧面证实了刘贺的团队确实早有对付霍光的想法。动作如此明显，用意如此暴露，霍光也不傻，刘贺的小算盘刚掏出来，就被霍光拍下去了。

刘贺这么做也是想学习大汉第一任海选皇帝汉文帝的历史经验，一朝天子一朝臣，上位了总要想办法把身边的人洗洗牌。但政治斗争不是做数学题加减法，不是我加一你就必须减一那么简单，既需要策略得当，也需要实力足够，更需要时机合适，可惜这三样刘贺一样都不占。

事实上，在刘贺来长安之前，他手下的中尉王吉就告诫他到了长安，对待霍光一定要尊敬服从，什么事都听霍光的，啥话最好也别说[1]。刘贺没听。

当刘贺一上台就大封亲信的时候，他的郎中令龚遂也劝他应该先紧着朝廷里的老资历安排，要是一味任用自己人，是要出事的[2]！刘贺还是没听。

王吉和龚遂头脑是清醒的，所以霍光处死刘贺随从的时候这两人都捡回了一条命。朝廷也没有对刘贺赶尽杀绝的意思，因为所有人都觉得刘贺也实在不是政治斗争那块料，也没有什么可提防的。

公元前63年，刘贺被封为海昏侯。"海昏侯"三个字并没有贬义，古人称很大的湖为海，这里的海指的是鄱阳湖，昏就是黄昏，指西边的意思，所以"海昏侯"就是一个封在大湖西边的侯，这个大湖西边就是今天的江西省南昌市附近。

四年后，海昏侯刘贺去世。这位由王爷到皇帝、由皇帝到庶民、由庶民到侯爵的可怜人，就这样结束了自己三十三年的传奇人生。

刘贺是幸运的，也是不幸的，他捡到了皇帝的皇冠，又很快弄丢了；他一生衣食无忧，却永远活在别人的监视之下；他死后极尽奢华，随葬品丰厚，但公元318年的一次地震造成了墓室坍塌，鄱阳湖水灌满了整个坟墓，刘贺就此被冰冷的湖水泡了一千多年，真是死后都不得安宁啊。

但恰恰是这个不幸，造成了刘贺最大的幸运。因为整个墓室灌满了水，使得盗墓贼无从下手，刘贺也就这样不被打扰地在底下躺了一千多年。

直到2011年，沉睡多年的海昏侯墓终于进入人们的视野。从这座西汉古墓中出土了三百七十八块金饼，总重量超过七十八公斤，还有二百万枚五铢钱和

1.《资治通鉴》，"臣愿大王事之敬之，政事一听之，大王垂拱南面而已"。
2.《资治通鉴》"宜进先帝大臣子孙，亲近以为左右。如不忍昌邑故人，信用谗谀，必有凶咎。"

大量的玉器、漆器、青铜器，可以说刘贺绝对是土豪中的重量级选手[1]。

他怎么会这么有钱？

很简单，第一代昌邑王刘髆是汉武帝喜欢的儿子，这家底听起来就少不了，刘贺还当过二十七天皇帝，金银财宝啥的估计也没少往家里搬。而且霍光虽然废了他的皇位，却没有没收他的财产，再加上他后来还当了四年的侯爷，这么加起来刘贺的财产肯定不是一个小数目了。

除了这些亮瞎眼的黄金和铜钱，从刘贺的墓中还出土了许多有考古和历史价值的好东西，比如从墓中出土了一幅最早描绘有孔子形象的屏风。司马迁记录孔子的身高"九尺六"，相当于两米二的巨人，这身高不像万世师表，倒像个篮球中锋；而墓中屏风上记载孔子身高"七尺九"，相当于一米八二，虽然也高大了点儿，但总归算个正常人了。

当然，孔子的身高到底是多少并不是我们要讨论的重点，这个屏风本身就体现了汉武帝"独尊儒术"后孔子地位的崇高，而孔子屏风也是印证这段历史最有力的证据。类似这样让人惊喜的发现，海昏侯墓中还有许多许多。

当年的霍光一定没想到，被他废掉的皇帝，两千多年后还会有这样的际遇，因为当时霍光还在忙着皇帝练习生的第三季海选。这一次他能不能选出一个让大汉和自己都满意的皇帝呢？

1.《中国国家地理》（2016年第03期，总第665期）。

古代的桌游

考古人员在南昌海昏侯刘贺墓中发掘出土了五千二百多枚简牍,其中有上千枚竹简记载的是一种古代的棋类游戏"六博棋"的行棋口诀。六博棋是春秋战国和秦汉时期十分流行的一种棋类游戏,是象棋、国际象棋等兵种棋盘类游戏的鼻祖,但在汉代之后就接近失传。发掘出的行棋口诀,相当于古代最早的桌游棋牌类战略游戏的通关攻略了。

第三十六篇

故剑情深

谁杀死了朕的皇后

作妖青年刘贺被霍光废了之后，大汉朝的新任皇帝也很快在海选产生了。他就是汉武帝的重孙、卫太子刘据在巫蛊之祸后唯一活下来的孙子刘病已，后来改名刘询，也就是历史上的汉宣帝。

汉宣帝是历史上有名的贤君，他延续了汉昭帝休养生息的国策，在位期间政治清明，经济繁荣，社会和谐，史称"昭宣中兴"，也是西汉国力最强大的时代。

但这位贤明的君主登上皇位后立即发出了一封找寻失物的诏书，诏书的大意是说，我当年有一把宝剑，虽然使用了很多年只是把旧剑，但现在我非常怀念它啊，众位爱卿能否帮我把它找回来呢？

身为一国之君，不是要啥有啥吗，干吗在乎以前的一把旧剑，还特意用正式的诏书来寻找，这到底是怎么回事呢？

这得从汉宣帝刘病已神奇的一生开始说起了。

刘病已刚出生才几个月，就受巫蛊之祸牵连，被关进了郡邸狱[1]。郡邸狱是

1.《汉书·宣帝纪》。

汉朝时诸侯王、郡守、各郡国在长安的邸舍中临时设置的羁狱,算是关押特殊身份犯人的特别监禁地。

要知道在婴儿夭折率很高的古代,放家里精心照顾的小孩都不一定能养大,何况是关在监狱里的呢。但好在小刘病已遇到了好心人,当时主管巫蛊案的廷尉监丙吉(或作邴吉)保护了他。在丙吉的精心关照下,小刘病已长到了五岁多,才终于等到汉武帝的赦免[1]。获得赦免后,小刘病已离开监狱,住到了自己的祖母家,但还没有获得皇室的正式承认。

公元前87年,汉武帝驾崩。根据留下的遗诏,主政的霍光把刘病已写入皇家的族谱,他的皇室身份才获得了正式的承认。

既然已经是皇家的正式一员,刘病已也就从祖母家搬出来,住到了掖庭里。掖庭是皇宫中宫女和嫔妃住的地方,这个时候正是汉昭帝在位时期,刘病已作为一个刚被赦免的皇孙,自然是没什么特殊待遇。不过当时掌管掖庭的掖庭令张贺是卫太子刘据生前的下属,张贺对刘病已体贴入微,用私人的钱供刘病已读书,还替他的终身大事操碎了心。

掖庭有个小官的女儿叫许平君,本来已经许配了人家,可是临结婚前未婚夫就死了,这没过门就死了未婚夫太不吉利,所以家人就找人给许姑娘算了一卦,卦象显示许姑娘以后会非常尊贵,一般的男人可配不上。张贺听说后,就自己出钱给刘病已张罗婚事,撮合他和许平君。很快两个年轻人就结婚了,还生下了一个儿子刘奭。

结婚后的刘病已也没什么正经营生,只能靠岳父和祖母家的接济养活自己。他很好学,也喜欢到处游走,时不时来一场说走就走的旅行。正是这些游走民间、

1.《汉书·外戚传》。

广交好友的经历，让刘病已见识了民间的生活疾苦，了解了底层的官场风气。

虽然看上去有点不务正业，但刘病已并不是个游手好闲的败家子，他熟读诗书，乐于钻研，而且有点天赋异禀。《汉书·宣帝纪》里记载他居住的地方总会有莫名的光照亮天空，他去哪个店买饼吃，那个店的饼就立刻卖到脱销，简直比招财猫和锦鲤还灵验。不只自带幸运光环，刘病已的造型也很奇特，据记载他遍身上下连脚底都长着长毛，也不知是雄性激素分泌过度还是返祖现象。总之关于帝王的记载一般都是这样，要是没点特异功能或者与众不同的造型都不好意思在史书上冒个泡。

公元前74年，汉昭帝死后无子，霍光选的刘贺又太不让人省心，干了不到一个月就被废了，皇冠一下子落到了刘病已的头上。

难道真的是刘病已因为脚底板长毛才当上皇帝的吗？

当然不是。霍光之所以会选择刘病已这么一个皇孙，就是相中了刘病已无权无势孤家寡人的身份。别的皇子皇孙都有自己的封国和手下，刘病已却是一无所有，而且父母那辈儿在巫蛊之祸中被杀了个精光，岳父也只是个芝麻大的小官，连个能拿得出手的外戚都没有。

这样的皇帝上了台，简直是权臣的最爱，所以霍光对刘病已很满意。不过霍光的媳妇还不太满意。霍太太名字叫显，史书上一般称她为霍显，她想把女儿霍成君嫁给汉宣帝当皇后，这样老公大权在握，自己是皇帝的丈母娘，一家人多威风啊。当时朝臣们也觉得汉宣帝原来的媳妇许姑娘出身太低，皇帝应该找个门当户对的皇后，很多人都倾向于霍光的小女儿霍成君。

在这种情况下，汉宣帝就表现出不一般的政治智慧和说话艺术了。他没有直接反对大臣们的提议，而是发出了"故剑情深"这样一份寻物诏书，既表达了自己的真实想法，又不会太过直接生硬。

大臣们仔细一琢磨，皇上这意思就是连以前用旧了的一把剑都念念不忘，更不会舍弃和自己同甘共苦相濡以沫的结发妻子了，所以纷纷转而支持皇帝立许平君为后。至于霍光，作为一个杰出的政治家，倒不会介意这些小事，反正自己家已经显赫成这样了，多不多一个皇后也无所谓。

所以许姑娘果然实现了当年占卜的结果，成了大汉最尊贵的皇后。

不过霍太太对这个结果显然并不满意，她始终没有放弃让自己女儿成为皇后的想法。公元前71年，许皇后再次怀孕。霍太太觉得这是一个好机会。当时许皇后身边的女医官淳于衍想求霍显给自己老公调动工作，霍显趁机说，我们家霍大将军啊，特别宠爱女儿霍成君，这件事只能靠你帮忙了。这女人生孩子都是九死一生，要是趁皇后分娩的时候给她下点药，她一死我们家女儿就有机会啦。

淳于衍犹豫说，药是有，但是给皇后治病也是有程序规范的，不好下手啊！

霍显保证道，那就看你的本事了，我们家霍大将军在朝廷里没有什么摆不平的，就看你是不是豁得出去了。

在霍太太的洗脑式说服下，原本是治病救人的医者淳于衍变身绝命毒师，在许皇后生下孩子后毒死了她。

皇后去世，汉宣帝是既伤心又愤怒。他先是追封许姑娘为恭哀皇后，把她葬在自己陵墓杜陵的南园里——这就是成语"南园遗爱"的由来，然后下令把照顾皇后的人全部逮捕，要他们交代自己的失职行为。

这下子霍太太害怕了，心想万一在里面严刑拷打，自己勾结淳于衍毒死皇后的事不就露馅啦？于是她赶紧向老公霍光交代罪行，说反正做都做了，想想怎么填坑吧，老霍你看能不能让皇帝别再追查淳于衍了。

霍光听完整个人都不好了，不过能怎么办，这么大的事要是捅出来，老霍家一个也跑不了啊。所以霍光只好去说服汉宣帝相信许皇后去世是因为身体不好，并且签署了对女医官淳于衍免于问罪的命令。

霍太太的惊天阴谋就这样被压了下去，所以她就赶紧张罗着把小女儿嫁给皇帝。

公元前 70 年，汉宣帝册立霍成君为皇后，霍太太终于实现了让女儿当皇后的愿望。结果皇宫里就出现了这样一段神奇的亲戚关系——不到二十岁的上官皇太后是皇宫里辈分最高的女人，可她是霍光的外孙女，而皇后霍成君是霍光的小女儿，也就是说皇后既是皇太后的小姨，又是皇太后的儿媳妇（汉宣帝即位时，过继给昭帝为儿子，上官氏仍为皇太后）。

《汉书·外戚传》里记载，当年许皇后健在的时候，每五天去长乐宫给上官太后请安一次，霍成君当上皇后以后，也延续了这个习惯。但上官太后看到自己的小姨以儿媳妇的身份来给自己请安，却总是站直身体，表现得很恭敬。皇家的太后和皇后，名义上的老婆婆和儿媳妇，实际上的外甥女和小姨，两个女人一见面就比赛谁更客气，想想场面就觉得很尴尬。

不过霍太太明显不觉得尴尬，她这个皇帝的丈母娘当得相当之爽。可很快她又不高兴了，公元前 68 年，霍光去世，霍太太荣升霍老太太。虽然汉宣帝和上官皇太后用帝王级别的礼仪厚葬了霍光，也肯定了霍光这几十年来对大汉朝的卓越贡献，但毕竟霍光一死，老霍家没了顶梁柱，汉宣帝也终于可以放开手脚自己说了算了。

汉宣帝在霍光去世后做的第一个大动作就是册立许平君生的刘奭为太子。

这下可把霍老太太气吐了血：不过是一个在民间出生的野孩子，也配当太子？我还指着皇后以后生个儿子当太子呢。所以霍老太故伎重施，指使霍皇后给太子下毒，但都没有成功。

不过汉宣帝就坐不住了。霍光死后老霍家不但不知收敛，反而越来越嚣张，汉宣帝早就想对他们下手。除了给太子下毒，连同许皇后被毒死的事情也被翻了出来，汉宣帝就此对霍家展开清理。

这下老霍家彻底没了退路，在霍老太太的带领下走上了造反的不归路。不过霍老太太胆儿虽挺大，智商和见识却跟她老公霍光差得太远，加上汉宣帝在位时励精图治，整肃军队，治国有方，早就不受权臣威胁了，他轻轻松松就平定了霍家的叛乱。霍皇后被废，在冷宫住了十二年后自杀，老霍家全家被灭。

霍老太太一个人就拉下了汉宣帝两任皇后，真可谓破坏皇帝家庭的专业户。好在汉宣帝足够坚强，虽然经历了多次情感变故，不过并没有耽误带领大汉走向新的高峰。

大汉已经挺过了战争带来的创伤，而遥远的西域又传回的一个消息，更是让整个国家都跟着热血沸腾。这个消息是什么呢？

昭宣中兴

汉昭、宣二帝在位期间，励精图治，任用贤能并重视吏治，认为治国之道应以"霸道""王道"杂治，反对专任儒术。昭宣二帝多次下诏赈贷农民，废除一些苛法，屡次减免田租、口赋等税收，减轻农民的力役负担，恢复和发展农业生产；推行一系列经济措施，如招抚流亡、安定民生等，使社会生产重新得到恢复和发展，让一度国力衰退的西汉王朝又兴盛起来。史称"昭宣中兴"。

第三十七篇

虽远必诛

惹不起还躲不起吗

"犯我中华者，虽远必诛"很多人都听过，也知道典故来自汉朝。但这句霸气侧漏的名言，它的原文既不是出自扫荡漠北的汉武帝时代，也不是出自扬威西域的汉宣帝时代，而是出自汉宣帝的儿子，一向在历史上没什么存在感的汉元帝时代。

而且说出这句豪言壮语的人还差一点儿被逮捕下狱，这是怎么回事呢？

自汉武帝和匈奴全面开战以来，双方你攻我守战斗不休。大汉在战争中把几十年的积累消耗一空，但匈奴人更不好过。随着匈奴实力的消减，双方在正面战场上的直接战斗越来越少，而侧翼的西域却成了汉匈较量的主战场。

当时的情况是，汉朝国力虽强于匈奴，但西域距离中原实在过于遥远，导致人员和物资的投送成了一个大问题，毕竟一路上翻山越岭条件又艰苦，指不定得损失多少。所以汉朝在西域的军事力量始终无法维持在一个很大的规模，不是大汉不想搞一波人海战术，而是实在心有余力不足。

匈奴虽然在实力上不如汉朝，但至少距离西域更近，调动兵力获得后勤补给也更容易。此消彼长之下,汉匈双方就在西域进行了长时间的反复争夺。

后来汉朝凭借强大的实力还是占得了先机。张骞通西域后,汉朝就开始在西域屯田,只有粮食生产跟上了,长期驻军才有物质基础,这也标志着汉朝对西域实际意义上的控制和管理。当然,对西域屯田具体开始的时间,史学界仍有争论,我们这里就采纳汉武帝首开屯田的说法[1]。不过随着汉武帝后期大汉的国策转向收缩,对在西域屯田,《轮台诏》里已经很明确地表示了放弃这种做法,直到汉昭帝时期国力恢复后,汉朝才又一次将注意力放在了西域。

公元前60年,汉宣帝在乌垒城,也就是今天新疆轮台东北设立西域都护府,正式让天山南北的广袤地区归属西汉中央政府。

眼看汉朝已经从战争的衰败中重新站了起来,对面的匈奴却陷入内乱,一下子冒出了五个自封的单于。这五个单于带着自己的小弟大打出手,杀得血流成河,汉朝就在旁边当起了吃瓜群众,愉快地看着匈奴人自己杀自己。

这五个"匈奴单于"打了一圈,最后剩下两位选手进入争夺匈奴大单于称号的总决赛,就是郅支单于和呼韩邪单于两兄弟。不过他们虽然淘汰了其他选手,双方打到现在也已经筋疲力尽、弹尽粮绝,所以两人都打起了在旁边看戏的汉朝的主意。

当然他们不是想去招惹汉朝,恰恰相反,他们都想争取汉朝的支持来干掉对手,所以两位单于都声称愿意跟着汉朝大哥混。为了表示诚意,他们都把自己的儿子派到汉朝来当人质,希望换取汉朝的支持。

对此汉朝当然是喜闻乐见的,两边派来的人质也都照单全收,但明确的表态和支持那是没有的:反正你们两个多打一会儿,多死点人我们也不心疼。

1. 张春树《试论汉武帝时屯田仑头(轮台)的问题》。

两兄弟一看人质都送去了,但汉朝还是没表态,一时有点摸不着头脑。弟弟呼韩邪单于此时已经被哥哥郅支单于打得无处安身,为了死中求活,他做出了一个惊人的决定——出马来抱汉朝的大腿。

公元前51年,呼韩邪单于来到大汉,在甘泉宫[1]朝见了汉宣帝,他是第一个来中原朝见汉朝皇帝的匈奴单于,但他并不是一个人来的,他是带着自己的整个部族来投靠大汉的。从此匈奴正式分裂为南北两部,南匈奴由呼韩邪单于带领,成为汉朝的小弟兼打手;而北匈奴由郅支单于带领,则成为汉朝的敌人和打击对象。这是当年汉武大帝都没有实现的外交胜利,更是整个汉匈战争重要的转折点。

郅支单于一看弟弟已经先一步获得了汉朝的支持,只好选择继续对抗。他率领部众一路西进,接连吞并乌揭、坚昆、丁零三国,一方面远避汉朝和南匈奴联军在正面的锋芒,另一方面谋求更好地控制西域。郅支单于不但对西域各国大打出手横征暴敛,还扣押了汉朝的使节,算是在作死的路上一条道跑到黑了。

公元前49年汉宣帝去世,太子刘奭即位,就是汉元帝。

四年后,郅支单于给汉朝送信说愿意归附,但希望能把当年派去当人质的儿子先放回来。汉元帝同意了,他指派一个叫谷吉的官员来完成这次护送任务。但大臣们对怎么放人质产生了分歧,御史大夫贡禹等主张郅支单于之前扣留侮辱大汉使节也不是一次两次了,为了安全,这次护送的使团就走到边界,不必深入匈奴境内。

但谷吉本人坚持要把人质亲自送到郅支单于身边。他给汉元帝上书说,郅支单于的儿子已经在大汉待了这么久,如果因为害怕就不敢深入匈奴境内,那

---

[1] 今陕西淳化西北。

之前付出的努力不就全都白费了吗？臣有幸担当大汉的使节，带着天子的诏书，宣扬大汉的恩义，当然得当面送到单于手里。如果匈奴人敢乱来，那么他们一定会害怕大汉的报复而逃离边境。这样用我一个人的性命，就可以换来边关无数百姓的安宁，这是国家的大计，也是我最大的心愿[1]。

谷吉的意思就是，如果出使顺利自然是给国家长脸，万一遭到不测，也有利于大汉的边境安全，对国家来说怎么都划算。

谷吉的上书提及了可能发生的情况，也兼顾了国家短期及长远的利益，却唯独没有考虑自身的安危，这样洋溢着使命感和献身精神的文字，即便是今天读起来依然让人动容。

谷吉带着必死之心出使匈奴，郅支单于果然出尔反尔将他们全部杀害，然后一溜烟跑到西边的康居国躲事去了，康居国大约在今天巴尔喀什湖和咸海之间。西域对汉朝来说已经够远了，康居国更是在西域的最西边。这个国家和东边的乌孙国打了很多年，现在郅支单于来了，康居国马上和郅支单于结盟，还结成了亲家，借郅支单于之力把乌孙国打得溃不成军。

没过多久郅支单于和康居王也闹翻了，他在康居国大杀四方，俨然把自己当成了此地的主人。郅支单于不但奴役剥削康居当地人民，还不断骚扰大汉西域都护府的西部，逐渐成为汉朝经营西域的最大障碍。

汉朝几次派出使团要求把谷吉等人的尸体接回汉朝安葬，可郅支单于不但不答应，还变本加厉地羞辱汉朝的使节，他甚至挑衅地说，哎呀我现在过得老惨了，我是真想投向汉朝大哥的怀抱，把我儿子送去当人质呀！

郅支单于一副有种你来打我呀的作死样子，就是吃准了自己离汉朝远得很，

1.《汉书·谷永杜邺传》。

再怎么讨人嫌汉朝也不能拿他怎么样。可是，有一个人不这么想，他就是陈汤。

陈汤，出身不好，个人品德也有点堪忧，曾经为了当官而不给父亲守丧，这在强调孝道的汉朝简直是不可容忍，差点因此被关进监狱。公元前36年，他被任命为西域都护府副校尉，就是整个西部战区武装力量的二把手。

陈汤看到郅支单于如此嚣张，已经成为整个都护府的心腹大患，就对自己的上司正校尉甘延寿提议出兵去平了这厮。甘延寿也同意陈汤的观点，不过按照程序，调兵出征需要先打报告，他准备向国内汇报取得正式授权之后再动手。但陈汤说中央离得那么远，不了解情况，估计报上去也得不到批准，不如先动手再汇报。甘延寿当然不敢违反正式程序和纪律。眼看这事儿要泡汤，但就是这么巧，正校尉甘延寿这时候病倒了，陈汤成了一把手。

胆大包天的陈汤就假传圣旨，调动汉朝的屯驻部队和西域各国的武装。因为郅支单于实在太招人恨了，陈汤居然一下子就凑出四万大军，排着队地准备去削他。出征的军队集结完毕了甘延寿才发现，吓得赶紧从床上爬起来阻止。陈汤也是真横，他按着佩剑威胁甘延寿说，队伍已经匹配完毕，你现在是想挂机拖后腿吗？甘延寿虽然是一把手，但也没法与好几万渴望军功和报仇的部队对着干，所以只能跟着陈汤一起先斩后奏，一边出兵，一边给中央送去了出兵的行动申请和两个人的检讨书。

远征的部队兵分两路浩浩荡荡地一路向西而去，对沿途的西域各国恩威并施，很快打到了郅支单于的家门口。

郅支单于看着神兵天降的汉朝大军，派人来问这是什么情况。甘延寿和陈汤就说，哎呀呀，我们听说单于你在这儿过得老惨了，想投向我大汉的怀抱，把儿子送给我们当人质，所以我们带着队伍来接你啦！

郅支单于能怎么办，这时候装傻也来不及了啊，原以为离得远叫嚣两声也无所谓，没想到汉军居然主动找上门了。他一点儿准备都没有，只能缩在城里防守。匈奴人的都城虽然修了好几道城墙，但骑马的汉子玩守城完全是拿错了剧本，要论城池攻防战水平，匈奴人在大汉面前就是"战五渣"。

汉军先是强弓硬弩开胃，然后放火烧城当主菜，最后步兵强攻收尾，三道菜上完，郅支单于的脑袋和身体就分了家。

甘延寿和陈汤用实际行动告诉天下所有人，大汉，你不但惹不起，连躲都躲不起！他们把这一豪情壮志写进奏折递给了皇帝，里面就有那句千古名言："明犯强汉者，虽远必诛！"

陈汤千里斩郅支的壮举，改变了汉朝在西域的军事环境，更深刻地影响了整个汉朝和匈奴的关系。郅支单于死了，北匈奴的实力受到沉重打击，而南匈奴的呼韩邪单于对此是又喜又怕。喜的是和自己作对的郅支单于终于完蛋了，怕的是郅支单于离那么远都让汉朝给灭了，自己就在大汉的眼皮子底下，要是稍微有点小动作，还不得让大汉灭八十回啊！

所以呼韩邪单于带领南匈奴更诚心、更全面地向大汉靠拢，他主动要求与大汉和亲，希望能成为大汉的亲戚。结果这个要求，就引出了昭君出塞的故事。

那么，王昭君到底长得美不美？她真的是因为没有收买画师，没有给自己加一个美颜滤镜才被迫远嫁匈奴的吗？

陈汤的预测

陈汤斩杀郅支单于后回国，因犯罪被免官。后来汉朝的军队在西域遭到乌孙军的围攻，朝廷不知如何是好，就把陈汤请来咨询。陈汤说，这事儿不需要担心。本来一个汉兵能打五个胡人，这几年胡人的装备进步了，那一个汉兵也能打三个胡人。现在围攻的乌孙兵马不足以战胜汉军，我估计不出五天就会有胜利的好消息了。果然四天后传来消息，和陈汤预测的一模一样。

第三十八篇

昭君出塞

美颜滤镜有多重要

陈汤千里斩郅支，为中华民族留下了"明犯强汉者，虽远必诛"这样霸气的名言，更把南匈奴的呼韩邪单于吓破了胆。虽然这时候呼韩邪单于在汉朝的帮助下重新统一了匈奴各部，但见识了大汉的逆天武力值后，他决定把汉朝的大腿抱得再紧一些。

公元前33年，呼韩邪单于再次来到长安朝见汉朝大哥，并主动提出了和亲的请求。这次和亲，就引出了中国古代四大美人中的王昭君。

说起中国古代"沉鱼落雁闭月羞花"的四大美人，大家都非常熟悉。但这四大美人中，西施是吴越争霸中的女间谍，人生的结局很凄凉；貂蝉是《三国演义》虚构出的人物，历史上根本不存在；杨贵妃倒是确有其人，不过身后骂名也不少。这么看起来，还真就只有王昭君为整个华夏民族和中国历史发展做出了切实的贡献。

关于王昭君的故事，大家可能都听过。

公元前52年，王昭君出生于南郡秭归县一户平民人家，南郡秭归县也就是今湖北省宜昌市兴山县。公元前38年，十四岁的王昭君以民间女子的身份被选入掖庭，成为一名宫女，就是宫里面等级最低、最没存在感的劳动力。

在中国古代，讲究"普天之下莫非王土"。从理论上来说，天下所有的土地、财富、人口都是属于皇帝一个人的。而作为整座皇宫里唯一的男人，除了皇后和各宫嫔妃之外，所有的宫女都是皇帝后宫的替补。王昭君从踏进宫门开始，也就被迫开始参与这个打怪升级宫斗争宠的游戏，否则一辈子就没别的指望了。

当然也不是所有宫女都有机会飞上枝头，因为皇帝也没那个时间把每个宫女都叫到身边来看一眼，有专门的宫廷画师，会将这些宫女的样貌画下来，做成小册子给皇帝看。皇帝看上哪个点哪个，这样简单省事多了。所以宫女和画师之间的关系，就有点像今天的模特和摄影师。模特长得好看固然重要，但摄影师的摄影技术和修图技术也很重要。同样一个美女，最后被画出来究竟是写实派、印象派，还是野兽派，里面学问可大了。

当时汉元帝有一个画师叫毛延寿，专门负责为宫女们画像。如果你给他钱，他就把你画成卖家秀，绝对抓眼球；如果你不给钱，他画出来的就是买家秀，保证辣眼睛。很多小宫女为了能被皇帝选中，都给毛延寿塞钱让他给自己的画像上加美颜，加滤镜。可是王昭君出身太低，没钱给毛延寿，而且她觉得自己长得足够漂亮，不用美颜也够了。毛延寿一看这小丫头如此不上道，就在给王昭君画像的时候手抖了两下，在她的脸上添了点黑痣麻子胎记啥的：给钱有美颜，没钱变鬼脸，你个小丫头片子就一辈子当你的宫女吧！

所以五年过去了，王昭君眼看着好多长得还不如自己的宫女都中奖了，自己却一直没机会，觉得又伤心又生气，心想皇帝是眼光有问题，还是眼神有问题，审美怎么这么非主流啊。

可命运就这么神奇，呼韩邪单于这时候提议和亲了。之前匈奴强大的时候，大汉送去和亲的都是皇帝的女儿或者妹妹，现在匈奴人上赶着来和亲，所以公主什么的就别想了，大汉就是嫁个小宫女过去，匈奴不也得当祖宗一样供着。

王昭君听说这件事后，就主动请求嫁到匈奴去，汉元帝刚好舍不得自己宫里的漂亮妹子，一想到毛延寿画里王昭君的鬼样子，当下就同意她嫁过去了。

可没想到，当王昭君盛装打扮出现在皇帝和单于面前时，两个男人都大吃一惊。呼韩邪单于很激动，心说这女子是谁，怎么长得跟画里走出来的人一样？这太够意思了。汉元帝比单于还激动，心说这女子是谁，怎么长得和画里一点也不一样？这什么意思啊！

汉元帝后悔了，可是在场那么多人看着，只好目送着呼韩邪单于美滋滋地带走了王昭君。这笔账当然得算到毛延寿头上了，所以黑心画师就掉了脑袋。

十九岁的王昭君在远嫁匈奴的路途中，看到往南飞的大雁，勾起了思乡之情，在马上拨动琴弦，弹了一首离别之曲。南飞的大雁都被王昭君的琴声和美丽感动，忘记摆动翅膀，跌落下来。从此，昭君就得到了"落雁"的代称。

呼韩邪单于娶了王昭君很开心，封王昭君为宁胡阏氏，阏氏是单于的皇后，宁胡则是带来安宁与和平的意思。另一边汉元帝也把年号改为竟宁，也是安定和平静的意思，可见昭君出塞这件事对大汉和匈奴的双边关系起了巨大的促进作用。

但呼韩邪单于两年后就去世了，二十一岁的王昭君成了寡妇。按照匈奴人的规矩，新上任的单于会自动继承老单于的地位、财产，甚至老婆，所以王昭君要再嫁给呼韩邪单于的大儿子。

王昭君对改嫁没有兴趣，她上书朝廷请求回家，在《报汉元帝书》中王昭

君说自己很荣幸被选进皇帝的后宫，结果因为得罪了画师而远嫁匈奴，能用自己的身体来报效朝廷是自己的福分，只是每天南望着大汉的关塞都非常伤心。意思就是自己想回家。

不过朝廷却拒绝了她的请求，要求她为了两国的和平继续努力。没办法，王昭君只好又嫁给了新任单于，继续在匈奴生活了十三年，后来得病而死，人们称埋葬她的地方为青冢。

昭君出塞，为大汉和匈奴两国带来了长达六十余年的和平。她安定边境，发展生产，促进了民族融合，也将文明的火种带到了大漠草原之上。从这个角度来说，她对历史的贡献甚至不亚于横扫匈奴的卫青和霍去病。

但是，这就是昭君出塞的全部吗？

并不是。以上的故事，是文学想象和历史真实交织在一起的产物。

得罪画师的段子出自《西京杂记》，这是一部汉代历史小说集，读起来的确情节感人，但也只是故事而已。

《报汉元帝书》倒是印证了得罪画师的说法，不过这份报告及里面的文字是后人的伪造已毋庸置疑，因为王昭君上书的时候汉元帝都死了两年了。退一万步讲，即使王昭君不知元帝已驾崩，她也不可能提前安排好了元帝死后才有的谥号。

《汉书》里记载王昭君是被皇帝赐给匈奴的，到了《后汉书》里就变成了王昭君为了爱与和平主动提出去匈奴和亲。蔡邕的《琴操》中则说汉元帝在皇宫里举行了一次志愿者征集，王昭君就盛装出席主动报名[1]。

1.《琴操》，"帝乃问后宫，欲以一女赐单于，谁能行者起。于是昭君喟然起席而前"。

从情理上来说，《后汉书》和《琴操》的记载似乎可信度略低。

一个十九岁的女孩，搁今天还在上大学呢，就算觉得在皇宫里没有出头之日，就会主动要求远嫁匈奴吗？那时的匈奴对大汉朝的人来说，就是一群可怕的野蛮人，在皇宫不受宠幸顶多算混吃等死，而远嫁匈奴就纯属自己找死。

即便王昭君是个非常有事业心和企图心的女人，想着与其在大汉默默无闻不如去匈奴一鸣惊人，那她为什么在北上的途中又弹出那么悲伤的曲子呢？而且《报汉元帝书》虽然是假的，但历史上王昭君上书请求回家是真的，这和《后汉书》和《琴操》里她主动要求远嫁的人设也不符。

其实正史中关于王昭君的记载不过几十个字而已。连王昭君这个名字都充满争议，《汉书》和《后汉书》中对她的称呼一共有四种，至于哪个才是她的真名到今天还在争论不休。我们记住的多是符号化的王昭君，而不是一个有血有肉的人。

那王昭君长得美吗？

按理说能名列四大美人，当然是美的。但实际上关于王昭君相貌的美好描述多出自野史，正史中并没有记载。不过草原上的生存环境非常艰苦，游牧生活逼得人每天的工作量很大，大部分匈奴女子都得像男人一样干活，想来必定膀大腰圆，皮肤黑亮。就算是不必劳作的贵族女子，在紫外线如此强烈的地方生活却没有防晒霜，肤色和皮肤质量也是堪忧的。

而中国人"以白为美"的审美观点可是历史悠久了。《诗经·硕人》篇里描写美女是"手如柔荑，肤如凝脂"，意思是手就像春荑一样柔软，皮肤就像凝固的油脂，细腻白嫩又有光泽；宋玉在《登徒子好色赋》中描述美女则是"眉如翠羽，肌如白雪"，意思是眉毛的形状像小鸟的羽毛，肌肤像白雪一样晶莹洁白；

除此之外还有"冰肌玉骨""皓腕凝霜雪"等描绘女性的词汇,都体现了古人对"肤白貌美"的执念。

长得白除了能"一白遮百丑",还是人们社会等级心理的一种反映。因为在古代,只有底层的劳动者才会因为风吹日晒而黑,真正的贵族袖手自在不事劳作,想晒黑都难。肤色的"黑"和"白"也就成了一种等级差别的外在体现。

除此之外,游牧的匈奴部落,其卫生习惯自然也无法和中原的汉人相比。

甲骨文中就有关于商代中国人沐浴的记载。《周礼》中也有"王之寝中有浴室"的记载。到了春秋时期,古人已开始使用专门的设备来洗澡。秦汉时期,已形成了三日一洗头、五日一沐浴的习惯[1]。而且古人洗澡还会用胰子、澡豆,更高档的还有"面药"和"口脂",用来涂脸和嘴,兼具清洁、润肤和防冻功能。

南匈奴虽然已经有一定的汉化,但讲起刷牙洗脸换洗衣服这种卫生习惯还是没法和中原的汉人相比,所以要比外在的条件,王昭君必然是美的。但王昭君的美除了体现在容貌上,更体现在她带去的大汉的礼仪、大汉的服饰,大汉的气质。这是先进文明所散发出的独特魅力,这是比单纯好看的皮囊更高级、更历史的美丽。

汉元帝的女人很多,但其中只有两个女人真正影响了西汉甚至是整个中国历史的走向,而且凑巧的是,这两个女人都姓王,都出身宫女,而且名字就差了一个字。其中一位女子就是出塞的王昭君,那另一位女子是谁?汉元帝选择的她,又是怎样影响历史发展的呢?

1.《礼记·内则》。

琵琶

秦朝时一种圆形的、带有长柄的乐器在中原开始流传。因为弹奏时主要用两种指法：向前弹出去叫"批"，向后挑起来叫"把"，所以人们就叫它"批把"。汉代刘熙《释名·释乐器》中说："批把本出于胡中，马上所鼓也。"意思是在马上弹奏的乐器。后来，为了与当时的琴、瑟等乐器在书写上统一起来，就改称琵琶。王昭君本人会不会弹琵琶不好说，但那时候肯定是有琵琶这种乐器的。

第三十九篇

政君攻略

太后的任期有多长

汉元帝刘奭如果活到今天，特别适合去当电影的选角导演。因为他只是随便选了两个宫女出身的妹子，结果一出手就捧红了两位对中国历史产生巨大影响的大女主。

一位是上一篇讲到的王昭君。而另一位就是汉元帝的皇后王政君，一个连任过五届太后并亲眼见证了西汉灭亡的女人。

王政君的母亲怀孕时，梦见月光照射到自己的胸口[1]，家里人觉得这是个好兆头。王政君长大后，性情温顺，漂亮聪慧，很快就找到了婆家，可还没过门未婚夫就死了。

这个剧情倒是不陌生，汉宣帝"故剑情深"的许皇后也是这样的。不过王政君比当年的许皇后还厉害，这门亲事刚黄了没多久，东平王就看上她了，想纳她当小妾。来自诸侯王的要求，王家可不敢拒绝，所以一家人就开始准备婚事，但神奇的是，没几天东平王也挂了。王家一看闺女又砸手里了，赶紧找人算一

1.《汉书·元后传》。

卦吧，结果卦象显示王政君命中富贵，简直无法用语言来形容。

老王家一看自己闺女的命这么富贵，就教她各种才艺，然后把她送到宫里当宫女去了。

当时还是汉宣帝在位，太子刘奭一直没有儿子。而且这时候太子最喜爱的妃子司马良娣病故，搞得太子伤心不已，连别的妃子都不想亲近了。

太子这么清心寡欲，可把老爹汉宣帝急坏了，所以他让皇后给儿子找了五个宫女当候选人，其中就有王政君。老皇帝要求太子必须在这五个人里选一个当妃子。太子哪有心情选美，就随口说了句哪个都行。由于王政君坐的位置离太子最近，穿得最鲜艳，大家都以为太子说的是她，于是王政君神奇地成了太子的妃子，并且很快怀孕生下了一个儿子。

这可把爷爷汉宣帝乐坏了，他给大孙子起名叫刘骜，字太孙，骜是骏马的意思，太孙这个字更是指明了皇位的继承顺序，可见汉宣帝是多么喜欢这个孙子，又对王政君这个太子妃有多满意了。

公元前49年，汉宣帝去世，汉元帝即位，王政君也就从太子妃升级成皇后。可惜汉元帝对王政君母子可没有那么满意，这媳妇本来就是老爹硬塞给自己的，哪有什么感情可言；至于儿子刘骜，小时候看着还挺可爱，但是越长越没出息。

汉元帝此时最宠爱的是傅昭仪，昭仪是汉元帝设置的一种嫔妃的级别，虽没有皇后级别高，但已是最高级的嫔妃了。相比太子刘骜，汉元帝更喜欢傅昭仪生的儿子刘康，好几次都动了换太子的念头。

这段时间的王政君和儿子的日子很不好过，皇帝对皇后爱答不理，太子刘骜又不讨皇帝的欢心。反而是傅昭仪的儿子定陶王刘康既有才艺，又会来事，把汉元帝哄得特别开心。

在汉元帝病重的时候，傅昭仪和定陶王刘康每天伺候在皇帝身边，而正牌皇后和太子反而见不到皇帝。这要是皇帝突然咽了气，谁知道最后的皇位花落谁家呢。所以皇后王政君与其兄王凤、太子刘骜都为此感到担心。好在朝中还有很多人支持皇后母子，而且汉元帝考虑到王政君确实也没什么错处，太子又是自己老爹指定的继承人，所以最后保留了刘骜的太子之位。

汉元帝竟宁元年，即公元前33年，就是昭君出塞的同一年，刚送走王昭君的汉元帝把自己也送走了，太子刘骜即位，就是后来的汉成帝。王政君也完成了从太子妃到皇后再到皇太后的三连跳，然而这才仅仅是她太后生涯的起点而已。

所谓一朝天子一朝臣，儿子当了皇帝，王政君当然得找些靠谱的人来给儿子保驾护航。想来想去还是自己家人最靠谱，所以王政君的大哥王凤就被任命为大司马、大将军，领尚书事，开始全面执掌朝政。

接着王政君和王凤把傅昭仪和她儿子送去定陶当诸侯王，不在眼前晃悠了，才能消除母子俩对皇位的威胁，然后对汉元帝时期留下来的老臣一顿清洗，全都换上老王家自己人，彻底把持了朝堂。这还没完，王政君封同母弟王崇为安成侯，后来又在同一天封王家另外几个兄弟王谭、王商、王立、王根、王逢时，分别为平阿侯、成都侯、红阳侯、曲阳侯、高平侯，当时人称"一日五侯"。

这样王政君在后宫一言九鼎，王凤在朝堂上说一不二，无数老王家的亲朋好友遍布整个官场，掌握着国家的最高权力，老王家第一外戚的名头算是坐实了，这下子王政君应该高枕无忧了吧？

并没有。都说家家有本难念的经，而此时最让太后王政君犯愁的，就是自己的儿子汉成帝。汉成帝当太子的时候就沉迷酒色，当了皇帝之后更是彻底放飞了自我。他一登基就给自己修建了华丽的霄游宫、飞行殿和云雷宫，然后把朝政交给大舅王凤打理，自己一头扎进后宫的女人堆里去玩乐。对王政君来说，儿子想怎么玩就怎么玩，自己这个做娘的当然没意见。但汉成帝女人一大堆，生孩子却挺费劲，好不容易生下一儿半女还总是养不活，这可让急着抱孙子的王政君老太太非常上火。

后来有一次，汉成帝去阳阿公主家做客，发现了一个舞姿非常曼妙的妹子，她就是赵飞燕。赵飞燕人长得漂亮，舞蹈功力更是一绝。《飞燕外传》里说，汉成帝在太液池里修了一艘大船叫"合宫舟"，专门带着赵飞燕在上面歌舞玩乐。有一次赵飞燕正在船上跳舞，突然水面上狂风大作，正在跳舞的赵飞燕竟然被风吹得要飞起来了，幸亏一旁演奏乐器的乐师拼命抓住她才没被风吹走，赵飞燕真是用实力演绎了一把什么叫二级风以上不敢出门。

正因为她身材纤细，体态轻盈，就好像能在手掌中跳舞一样，人们就称她跳的舞蹈为"掌中舞"，应该是和现代的芭蕾舞很类似的风格，这种舞后来成了赵飞燕的一个独有标志，亦可比喻女子舞姿轻盈。能跳这种风格舞蹈的女子，吨位肯定是不会太大，所以古人形容丰满和苗条的美人，会用成语"环肥燕瘦"，环肥说的是大唐的杨贵妃，而燕瘦自然说的是赵飞燕了。

汉成帝得到了赵飞燕后宠爱得不行，没想到赵飞燕的妹妹赵合德更漂亮，于是汉成帝把赵氏姐妹都接进宫里，每天和她们在一起腻歪，后来干脆要把原来的皇后废掉，让赵飞燕当皇后。王政君老太太觉得赵飞燕出身太低，本来是不同意的，但架不住儿子软磨硬泡，也就认下了这个爱跳舞的儿媳妇。

赵飞燕虽然当了皇后，但汉成帝更宠爱妹妹赵合德，他把昭阳殿赐给赵合德一人居住，并且不惜血本一顿精装修，镀金的大门，白玉的台阶，挂满金环的屋子，镶嵌着蓝田美玉和珍珠的墙面，总之就是怎么华丽怎么搞，如此土豪的装修风格，在当时绝对是空前的。

不过赵氏姐妹专宠后宫十余年，姐妹俩却一个孩子都没生出来。

《飞燕外传》里说，赵氏姐妹为了容颜美丽，一直使用一种含有麝香的"息肌丸"，结果容颜是越来越美，肌肤是越来越水嫩，但她们也就此患上了不孕不育。

当然了，《飞燕外传》这本书的历史严谨性比较让人怀疑，毕竟名字摆在那儿，"外传"嘛。不过汉成帝一直没儿子当继承人的确是真的。这让王政君非常着急，她生怕儿子因为专宠赵氏姐妹，忽略了其他嫔妃，导致一直没有子嗣。

可王政君不知道的是，汉成帝其实是有过儿子的。虽然汉成帝专宠赵氏姐妹，但偶尔也会调剂下口味，结果还真让一个妃子许美人生出了一个儿子，只是赵合德知道后不干了。她质问汉成帝说，你说那个许美人是怎么来的，她以后是要骑到我头上来了吗？然后赵合德就疯狂地打自己，用头撞墙，从床上往地下摔自己，哭泣不停，不肯吃饭，可以说把一哭二闹三上吊使了个全套。赵合德然后说，反正这后宫也没我的地方了，我要回家！

汉成帝说，你看，我特意告诉你，结果你还生气了，早知道我就不说了。汉成帝也陪着一起绝食。

赵合德又说，皇帝你又没错，干什么不吃饭啊？你发过誓只和我们姐妹俩生孩子，现在你说话不算数，你说这事儿怎么办吧？

看着美人哭得梨花带雨，汉成帝说，我说过会让你们赵家姐妹成为宫里最尊贵的女人，你就放心吧。

于是他差人去许美人那儿把小皇子接过来，许美人把儿子装在一个篮子里送过来后，汉成帝让服侍在身边的人全都退下，屋里只留下了皇帝、赵合德和

小皇子。不一会儿,汉成帝把大家招呼回来,说这儿有个死孩子,你们找个没人的地方埋了吧[1]。

在短短的时间内,屋子里到底发生了什么,史书上没有明确指出,但明眼人都能脑补出现场的画面。都说"虎毒不食子",但汉成帝竟然把自己的儿子给弄死了,还弄得自己绝了后,真不知是痴情还是智障。当时有讥刺赵飞燕姐妹的童谣就唱道:"木门仓琅根,燕飞来,啄皇孙。皇孙死,燕啄矢。"大意就是说赵飞燕姐妹进了宫专门谋害皇孙[2]。

可没太子总不是个事。这时候王政君的另一位老熟人跳了出来,就是当年的傅昭仪,她的儿子刘康到了封地没几年就死了,给傅老太太留下了一个孙子叫刘欣。傅老太太一看王老太太虽然贵为皇太后,却一直没孙子,正好我有啊。于是她用重金贿赂赵飞燕,最后让汉成帝册立了侄子刘欣为太子。

公元前7年,汉成帝在赵合德宫里突然中风而死,从侄子变为养子的刘欣继承了皇位,这就是汉哀帝。王政君的职级一下子又从皇太后升级为太皇太后,这个女人的地位和尊荣每一次提升,都伴随着一个至亲的去世,也真是够悲哀了。

可汉哀帝刘欣比她更悲哀,这位白捡了一个皇位的幸运儿很快就发现,因为一个男人,自己也马上要悲伤逆流成河了。

那么,这个男人是谁?他为什么能让皇帝悲伤逆流成河呢?

1.《汉书·外戚传》。

2.《汉书·外戚传·孝成赵皇后》。

长寿的皇后

王政君是中国有史以来最长寿的皇后,活到八十四岁高龄。而排名第二的是清朝的孝庄文皇后。她出自博尔济吉特氏,名叫木布木泰,意为"天降贵人"。她于1625年嫁给努尔哈赤第八子皇太极为侧福晋;1636年皇太极在盛京称帝后,受封为永福宫庄妃;三年后生皇九子福临,也就是后来的顺治帝。她接连辅佐了两位皇帝,1688年以七十五岁高龄去世。

第四十篇
哀帝很悲哀
谁能懂朕的忧愁

汉哀帝刘欣，明明是个白捡皇位的幸运儿，怎么会摊上一个哀字做谥号呢？

在中国古代的谥号中，早孤短折曰哀；恭仁短折曰哀；德之不建曰哀；遭难已甚曰哀；处死非义曰哀[1]。就是说这个皇帝人还不错，没做过什么坏事，但是命太短，也没机会做什么好事，或者遭受了很大的折磨甚至死于非命，死后谥号都可能会有个哀字。摊上这个谥号的，要么是短命鬼，要么是亡国之君，总之都是各种悲剧。汉哀帝十八岁登基，做了七年皇帝就挂了，相当于念完四年本科加三年研究生，然后一毕业便英年早逝，确实挺可怜。更惨的是汉哀帝几年皇帝当得也是非常闹心。

汉哀帝刘欣上台后的大汉，那局面真是太有意思了。

首先在后宫里，太皇太后王政君老太太身子骨还挺硬实，虽然和汉哀帝没有血缘关系，但王政君是汉元帝的正牌皇后，是宫里的活祖宗，必须得供；而汉哀帝的亲奶奶傅太后和汉哀帝的母亲丁姬也搬进了宫里，总得有个名分吧；

1.《逸周书·谥法解》。

而且上一任皇帝，也就是哀帝的伯父汉成帝，他的皇后赵飞燕也得安排吧。

所以中国历史上四位太后并存的奇观出现了：王政君当然还是太皇太后，汉哀帝的亲奶奶傅太后被封为皇太太后，汉哀帝的母亲丁姬封帝太后，伯母赵飞燕称皇太后。都说"三个女人一台戏"，现在一个皇宫里住了四个有权有势的女人，可以想象这场戏有多激烈。四个太后彼此明争暗斗，家庭氛围糟得一塌糊涂，汉哀帝每天都一个头两个大。除了后宫的女人，她们的一干亲戚也十分麻烦。之前太皇太后王政君是最大的，老王家的人就大权独揽，现在除了太皇太后，还有皇太太后、帝太后、皇太后，老傅家和老丁家也上来了，就这乌烟瘴气的职场风气，汉哀帝能不闹心吗？尤其是汉哀帝的亲奶奶傅皇太太后，不但行为嚣张，敢骂太皇太后王政君是死老太婆[1]；更是超级记仇，把自己三十年前最大的情敌、现在的中山王刘衎的亲奶奶冯太后给活活逼死。一个都当奶奶的人，还要继续上演三十年前的宫斗剧情，也真是够有闲心的了。

宫里那四个太后汉哀帝一个都惹不起，但朝堂上的事他还是可以说得上话的，所以他决定先拿老王家在朝堂上的代言人开刀，这个代言人就是王莽。

其实王莽在历史上的名气比汉哀帝大多了。他是太皇太后王政君的侄子，也是王氏外戚中的一员。但和那些仗着姓王就混吃等死的叔叔大爷不一样，小王从小特别上进懂事，学习认真，勤俭节约，乐善好施，简直就是出淤泥而不染的一朵莲花。王莽的好名声越传越广，大家都知道老王家不全是作威作福的王八蛋，有个叫王莽的小伙子就特别棒。王莽的官职也随着名声水涨船高，后来他接替叔父王根成为大司马，这一年他才三十八岁[2]。

1.《汉书·外戚传》。
2.《汉书·王莽传》。

当上了政府一把手的王莽，不但在工作上认真负责，在个人生活上也更加节俭，他把自己的俸禄全都拿来接济有困难的同事和老百姓，自己一家人的日子反而过得非常清苦。有一次同事们来王莽家登门拜访，王莽的夫人出来接待客人，衣服的下摆都没到地，仅能盖住膝盖，跟超短裙一样。王夫人穿得实在太破太简陋，竟然被人误会是家里的仆人，就知道这一家人的日子过成什么样了。

不过这个时候表现再好也没用，王家外戚这么嚣张，汉哀帝必须要抓典型，所以王莽只好提前下岗，早早回家享受退休生活去了。

下岗待业的王莽并没有放松对自己的要求，碰巧这期间他的二儿子王获打死了一个奴仆，这在汉代真的不算什么大事，但王莽严厉责罚了自己的儿子，逼得儿子自杀偿命才算完。这下子王莽大义灭亲的美名更是广泛流传，好多人都上书要求王莽官复原职，汉哀帝没办法，虽然不能恢复王莽的官职，但还是把他调回京城伺候太皇太后去了。

其实汉哀帝刚上台的时候，也是挺想有一番作为的。当时汉朝最大的问题就是有钱人和当官的大量兼并土地，而失去土地的老百姓要么四处流浪，要么卖身为奴，社会的矛盾非常激化。汉哀帝就颁布限田令、限奴婢令等法令，把不同级别的人能拥有的土地和奴仆数量都规定好，超过规定的一律没收。

政策出发点倒是好的，但既得利益者的反对使汉哀帝的改革根本就执行不下去，就连傅丁两门外戚也不支持，有他们带头反对，别的人当然也不把诏令放在眼里了。除了限田令、限奴婢令之外，哀帝还下达了一系列诏令，但基本都成为一纸空文。

不过别说限制别人了，汉哀帝连自己也管不了，他规定诸侯王最多占田三十顷，可他自己一次性赏赐给一个男人两千顷土地，这可是最高占有额度的七十倍。皇帝带头违反规定,这限制令还有啥意义?

让皇帝出手如此豪爽的男人,就是董贤[1]。

董贤,字圣卿,本来只是皇帝身边的侍从官,但因为长得太漂亮而被汉哀帝看中,由此大受宠幸,每天上班下班坐车出行都与皇帝在一起。董贤也特别会来事,就算是到了休息日都不回家,待在宫里陪着皇帝一起玩。

汉哀帝说你总不回家搞得夫妻跟异地恋似的也不好,就特意允许董贤的妻子搬进宫里和董贤同住,董贤的妹妹也成为汉哀帝的昭仪,地位仅次于皇后。

汉哀帝还不停地给董贤加官晋爵,赏赐打钱发红包,一个月就赏了一亿钱,如果按今天的物价水平相当于两三千万人民币。给完了零花钱,汉哀帝又让董贤的岳父任将作大匠,也就是汉代职掌皇家宫室、宗庙、陵寝等的土木营建的最高长官,为董贤修建豪华别墅。选取所需要的使唤器物时,都把最好最上等的留给董贤,董贤的衣着车马等级仅次于皇帝。连董贤死后的棺椁,用黄金做线缝上珠宝和玉块织成的丧服,汉哀帝都为董贤准备好了,他还在自己的陵墓——义陵旁边给董贤建好了坟墓,真是生生死死都不准备分开的节奏。

后来汉哀帝更是让董贤出任大司马,这一年董贤才二十二岁,就当上了三公,成为大汉政府的最高领导人之一。董氏的亲戚也全都当了官,汉哀帝对董家简直比对自己的亲奶奶和亲妈家还要好。公元前1年,匈奴单于来朝拜[2],在国宴上看到董贤这么年轻就坐在三公的位置上,非常奇怪。汉哀帝还特意解释道,别看董爱卿年轻,能做三公完全是他太优秀,太有才啊!在接待外国元首的外交场合上还不忘给董贤撑场子挣面子,可以说是无上的荣宠了。

1.《汉书·佞幸传》。
2.《汉书·哀帝纪》。

甚至有一次汉哀帝在麒麟殿招待董贤一家，可能是喝高了，脱口而出说，哎呀，董爱卿实在太优秀了，我打算效法尧舜禅让，把皇位让给董爱卿得了！把现场一干大臣惊得下巴都要掉了。只有王氏外戚中的王闳还算反应快，大声地说，天下是高皇帝打下来的，不是陛下一个人的。陛下继承帝系，就应该传位给刘姓子孙。陛下怎么能乱说！最后这酒宴是不欢而散，但也能看出汉哀帝宠爱董贤算是弄得天下皆知了。

不过汉哀帝才不管外人怎么说，每天都开心地召见董爱卿一起吃饭聊天。快乐的汉哀帝不知道的是，他的寿命余额已不足，马上就要欠费停机了。

公元前1年，被酒色掏空了身体的汉哀帝挂了，年仅二十五岁。皇帝一死，太皇太后王政君第一时间赶到未央宫，先把传国玉玺攥到手里，然后二话不说罢免了董贤，让王莽官复原职主持工作。董贤深知自己没好下场，第二天就自杀了。

可别以为人死了就算完了，王莽又找人上书弹劾，说董贤虽然死了，但是竟然敢用豪华的棺椁，用王侯级别的玉衣珠璧装殓下葬，简直太不像话。于是董贤死后被开棺，里面的金银珠宝等随葬品全都被没收。董家被发配南方，家产充公，最终抄家抄出来的财产居然价值四十三亿钱，相当于十多亿人民币。

董家就这么垮了，汉哀帝的亲奶奶傅皇太太后和亲妈丁帝太后早都死了，卷土重来的王家随后逼死最后一个皇太后赵飞燕，现在宫里四个太后终于只剩下一个了，就是王政君奶奶，这位史上最长寿的太后还是笑到了最后。

后宫再次成为王政君奶奶一个人的主场，而在朝堂上，老王家最优秀的代表王莽也彻底掌握了大权，他的终极目标会是什么呢？

第四十一篇

王莽篡汉

穿越者还是改革家

太皇太后王政君和大司马王莽这对组合掌握了大汉的最高权力之后，首先要解决的就是新皇帝的人选问题。

其实选择的余地也不是很大，唯一的候选人就是中山王刘衎，目前他是汉元帝这一支唯一还活着的孙子。衎这个名字也代表了他的命运，因为左看右看，皇帝这个活，他是行也得干，不行也得干。

公元前1年，年仅九岁的刘衎即位，史称汉平帝。

小皇帝一上台，群臣就纷纷上书，称赞王莽安定社稷的功劳就跟当年辅佐昭宣二帝的霍光一样大，他应该获得和霍光一样的封赏。王莽再三推辞，最后接受了安汉公的称号，但是封地和奖金分文未取。

王莽对自己抠门，但对其他人大方得很，作为一个外戚，他大肆册封宗室和功臣的后裔，给官给地给钱，获得了群臣的拥戴。

作为一个读书人，他大力发展教育。当年汉武帝起营太学，设五经博士当顾问，还负责掌管图书，教授弟子，从此博士成为专门传授儒家经学的学官，相当于咱们的中科院院士一样的学术大咖。到了王莽这儿，他直接把博士的名额扩大了五倍，让更多的读书人获得了高级职称，而且建设太学——相当于中央政府直属的最高学府，让穷人也有上学的机会。他还开启了高端人才引进计划，在首都长安修建了大量的廉租房，免费发放给来京城落户的读书人居住。

作为一个官员，王莽对普通百姓推行各种福利政策。一旦哪里遭了灾，他就着急得不吃肉不喝酒，把省下来的粮食救济灾民，还带头捐款捐物支援灾区，在大汉朝上演了一方有难八方支援的感人一幕。同时，他在首都修筑了一千套临时安置房来收容一些无家可归的灾民。

这下子，上到朝廷，下到百姓，没有不夸他的，把他说得和圣人一样。

公元3年，汉平帝十二岁，王莽把自己十四岁的女儿王嬿嫁给皇帝当皇后，自己摇身一变成了皇帝的老丈人。虽然大权独揽，但他并不像其他外戚那样胡作非为，反而毫不利己专门利人，成天干好事。不仅如此，大义灭亲的戏码他都上演了两次，当初他二儿子王获犯法，被他逼死了，这回他大儿子王宇又犯事了，王莽再一次秉公执法，完成了对亲生儿子的双杀。

王莽的党羽把这事儿编成了书，和《孝经》一起作为国家选拔人才的指定书目。天下人都被王莽这种大公无私的精神感动了，觉得大司马和国丈这种寻常的称号已经无法形容王莽的伟大，于是给了他一个新职称，叫宰衡。

这两个字可不是随便来的。商代的名臣伊尹当过的官叫阿衡（一作保衡）[1]，周代的名臣周公当过的官叫大宰（也称太宰）[2]，现在称王莽为宰衡，意思就是他比伊尹和周公还伟大。宰衡的地位比所有的大臣和诸侯王都要高，绝对的一

---

1. 《史记·殷本纪》。
2. 《周礼》。

人之下万人之上。

当上了宰衡的王莽继续做着感动中国的好事，于是群臣上书又请求给王莽加"九锡"。九锡，即九赐，本是中国古代皇帝赐给有特殊贡献的诸侯、大臣的九种特供品，分别是车马、衣服、乐县、朱户、纳陛、虎贲、斧钺、弓矢和秬鬯。

九样东西代表了君主对臣子的最高礼遇，不是特别物质性的赏赐，更多的是一种荣誉称号性质的褒奖，这次王莽没有谦让就直接签收了。

但问题是在中国历史上，除了王莽之外，曹操、孙权、司马昭，以及后来宋、齐、梁、陈四朝至隋唐两朝的开国皇帝都曾受过"九锡"，而这些人都有个共同点，就是接受了前老板给的九锡之后立刻推翻母公司建立了新企业，所以后来加九锡就成了篡逆的代名词，名声算是彻底臭了。

公元6年初，刚刚年满十四岁的汉平帝病死了，也有一种说法是被王莽毒死的，总之从汉成帝到汉哀帝，再到汉平帝，大汉连出了三个没儿子的皇帝，这王朝末世的衰败气息扑面而来。

这时候汉元帝所有的直系后代全死光了，只能从整个刘氏皇族里重新海选皇帝继承人。如果王莽真是忠臣，这会儿就应该选个成年的皇帝，最好是已经生出一堆儿子的，省得过两年皇帝死了又没儿子继承。

但王莽选择的新皇帝名叫刘婴，史称孺子婴，真是人如其名，就是个两岁的娃娃而已。而且刘婴不是直接当皇帝，而是当皇太子。

国家不能只有太子啊，那皇帝谁来当呢？

答，王莽。

王莽让群臣给太皇太后王政君上书，说刘婴这娃娃岁数太小，当不了皇帝，应该让王莽先代理一下皇帝之位，等刘婴长大了以后再说。可以说，这时候王莽已经撕去了伪装者的外衣，露出了自己真正的目的。

王莽全面掌握了大汉的最高权力，王政君虽然是太皇太后，但也只好下诏书说，请安汉公王莽即位代理皇帝，还把武功县作为王莽的封地，改名叫汉光邑。太皇太后王政君诏书里的潜台词是：你的封号是安汉，你的封地叫汉光，你可不能做对不起大汉的事情啊！

不过王老太太的美好愿景注定是实现不了了。公元6年正月，王莽正式就任"假皇帝"。这个假不是假冒伪劣，是暂时代理的意思。他穿天子的服饰，用天子仪仗，像皇帝一样召见群臣，处理政事，其实与真皇帝已经没有多大区别了。

至此天下人才看清楚王莽的套路，一些忠于汉朝的宗室和军民起兵反抗王莽，但很快都被镇压下去了，王莽的声望度和武力值全都达到了极点，他开始为自己称帝制造舆论氛围。

西汉自武帝"罢黜百家，独尊儒术"之后，虽然极大地加强了皇帝的权威和皇权的神圣，但由董仲舒"天人感应"学说而引发的另一种思潮也流行起来，那就是谈论灾异与禅让的风气，为王莽进行代汉提供了条件。

王莽发动党羽制造舆论，宣扬汉室命数已尽，应当禅让给新天子的论调。所谓"上有所好，下必甚焉"，各地纷纷贡献了无数奇形怪状的祥瑞和预言之类的东西，都在明里暗里说王莽就应该是接受汉室禅让的新皇帝。

而在官方的造势行动之外，民间的野生祥瑞也不是没有。有个太学生叫哀章，看穿王莽的野心，于是自作主张搞了一次政治投机。他偷偷做了两个金匮策书，一个上写着"天帝行玺金匮图"，另一个上写"赤帝行玺某传予皇帝金策书"，

金策书中明确写着汉高祖刘邦要将皇位传予王莽。这位胆大的投机者还写着王莽登基后，应该授予自己何种官职。

史学界一般认为，哀章搞的这一出并不是王莽的授意，而是计划外的意外，是必然中的偶然。但不管怎么说，公元8年，王莽终于把假皇帝升级为真皇帝，从汉高祖刘邦到汉平帝，享国二百一十年的西汉王朝正式下课。

王莽建立的新王朝叫新朝，他创造了两个纪录，一是史上和平篡夺大一统王朝的第一人，二是史上唯一一个把开国之君和亡国之君合二为一的人。

对王莽来说，当皇帝这个小目标已经实现了，接下来他又给自己定了一个小目标，那就是改革，史称王莽改制。

可这次改革在历史上的评价却非常精彩，有人说他是心怀天下的改革家，有人说他是读书读傻了的书呆子，还有人说他是世界上最早的社会主义者，甚至有人认为王莽是后人穿越过去的。为什么会有这些猜测呢？

王莽上台的时候，社会的主要矛盾还是西汉末年的老三样：土地兼并，农民破产，贫富差距。

所以王莽改革就是要解决这三个问题。土地兼并，好办。以后所有的土地都收归国有，禁止买卖，看这以后还哪来的兼并？农民破产只能卖身为奴，简单。解放奴隶，人人平等，禁止买卖！贫富差距，好说。改革货币，由国家统一发行，设立物价局，由政府控制物价，建立国营企业，垄断市场。

说白了就是三件事：土地国有、人人平等和计划经济。所以新文化运动中胡适先生才称王莽为"史上第一个社会主义者"，这看起来可不就像是从未来穿越到过去的嘛！

当然，这只是玩笑话。其实仔细看，王莽改革的这些措施，绝对不是一个了解历史走向的人能干出来的事。

因为王莽所处的时代是汉朝。土地国有一下子把原来那些诸侯地主都得罪了。而禁止买卖奴隶听上去很正确，可老百姓就是因为活不下去才会卖身为奴，原本还可以卖身活命，现在卖身都不行了，那就只有等死，这下子把社会底层百姓也给得罪了。

王莽改革货币更是非常开脑洞，从金银铜到龟甲贝壳全都能当钱花，一下子弄出二十八种不同面值的钱，每个面值之间的换算是既复杂又随机，搞得老百姓每次花钱找钱都跟做高考数学最后一道大题一样，算数不好的人日子都没法过。

而王莽设立的物价局又想通过干预市场来调节物价，让老百姓能买到便宜的东西，结果却是官商勾结腐败丛生，人们发现这花钱不但费脑子，而且钱越来越不值钱了，这下子把社会的中间阶层也给得罪了。

所以改革开始后，原来夸王莽的就都变成了骂他的人。王莽一看内部矛盾如此激烈，赶紧用外部矛盾来吸引一下火力，开始跟周边的少数民族来劲，把匈奴单于改名叫降奴服于，给高句丽改名叫下句丽，总之就是怎么羞辱你怎么来。和平了上百年的边境又开始烽烟四起，王莽派出大量部队和周边的少数民族开战，又克扣士兵的装备和军饷，这下子把边境和军队也给搞乱了。一场改革改得所有人都不开心，改革者还会有好日子过吗？

反抗王莽的起义很快就在各地发生，天下再次大乱，无数英雄豪杰纷纷登上历史的舞台。而在这出大戏里，有一个人堪称绝对的主角，他就是后来东汉的开创者光武帝刘秀。有人说，刘秀的一生就跟开了挂一样，完全是主角光环附体，这又是怎么回事呢？

金镶玉

公元8年,王莽篡汉建立新朝,便让安阳侯王舜去向王政君太后索取传国玉玺。王政君连骂带哭却也没有办法,只能将传国玉玺取出、砸到地上给王舜,王舜捡起玉玺时,发现玉玺被摔缺了一角。王莽见玉玺受损,忙召来能工巧匠修补,工匠最后用黄金镶上缺角,修补后竟愈加光彩耀目,遂美其名曰"金镶玉玺",据说这便是"金镶玉"的由来。

第四十二篇

天选之人

主角光环有多强大

王莽的乱改革，搞得所有人都不开心，于是老百姓纷纷起来造反，其中实力最强大的就是河北的铜马军、山东的赤眉军和湖北的绿林军。铜马军和绿林军的名字都来源自起义爆发的地点，而赤眉军之所以得名是因为这支部队所有人都把眉毛染成了红色，听起来有点杀马特，不过战斗力很强。

当时的情况是，王莽政权死而不僵，农民起义风起云涌，地方豪强拥兵自重，可以说整个中国都被无数大大小小的武装团体控制着，绝对是乱得不能再乱的乱世了。

不过都说乱世出英雄，这时候有一个叫刘秀的青年就冒了出来，而且神奇的是，他仿佛头顶主角光环，多次大难不死，逆风翻盘，碾压一切配角反派。这是怎么回事呢？

刘秀，字文叔，南阳郡蔡阳人，蔡阳就是今天的湖北省枣阳市，他在家里排行老五。按照史书上的记载，刘秀长得非常帅，一看就是主角的脸。少年时代的刘秀曾去王莽设立的太学里念过书，说起来也姓刘，是如假包换的汉室宗亲，但这个时候大汉都没了，谁还把他这个过期皇族当一回事。

当时刘秀给自己定的小目标就是一句话，叫"仕宦当作执金吾，娶妻当得阴丽华[1]"。执金吾相当于首都卫戍区的最高军事长官，虽然官不是最大，但每次出门都有庞大的仪仗队跟着，非常气派有面子。而阴丽华则是南阳郡当地有名的美女，春秋时期名相管仲之后。就是说当时刘秀觉得人生最成功也就是当个中级武官，再娶个自己的梦中情人，这辈子算是完美了。

南阳当时是绿林军的大本营，起义氛围浓烈，刘秀跟着大哥刘縯一起拉了支队伍加入了反抗王莽的战争。当然造反这活大家都是第一次干，开局的装备的确简陋了点，别人家的骑兵都是骑着马上战场，而刘秀只能骑牛。后来刘家兄弟的队伍和绿林军组成了联军，接连打了几场胜仗，条件才改善了一些。

公元23年，在形势一片大好的时候，联军觉得是时候立个新皇帝和王莽对着干了。按声望和能力来说，当时刘縯是最佳人选。但绿林军的人觉得刘縯不太好控制，于是立了另一位在绿林军打工的刘姓宗室刘玄为皇帝，国号还是叫汉，刘玄就是历史上的更始帝。

刘秀兄弟对此无可奈何，毕竟实力有限，说不上话。但在长安的王莽就坐不住了。他原本觉得北方的赤眉军威胁更大，所以一直以主力部队围剿赤眉军，只派纳言将军严尤带着各郡县的民兵和临时拼凑的部队来对付绿林军。就这样王莽还不轻易授予严尤兵符，并要求严尤在每次作战之前都必须上报作战计划并严格执行。部队实力差，战斗中又放不开手脚，严尤被绿林军打得大败。

现在王莽听说严尤打了败仗不说，南阳居然又冒出个刘姓皇帝，一下子就慌了，于是调整战略部署，集结所有能调动的兵马，一共四十二万，号称百万大军，

1.《后汉书·皇后纪》。

在大司空王邑与司徒王寻的带领下浩浩荡荡地杀向绿林军[1]。

讨逆大军里有一支神奇的特种部队，领兵的叫巨毋霸[2]，当然这不是我们今天吃的汉堡，而是一个身高两米多、体重几百斤的巨人，他带领的特种部队竟然是由老虎狮子大象犀牛组成的魔兽军团，这阵势都不用打，吓都能把人给吓死。

此时汉军的主力还在围攻宛城，而王莽的大军已经杀到了宛城北边的昆阳。昆阳城里一共才几千守军，敌我实力悬殊，这一仗是非输不可了。

但刘秀此时就在昆阳，而且他身上的主角光环也已经亮了起来。当时昆阳起义军的几个首领都被王莽气势汹汹的大军吓破了胆，群龙无首的时候，刘秀跳出来接管了军队的指挥权，并提出了切实可行的守城策略。他带着十二个人，趁着晚上从王莽几十万人的包围圈里成功突围出去，居然毫发无伤，简直不要太神奇。

刘秀突围后去周边搬救兵，附近的绿林军将领本打算带着这几年抢来的财宝跑路的。刘秀慷慨激昂地说，如果我们去救昆阳，打赢了那不是要多少财宝就有多少！如果我们不去救昆阳，敌人大军压境之下，你们还有命来花这些钱吗？于是昆阳周边不到一万的救兵竟然被刘秀给说动了，真跟着刘秀一起去硬对王莽的几十万大军，简直是大型赴死现场。

更神奇的剧情还在后面。刘秀带着救兵回到昆阳城外后，率一千多人的先头部队向王莽军发起了冲锋。但对面王莽大军的最高指挥官大司空王邑和司徒王寻不知道当时怎么想的，明明身后有几十万大军，却偏偏只带了几千人来迎战刘秀，结果被刘秀带着人一顿砍瓜切菜般地打败了。

1.《资治通鉴·汉纪》。
2.《汉书·王莽传》。

到了晚上，刘秀带着三千敢死队偷袭，又遇上王邑和王寻带领的一万多直属部队巡逻。这哥俩不知道怎么的再一次脑子进水，告诉周围的几十万大军都不许动，自己带着一万人冲上来和刘秀单挑。

结果王寻一上来就被刘秀给斩杀了，王邑更是被打得抱头鼠窜，因为没有接到命令，周围的几十万王莽大军就眼看着他们被打。刘秀的主角光环这时候也开到最大，《后汉书》里记载昆阳之战时有陨石从天而降，砸在王莽军的军营里，简直跟使用了黑魔法召唤术一样，极大地打击了王莽军的士气。

而且在刘秀偷袭的同时，突然天地间狂风大作，瓦片横飞，大雨倾盆，王莽的军队被上涨的河水冲得七零八落，巨毋霸的猛兽军团也被狂风暴雨吓得四处逃散，没有一点特种部队的样子，倒成了随军的马戏团。昆阳城里的汉军乘机里应外合，王莽几十万大军就这样土崩瓦解[1]，刘秀同学一战成名。

但是这剧本听起来实在太玄幻了，刘秀同学总不至于真的开了外挂？历史真有那么多的巧合和天命之说吗？

其实说起来，刘秀的胜利主要离不开猪一样敌人的配合。

作为王莽大军最高统帅的王邑在整个战役中犯了两个致命的错误。最开始围攻昆阳之前，在南阳和绿林军有丰富作战经验的严尤就建议王邑说，与其在昆阳浪费时间，不如直接带着人马去宛城抓汉军的主力，到时候和宛城的守军内外夹击，只要消灭了汉军的主力，昆阳这点守军根本不在话下。

不得不说，严尤的建议是靠谱的。从战略上来说，这也是刘秀等人最害怕的。但王邑不同意。首先他觉得自己带着几十万人，还需要动脑筋玩兵法吗，直接平推过去就完了，拿下小小的昆阳城那不是顺手的事儿吗？倒也不是说王邑就

1.《后汉书·光武帝纪》。

是个自大的蠢货,是因为他以前镇压反抗王莽的起义时虽然打了胜仗,但因为没有把反抗军的首领生擒活捉,导致整个平叛战争的结果显得有那么一点点瑕疵,就被自己的老板——永远坚持十全十美的强迫症皇帝王莽给批评了。所以这次王邑决定把所有的环节都搞到完美的程度,反正实力相差这么大,根本就是稳赢,那就得赢得漂亮。

就因为这种完美主义情结作祟,当刘秀去搬救兵还没回来,昆阳城的守军将领传话过来说要投降的时候,王邑又犯了第二个错误。他觉得我灭你也就是分分钟的事,干吗要接受你的投降,那样就有瑕疵了,于是直接拒绝了这唾手可得的胜利。

这下昆阳城里的守军没退路了,索性铆起劲来同归于尽吧。人在绝境下反而激发了战斗力,结果王莽大军打了好久都啃不下来,还等来了带着救兵而回的刘秀。但就算刘秀带了救兵,万把人对几十万人也没有胜算。王莽军这仗到底怎么输的呢?天降陨石是关键原因吗?

《后汉书》记载:"夜有流星坠营中,昼有云如坏山,当营而陨,不及地尺而散,吏士皆厌伏。"就是说在王莽军的营地里出了很多奇怪的事,晚上有流星落地,白天又有大片像山崩一样的云朝着营地落下,离地面不到一尺的地方才散开,官员和士兵都吓得趴到了地上。

古人相信天人感应,现在仗打得不顺利,还有这么多奇奇怪怪的现象发生,士兵们心里犯嘀咕是很正常的。而且王莽的这支大军是从全国各郡县抽调来的,平时就没有团队磨合,仗打得顺利还好,一旦不顺利,各种小心思就冒出来了,根本不好带。所以刘秀的援兵虽然只有万余人,却成了压垮王莽军士气的最后一根稻草。

为什么王邑明明有几十万人,却每次只带很少的部队和刘秀单挑呢?脑子进水当然是玩笑话。有一种可能就是他的部队士气值太低,不但顶不上去,反而容易帮倒忙。所以他只能带着少数精锐去硬顶,而当刘秀打垮了这支精锐部队,剩下的部队人心就更涣散了,再加上狂风暴雨和城内守军的配合,几十万王莽大军的失败也就成了必然。

昆阳之战是王莽政权覆灭的重要转折点,从此之后,王莽再也凑不出这么强大的军事力量来镇压各地的起义。

按照一般的剧情发展,取得了这么大功劳的刘秀一定会因为功高震主,被更始帝刘玄收拾的,但这个时候更始帝眼中最大的威胁不是老实巴交的刘秀,而是之前和自己竞争皇帝宝座的大司马刘縯。

公元23年,更始帝刘玄在手下绿林军将领的支持下,找了个借口把刘縯杀掉了,算是除掉了心里最大的一根刺。而刘秀被调离一线工作岗位,彻底边缘化了。但毕竟刘秀平时表现良好,也没有得罪更始帝的地方;而且已经杀了一个刘縯,要是再对刘秀下手,更始帝也觉得没法向底下人交代,只得把刘秀彻底雪藏。

而在雪藏的这段时间里,刘秀完成了人生另一个小目标"娶妻当得阴丽华"。这个女人的到来,会让刘秀的后半生发生什么变化呢?

位面之子

位面（PLANES）是指多元宇宙的存在，每个位面都有各自的位面特性，每个位面事实上都是一个独立的宇宙，有它自己的自然法则。如果王莽真的是一个破坏历史进程的"穿越者"，那刘秀就是负责把历史拉回正常进程的"位面之子"，用来形容他的运气（或说气运）特别强，如同开挂一般，受到整个宇宙的眷顾。

第四十三篇

光武中兴

为什么娶妻当得阴丽华

昆阳之战后，刘秀被更始帝刘玄调离一线岗位，封了个有名无实的武信侯，而在这段雪藏期间，他迎娶了自己少年时代的梦中情人，实现了"娶妻当得阴丽华"这一人生小目标。话说，这个阴丽华到底有哪些独特之处呢？

公元23年，绿林军打下了长安城，王莽建立的新朝就此覆灭，王莽本人被杀，他的脑袋更被做成了纪念品，一直被后来的皇帝们收藏展览了二百多年，直到公元295年晋惠帝时，洛阳武库遭大火，王莽的脑袋标本才和传说中的汉高祖斩蛇剑、孔子屐等珍宝一起毁于大火[1]。不过这一切和阴丽华并没有多大的关系。此时的她刚刚新婚，丈夫刘秀长得帅人又温柔，每天上班按时打卡，下班准时回家，对自己更是非常体贴，小两口过得十分恩爱。但她知道，丈夫并不开心，杀兄仇人是顶头上司，前途和小命全都攥在别人手里，这滋味能好受才怪。

取代王莽的更始帝刘玄虽然占领了关中这块核心地区，名义上是天下的主人，但当时各地的割据势力没几个人买他的账。尤其是河北地区，既有以铜马

1.《晋书·张华传》。

军为代表的农民起义军蓬勃发展,又有刘林、刘杨这样的刘姓诸侯王割据一方。更始帝也想拿下河北,但手下的人里居然一个能拿得出手的都没有。

更始帝看了周围一圈,只有刘秀最合适,不得已把刘秀从雪藏状态中激活,丢给他一根代表皇帝特使身份的节杖,让他凭一己之力去说服河北的各路割据武装归顺到更始帝麾下[1]。对刘秀来说,这是逆风翻盘的最佳机会,对阴丽华而言,却是新婚别离的痛苦时刻。但阴丽华还是选择支持丈夫,为了让刘秀安心去河北,阴丽华自己收拾包袱回了娘家。

安顿好妻子后,刘秀轻车简从杀向局势复杂的河北。他当年的那些同学和好友纷纷来投奔他,比如后来云台二十八将中的邓禹、冯异等人,他们组成了刘秀最初的团队。在小伙伴们的努力下,刘秀在河北的工作开展得非常顺利,许多郡县都表示愿意服从更始政权,看上去刘秀马上就可以回家和妻子团聚了。

但在河北邯郸有一个叫王郎的算命先生突然冒了出来,自称是汉成帝的后代。这位冒牌货口才了得,竟然把邯郸当地的赵王刘林忽悠成了合伙人,还在刘林等人的支持下登基称帝了。称帝后的王郎当然不能允许更始帝的代表刘秀在河北搞统战工作,所以凑了十几万大军来追杀刘秀。刘秀被打了个措手不及,只好带着小伙伴一路南逃。逃亡路上又冻又饿,九死一生,但好在刘秀同学的运气依然开挂,他们逃到滹沱河边,追兵马上就来了,可河面上既没有船也没有桥,眼看就要完蛋。这时候奇迹发生了,河面一夜之间结冰,刘秀等人就踩着冰面过了河。等他们勉强过了河,结冰的河面又突然化了,把追兵拦在了后面,简直就像是老天爷故意设计好的一样。

不仅如此,当时刘秀面临的情况非常危急,就算暂时摆脱了追兵,但原本

1.《后汉书·光武帝纪》。

搞定的河北各郡县要么已经叛变到王郎那边，要么不知道会不会叛变到王郎那边。自己要是一头扎进去，岂不是自投罗网？正在危急时，突然出现一个神指路的老大爷，他对刘秀说：努力啊少年，信都还没叛变，赶紧去！

刘秀被追得急了，也没时间细想这句话靠不靠谱，就带着小伙伴去了信都。结果信都的军民的确没有叛变，还送上了不少兵马，刘秀终于有了落脚之地，也第一次有了属于自己的军队。接着幽州北部渔阳郡和上谷郡的突骑也来投靠刘秀，突骑就是冲锋陷阵的重骑兵，非常能打。现在步兵和骑兵都有了，唯一的问题就是兵力悬殊。虽然投奔刘秀的人越来越多，但万把人和王郎的几十万大军比，还是完全不够看的。

这时候事情的转机出现了，手握数万兵马、河北数一数二的武装集团——真定王刘杨决定和刘秀合作，并提出把自己的外甥女郭圣通嫁给刘秀。按理说，送兵马又送美人，换一般人做梦都得笑醒，可对刘秀来说，家里还有个感情深厚的阴丽华呢，不过这时候他也实在没法拒绝，先把眼前这关过了再说吧。于是刘秀在刘杨的支持下，先打败了王郎，又打败了河北的数十万铜马军，收编了他们的军队，成了河北最强大的力量，实力已经足够踢开更始帝自己单飞了。

公元25年，刘秀在河北鄗城[1]的千秋亭称帝，年号建武，就是历史上的光武帝。为表示重兴汉室之意，他依然使用"汉"的国号，史称东汉或后汉。这时刘秀却面临一个非常尴尬的局面，阴丽华和郭圣通，谁应该当皇后呢？

按理说，阴丽华是刘秀明媒正娶的发妻，也是他最爱的女人，立她为后肯定是没话说的。但刘秀在河北创业时，是靠了郭圣通娘家的力量，而且郭圣通还为刘秀生下了长子刘彊（亦称刘强），刘秀团队中的许多河北籍业务骨干也

---

1. 今河北省邢台市柏乡县固城店镇。

都对郭圣通更亲近。要让郭圣通屈尊去做小妾，恐怕团队里有不少人会反对。

就在刘秀两难的时候，阴丽华站了出来，她主动表示退出皇后的竞争，甘愿让出正妻之位。要知道在古代，正妻掌管家庭大权，所生的儿子拥有优先继承权，死后还有写入族谱、入祠堂、与丈夫合葬等诸多权力。刘秀都称帝了，正妻除了是皇后，所生的孩子还是未来的太子和皇帝，阴丽华这一让到底要付出多大的代价，她和刘秀心里都清楚。但这个时候也容不得他们多想了，除了刘秀和刘玄，赤眉军也拥立了一个叫刘盆子的人当皇帝，这下自称大汉天子的就有三个，还不算全国上下一堆称王称帝的杂鱼。

刘秀的公司相当于刚在创业板上市，根基还摇摇晃晃，根本经不起内耗。正因为阴丽华识大体明进退，才让他免于后院着火，也安抚了朝堂上郭圣通一系的政治力量，最终在阴丽华的推辞下，刘秀立郭圣通为皇后，她所生的长子刘彊被立为太子。家务事安排妥了，刘秀才能安心地出去打天下，阴丽华虽然让出了皇后之位，但赢得了刘秀更多的尊重和喜爱。

刘秀也没让阴丽华失望，他一步步扫平了其他的割据势力，用了十二年的时间使分裂的中国再次归于一统。随着事业蒸蒸日上，他对阴丽华的宠爱也与日俱增，他们一共生了五个孩子。在政权稳固、国力恢复后，刘秀于公元41年废了郭圣通的皇后之位，改立结发妻子阴丽华为后。两年后，太子刘彊主动辞职，阴丽华所生的嫡长子刘庄被立为太子，刘庄就是后来开创了"明章之治"的汉明帝。

其实郭圣通并没有什么罪过，她只是不像阴丽华那样始终占据着刘秀的心。而阴丽华也配得上这迟到多年的皇后之位。

古往今来皇帝废皇后换太子一般都会闹得满城风雨，甚至血流成河，可阴丽华上位后，不但没杀人流血，还让被废掉的郭圣通和她的儿子刘彊都得以富

贵荣宠地度过余生，不得不说阴丽华的人品是很靠谱的。刘秀评价她"雅性宽仁""有母仪之美"，史书描述她"性仁孝，多矜慈"，按照这些记载，可以描绘出阴丽华的大概形象：天性善良，性格温柔，心胸开阔。她有过战乱别离的痛苦，也有过王朝初建的希望；她有过委屈为妾的经历，也有过入主中宫的荣光。但无论面对顺境还是逆境、疾病或是战争，她都是最支持刘秀、最理解刘秀的那个人。

刘秀的后宫在开国君主中不算庞大，阴丽华又是有大智慧大心胸的女子，所以别的皇帝家后宫三天两头争宠宫斗打孩子玩，而光武帝的后宫就安静祥和得多，而且阴丽华虽然贵为皇后，却很少干预朝政。公元57年，刘秀去世，享年六十二岁，史称东汉世祖光武皇帝。七年后，阴丽华去世，与丈夫刘秀合葬在一起，谥号"光烈皇后"。

而且刘秀和阴丽华，是难得的能把皇家日常过出普通人家温情一面的夫妻。在阴丽华去世十年之后，已经年近五十的汉明帝刘庄，还梦到自己年少时在父母身边的日子，高兴得从梦中醒了过来，发现原来是一场梦，又难过得无法入睡[1]。可见刘庄对父母的依恋之情，也可见刘秀一家温馨的氛围。

刘秀除了是个好父亲、好丈夫，更是个好皇帝。他从一个落魄的过期宗室，一路升级打怪，历经各种跌宕起伏的离奇剧情，最终站到了帝国的权力顶端。经过他的励精图治，大汉的国力重新恢复，大汉之名继续传诵在整个东亚的天空，这就是历史上的"光武中兴"。

当然，刘秀也不是万能的，他还是给子孙后代留下了一个没有搞定的问题，就是西域。那么，连天选之子刘秀都没能解决的难题，又是谁搞定的？

1.《后汉书·皇后纪·光烈阴皇后》。

第四十四篇

投笔从戎

—— 抄书人如何变最强外交官 ——

公元 62 年，也就是汉明帝永平五年，一群给官府抄书的书记员正在埋头书写，突然间一个人把手中的笔丢到地上，大声说道，男子汉大丈夫就应该像傅介子、张骞一样，在战场上立下功劳，怎么可以在这种抄抄写写的小事中浪费生命呢[1]！

这位不安心本职工作的人叫班超，他所说的傅介子和张骞都是西汉著名的外交家，曾出使西域，为西汉立下无数功劳。当时的班超，最大的理想是当个像傅介子和张骞这样的外交官，为国家奉献自己。他这个扔笔的动作后来衍生了成语"投笔从戎"，用来形容一个人从文职转武职，去危险的战场实现自己梦想。

那么，班超丢下笔之后就立即参军，开始自己危险而又刺激的战场之行了吗？并没有，扔完笔之后还得捡起来接着抄，而且一抄就是好几年。

这是什么情况，不是说好了要投笔从戎吗？怎么口号喊完了坐下接着抄呢？

1.《后汉书·班梁列传》。

其实，这是由班超的家庭背景和当时的客观环境共同决定的。

班超全家，都和文字离不开关系。班超的老爹班彪，是东汉初期著名的史学家，写了《史记后传》。他哥哥班固，在历史上就更有名了，奉诏修成《汉书》。他妹妹班昭，虽然是个女孩，但也是著名的史学家，她在班固死后完成了《汉书》的收尾工作，让这部史学巨著不至于烂尾；她还是皇帝和皇后的老师，写了一本《女诫》，成为古代女性家庭教育宝典。就连班超的儿子班勇也写了一本《西域记》，成为后世研究西域地区历史的重要史料。

所以无论从哪个角度看，班超都算出身史学世家了。但搞文字的通常都很穷，所以他为了养活家人只好继续抄书了。

那参军就没有前途吗？

这就跟当时的客观环境有关了。王莽时期天下大乱，北匈奴趁机控制了西域，等到光武帝刘秀横空出世重新统一了天下，整个国家已经元气大伤无力西进。

直到公元73年，汉明帝派大将窦固出击北匈奴，班超这才实现了"从戎"的梦想，此时距离他投笔的动作，已经过去了整整十一年。

班超一上战场就勇猛无比，取得了不小的军功，完全看不出文弱书生的样子。这引起了大军统帅窦固的注意，于是窦固交给班超一个特别的任务，那就是出使西域，争取盟友。这一年，班超四十二岁。

此时西域各国和中原的联系已经中断多年，大汉这个招牌还剩下多少号召力谁也说不好，而且北边的匈奴人和西边大月氏人建立的贵霜帝国也对西域这块肥肉垂涎三尺，加上大汉前线兵力吃紧，最后班超只带了三十六个人踏上了这趟危险的旅程。

他第一站来到了鄯善国（今新疆罗布泊西南），这是当时西域地区的战略

要地。

鄯善的国王刚开始对他们各种招待，热情得不得了，后来却越来越冷淡。班超就对底下的人说事情不对，估计是匈奴人的使团也到了，鄯善王这是想两头下注啊。大家说怎么搞吧？

所有人都表示听班超的。班超说好，不入虎穴焉得虎子，今晚咱就去把匈奴使团干掉，鄯善王想当墙头草，我们就替他摆正位置！

于是半夜班超带着三十六个人，偷袭了匈奴使团驻地，一举干掉了整个匈奴使团。这下鄯善王一看，匈奴使团都在他地头上被团灭了，匈奴人肯定不会放过他了，只好选择了臣服大汉。

巧合的是，鄯善国原来的名字叫楼兰。在汉昭帝时期楼兰王因为不听话，被大将军霍光派遣的一个使臣当场给杀了，而这位使臣，就是班超当年的偶像傅介子。

搞定了鄯善后，班超又来到了于阗国（今新疆和田地区）。于阗国倒没像鄯善国那样做墙头草，他们打算直接投靠匈奴。不仅如此，于阗国的巫师还说汉朝得罪了天神，必须用班超的马来祭天谢罪。

班超说要我的马可以，不过我们不包邮，只能你上门自提，这个巫师居然真亲自上门了，结果让班超一刀给剁了，于阗国王被吓得立刻跪下唱《征服》。于阗也搞定了。

第三站疏勒国（今新疆喀什噶尔）。疏勒国位居西域南北两道的交会点，古来即为东西交通的主要进出口。当时的疏勒国王是龟兹国（今新疆库车东）侵略者立的，疏勒国的百姓根本不认同。班超来了二话没说，一次漂亮的斩首行动劫持了这个傀儡国王，重新立了原疏勒国王的侄子忠为新的国王，这下子疏勒国也投入大汉的怀抱。

班超带着三十六人的小分队，一年左右搞定了西域三个重要国家，几乎是凭借一己之力重建了大汉的西域都护府。

但就在局势刚有点好转的时候，公元75年，汉明帝去世了。国内的巨变也影响到了遥远的西域，焉耆（今新疆焉耆回族自治县）、龟兹、姑墨（今新疆温宿、阿克苏一带）等国趁汉朝大丧起兵叛乱。

班超孤立无援，只好带着人马坚守在盘橐城（今新疆喀什市东南郊），与疏勒国王忠互为犄角，勉强支撑。

公元76年，汉章帝刘炟即位，一看西域的局势恶化到这种程度，国内也拿不出足够的力量支援，所以决定召回班超。

接到皇帝命令的班超只好奉命返回，但是西域各国的军民都不愿意让他走。疏勒国的都尉黎弇说，汉使如果离开我们，疏勒必定会再次被龟兹灭亡。我实在不忍心看到汉使离去。说罢，拔刀自刎而死。

班超的部队走到于阗，于阗国王和百姓都放声大哭。他们说，我们依靠汉使，就好比孩子依靠父母一样，你们千万不能回去。于阗国的百姓抱着他的马腿苦苦哀求，班超自己更不舍得走，因为一旦走了，之前所有的努力都打了水漂，西域也将彻底脱离大汉的掌控，所以他毅然决然决定违抗圣旨，继续留下来完成经营西域的任务，他在西域军民的欢呼声中掉转马头，重返疏勒国。这一年，班超四十五岁。

班超刚离开疏勒的时候，疏勒国就有两座城立即归降了龟兹，并且与尉头国（今新疆阿合奇）联合起来，企图搞一票大的。可他们没想到班超竟然去而复返。班超将反叛首领逮捕，又击破尉头国，斩杀了六百多人，才重新稳定住疏勒国这个经营西域的重要据点。

两年后，也就是公元78年，班超率领疏勒等国的士兵一万多人攻破姑墨国，斩杀了七百人，将龟兹孤立，大大改善了西域的力量格局。

但西域距离中原毕竟太远，汉章帝刚上台，肯定是顾不上这块的。所以在公元80年，班超上书章帝，分析西域各国形势及自己的处境，提出了"以夷制夷"的外交理论和策略，就是不靠本土的援助，用西域的同盟军搞定那些不服管的国家。最终班超也确实通过这种方式一步步扭转了西域的局面，使越来越多的国家成为大汉的盟友。

就在班超埋头西域苦心经营之时，西域之外的力量找上门来了。公元87年，大月氏人建立的贵霜帝国月氏王提出要娶大汉的公主，还送上了珍宝和狮子作为礼物。但消息到了班超这儿就给卡了下来，他直接没上报，把贵霜的使者送回去了。

这时的贵霜帝国其实已经是雄踞中亚的大国，在欧亚大陆上和大汉、罗马帝国以及安息帝国并称为"四大帝国"。但班超并不了解这一点，估计班超心里想，你们大月氏人当年被匈奴人打得尿出花了，还有脸皮想娶我们大汉的公主？想得美！

结果贵霜帝国一生气就派副王谢率兵七万大军，东越葱岭（今帕米尔高原和昆仑山脉西段）进攻西域。这七万人放到中原可能不算什么，但在西域地区绝对是毁天灭地的恐怖力量了。面对贵霜军队，西域各国都很惊恐，班超却很淡定。他说，敌人翻山越岭远道而来，后勤保障一定跟不上，我们只需要坚壁清野，都不用打，饿几天就把他们饿死了。

于是班超指挥各国的军队把粮食都藏好，也不和贵霜军正面对抗，就拖着他们。结果贵霜军队打又打不下来,后勤补给又跟不上,饿了几十天只好投降,班超也就把他们给放了。

经此一战,贵霜帝国再也不敢到东边来找麻烦,转而南下西进,把北印度和中亚地区的小国打了个遍,却始终和大汉保持着友好的关系。班超的这一战确立了后世历代王朝对葱岭以东,也就是今天帕米尔高原以东广大领土的统治。这一年,班超五十九岁。

公元91年,龟兹、姑墨、温宿等国投降。朝廷任命班超为西域都护。

公元94年,班超率领西域各国联军,打服了最后几个死不投降的国家,彻底平定了整个西域。这一年,班超六十三岁。

算下来,班超一生降服了西域大大小小五十多个国家。当年班超的老爸班彪在给光武帝刘秀的奏折中说过一句非常霸气的话,叫"汉秉威信,总率万国,日月所照,皆为臣妾[1]"。意思就是,大汉拥有的威信,天生就要率领万国,凡是太阳和月亮能照耀到的地方,都将臣服于大汉的旗帜之下!

班超虽然没有继承老爸的史学事业,但他用自己的实际行动实现了父亲当年的理想。所以在公元95年,大汉为了表彰班超的功勋,下诏封他为定远侯,食邑千户,后人称其为"班定远"。这一年,班超六十四岁。

公元97年,班超听说遥远的西方有一个叫大秦的国家,既文明又强大,就派自己的副手甘英出使大秦。结果甘英走到了西海,问当地人渡过这个海需要多久,当地人为了继续独占丝绸之路的关键位置,骗甘英说过这个海得好几年,甘英一听只好原路返回了。其实这个西海就是今天的波斯湾,这个大秦就是历史上的罗马帝国。大汉和罗马最有可能实现的一次交流,却因为一点偶然,遗

1.《后汉书·南匈奴列传》。

憾地失之交臂。

公元 100 年，班超已经六十九岁了，他为大汉在西域的经营奉献了半生，虽然西域离不开他，他也舍不得这片神奇的土地，但他实在太老了，老到害怕自己不能活着回家。所以班超上书皇帝请求回家，他在奏折里说，臣不敢望到酒泉郡，但愿生入玉门关。玉门关，是古时通往西域的必经之道，更是分割西域和内地的标志。朝廷感念班超多年的贡献，终于允许班超回朝。

公元 102 年，班超经过两年的跋涉，终于回到了洛阳的家。一个月后，曾经威震西域开拓万里疆土的定远侯班超去世，享年七十一岁。

班超的功绩，丝毫不逊色于凿空西域的张骞和虽远必诛的陈汤，明末学者王夫之评价班超是"古今未有奇智神勇而能此者"。他不仅维护了大汉的边境安全，更加强了中原与西域各族的联系，为维护统一、促进民族融合做出了卓越贡献。

西域平定，大汉的外部环境得到了稳定，但内部的问题又出现了，外戚和宦官，就像是两个毒瘤，开始在大汉的肌体上野蛮生长。那么，这两大毒瘤，谁才是杀死大汉的第一凶手呢？

第四十五篇

造纸的蔡伦

宦官是怎么上台的

光武帝刘秀开创的东汉王朝，在中国历史上创造了一个非常尴尬的纪录：在所有的大一统王朝中，东汉皇帝的平均寿命是最短的。

如果以年号计算的话，光武帝刘秀在位三十三年，活到了六十二岁，这岁数在开国之君里不算长寿。他儿子汉明帝刘庄在位十八年，四十八岁去世，只比英年早逝强一丢丢。更惨的是，之后所有的东汉皇帝都没有活过四十岁：

汉章帝刘炟，在位十四年，三十一岁驾崩。

汉和帝刘肇，在位十七年，二十七岁驾崩。

汉殇帝刘隆，在位不到一年，一岁驾崩。

汉安帝刘祜，在位十九年，三十二岁驾崩。

汉顺帝刘保，在位十九年，三十岁驾崩。

汉冲帝刘炳，在位一年，两岁驾崩。

汉质帝刘缵，在位一年，九岁驾崩。

汉桓帝刘志，在位二十一年，三十五岁驾崩。

汉灵帝刘宏，在位二十一年，三十三岁驾崩。

弘农怀王刘辩，在位不到一年，被董卓废黜后毒死，死时仅十五岁。

汉献帝刘协，在位三十一年，寿终正寝时五十四岁。

可以发现，东汉的皇帝自汉明帝之后，大多数在三十出头就挂了，甚至还有汉殇帝这种刚满百天就登基，然后一岁驾崩的世界纪录。当然，也有一个例外，汉献帝活到了五十四岁，是东汉皇帝中寿命第二长的一个，不过可惜那时候大汉都没了。

皇帝太短命，接班人岁数小，于是权力都落在了太后家外戚的手里。小皇帝长大后通常依靠身边的宦官夺回权力，但刚拿回权力又早早驾崩，下一个皇帝只能继续被外戚攥在手里。然后再靠宦官，再短命，再外戚上台，东汉王朝就这样陷入外戚专权和宦官乱政的死循环。

之前我们说过，在西汉以前宦官只是贴身伺候皇帝的人，不一定非得是阉人。不过从东汉开始，想当宦官就必须先挨一刀了。而东汉宦官登上历史舞台的第一人，就是我们的一个老熟人，在很多小学教室里都挂着他的画像，他就是蔡伦。对，蔡伦造纸的那个蔡伦。

不过要明确一个细节，蔡伦不是发明了造纸术，而是改进了它。就像蒸汽机也不是瓦特发明的，只是被瓦特改良了，才成为工业革命的主要动力。

蔡伦的确是一个热爱发明的科技达人，但他也是一个善于投机的宫斗高手。据史书记载，蔡伦在汉明帝时入宫，到汉章帝时在皇宫里担任小黄门[1]。小黄门是主子左右的贴身侍从，主要为主子沟通内外，并有问候女主人之责。说白了

1.《后汉书·百官志》："掌侍左右，受尚书事。上在内宫，关通中外，及中宫已下众事。诸公主及王太妃等有疾苦，则使问之。"

就是宦官中的低级职位，专干脏活苦活累活的那种。本来也没他出头的机会，不过皇宫里嘛，总要有点宫斗的戏码，这时候终于轮到蔡伦上场了。

当时汉章帝的皇后窦氏没孩子，皇太子是宋贵人生的，还有个皇子叫刘肇，母亲是梁贵人。

那么，如何让自己有个儿子并且使其成为太子呢？窦皇后告诉我们，总共分三步。

第一步，她让人诬告太子母亲宋贵人在宫里搞巫蛊这种封建迷信活动，弄死了宋贵人，随后太子刘庆被废。

第二步，她把梁贵人所生的皇子刘肇过继到自己名下收养，然后把梁贵人逼死。

第三步，册立养子刘肇为太子。

好了，现在自己有儿子了，而且是太子和未来的皇帝，一切都完美极了！

那蔡伦在里面起了什么作用呢？原来，在窦皇后陷害宋贵人的阴谋中，身为小黄门的蔡伦负责查验罪名的真实性[1]，不管蔡伦是主动参与还是被动接受，总之他成了窦皇后阴谋团队中的一员。

公元88年，汉章帝去世。刘肇即位，即汉和帝，当时才十岁，他尊窦氏为皇太后，老窦家就成了掌权的外戚。而蔡伦也成为汉和帝的中常侍，服侍在皇帝身边，并且经常能参与一些国家大事的决策[2]，当然，说了算的还是老窦家。

窦太后有个兄弟叫窦宪，是个品德和能力成反比的人，他脾气暴躁爱记仇，竟然派人暗杀大臣和刘姓宗室。这本来是要负法律责任的，恰好此时南匈奴请

---

1. 刘光裕《发明家蔡伦生平事迹考》。
2. 《后汉书·宦者列传》。

求联合出兵攻打北匈奴,窦宪为了脱罪就主动要求去打北匈奴。

没想到杀自己人不手软的窦宪到了战场上杀起匈奴人来更厉害,他带领汉军、南匈奴以及西域诸国联军,把北匈奴打得鬼哭狼嚎。北匈奴最后不得不集体搬家,慢慢从汉朝的边境消失了。

按照英国历史学家爱德华·吉本在《罗马帝国衰亡史》中的说法,被大汉打跑的北匈奴人一路西迁并东山再起,几百年后打到了罗马城下,带领这支军队的首领阿提拉被欧洲史学界称为"上帝之鞭",他的西征最终导致了西罗马帝国的灭亡,后来这部分匈奴人在东欧定居下来,就是现在的匈牙利,不得不说历史真的是很奇妙。

不过当时的窦宪并不知道自己的北伐会影响如此深远,他取得军功回来后更加嚣张,甚至想阴谋造反。已经长大的汉和帝早就对窦氏外戚专权不满,可朝廷上下都被老窦家把持,皇帝就是想干点啥也没有帮手。

所以这时候,离皇帝日常生活最近的宦官就成为皇帝唯一可以依靠的对象,汉和帝在身边宦官的支持下,趁窦宪班师回国之机,一举收缴了他的兵权。窦宪自杀,老窦家上上下下也都被一清到底,汉和帝终于靠着宦官的力量从外戚手里夺回了权力,这是宦官势力第一次登上东汉的政治舞台。

蔡伦原本是窦太后阵营的,但在这场皇帝和太后的斗争中,他并没有遭到清算,甚至在公元97年还被汉和帝封了一个尚方令的官职,说明此时的蔡伦已经成了皇帝身边的贴心人。

尚方令负责为皇室打造各种兵器和器械,因此算是彻底激发了蔡伦的动手能力,凡是他打造的兵器器械,全都品质精良,甚至能成为后世产品的标准。晚于蔡伦三四十年的崔寔在《政论》中写道:

《传》曰:"工欲善其事,必先利其器。"旧时永平、建初之际,去战攻未久,朝廷留意于武备,财用优饶,主者躬亲,故官兵常牢劲精利。有蔡太仆之弩,及龙亭九年之剑,至今擅名天下。

这段话中,"蔡太仆""龙亭",指的都是蔡伦,他已成为兵器"品牌"。多年后,天下都还认为蔡伦制造的弓弩和刀剑,就是绝世神兵的代名词。

当然,蔡伦在投身科学事业的同时,也没忘了继续抱大腿。这次他抱的是汉和帝邓皇后的大腿[1]。说起来,邓皇后也是名门之后,她祖上就是和刘秀一起打江山的开国功臣邓禹。邓皇后十五岁入宫,二十二岁被册立为皇后。但这位皇后不喜欢金银财宝、珍馐美味,她一当上皇后就发布命令,禁止各地进贡奇珍异宝,还命令皇家作坊不要再生产那些华而不实的玩意。

除了不喜奢华,邓皇后的文学修养也很高,她喜欢读书写字,日常接触最多的就是笔墨纸砚这些。作为皇室奴仆的蔡伦,当然要善解人意了。于是公元105年,蔡伦经过不断的实验,终于改进了造纸技术,制造出成本和质量都能满足日常读写需要的纸张,这就是后来的"蔡侯纸"。

就在蔡伦献上纸张的这一年,年仅二十七岁的汉和帝突然驾崩,邓皇后成了邓太后。汉殇帝刚满百天时即位,却在即位后不到一岁就死了,于是邓太后又立了清河王刘庆的儿子刘祜为皇帝,也就是历史上的汉安帝。当然,朝廷大权还是掌握在邓太后手里,此时蔡伦作为太后的心腹,官职和爵位也一路高升。

但在表面光鲜之下,蔡伦的悲剧命运却早就注定了。因为现在的汉安帝不是别人,正是当年被窦皇后陷害致死的宋贵人的亲孙子,而蔡伦又恰好是当年害死宋贵人的参与者。年幼的汉安帝一心想给奶奶报仇,于是他算准时机,邓

1.《后汉书·皇后纪》。

太后一去世，就拿蔡伦开刀。蔡伦一看没活路了，在家沐浴更衣之后服毒自杀。一代科技达人，就这样死于宫廷的政治斗争。

蔡伦死了，他改进的造纸术却把他记载在历史中。其实蔡伦并不是什么坏人，也没有做过让人天怒人怨的坏事，相反史书里记载他非常有才学，而且正直勇敢，经常向皇帝提意见，完全不考虑皇帝的脸色。

但不可否认的是，东汉的宦官专权就是从汉和帝时代开始的，而蔡伦作为汉和帝时代乃至整个东汉知名度最高的宦官，也就无可奈何地成了宦官专权的金牌代言人。

为什么皇帝会如此信任宦官，甚至容忍宦官们把朝堂搞得乌烟瘴气呢？

在东汉的政治舞台上，皇族、外戚、宦官、朝臣是最主要的角色。皇族虽然都姓刘，但是互相竞争防范还来不及，根本亲近不来；外戚的威胁小一点，但要么贪污腐败，要么大权独揽，看着也不可靠；至于朝堂上的大臣，虽然看起来自带正义属性，但其实和皇帝最疏远，而且这帮大臣每一个人背后都代表了一个大家族或一股地方势力，他们和皇帝也不可能一直是一条心。

只有宦官，他们没有造反的欲望，权力也都是皇帝给的，他们更是皇帝每天都能见到的身边人，所以就算他们是一群贪财坏事的王八蛋，在皇帝眼里，他们却是最亲近、最得力、最容易使唤的一群人，甚至可以说是家人。

不过说起来，外戚也是靠皇权才上位的，但他们对皇帝可没有宦官那么忠心，甚至有一个外戚还因为一言不合就把皇帝给毒死了。这个人是谁呢？

最早的纸

中国是世界上最早发明纸的国家。根据考古发现,西汉时期,中国已经有了麻质纤维纸。最初的纸是用麻皮纤维或麻类织物制造成的,因为工艺简陋,所造出的纸张质地粗糙,夹带着较多未松散开的纤维束,表面不平滑;且数量少,成本高,不普及,不适宜于书写,一般只用于包装。

第四十六篇

跋扈将军
如何毒死皇帝

汉安帝刘祜虽然逼死了大发明家蔡伦，但他并不是要打击宦官势力，因为他自己也是靠着宦官才拿回权力的。所以他在位时宦官的日子还是很好过的，宦官们甚至可以制霸朝堂。而外戚势力也不甘大权旁落，随时准备卷土重来。

两边你方唱罢我登场，这时候有个特别嚣张的外戚出现了，他不但大权独揽，甚至毒死了皇帝。这又是怎么回事呢？

在东汉所有的外戚家族中，邓太后一家其实已经算很优秀了。汉安帝上台后任用的那些宦官各种胡作非为，还不如老邓家呢。

公元125年，刚刚亲政了三年多的汉安帝驾崩，年仅三十二岁，他的皇后阎氏没有儿子，就废除了汉安帝所立的太子刘保[1]，与兄弟阎显等拥立汉章帝之孙北乡侯刘懿为帝，想重温一把邓太后垂帘听政的感觉。但阎皇后这门外戚斗争水平明显不行，很快又被宦官联合赶下了台，原先被阎皇后废掉的太子刘保也重新登上了皇位，这就是汉顺帝。

1.《后汉书·孝安帝纪》。

汉顺帝是靠宦官的扶持才当上的皇帝,所以对宦官就更加宠幸了,不管是国家大事还是鸡毛蒜皮全都听他们的。但汉顺帝也保持了东汉皇帝英年早逝的光荣传统,才三十岁就挂了。

皇帝一死,他的皇后梁氏升级为梁太后,外戚势力再次卷土重来。而梁氏外戚中的代表人物,就是梁太后的哥哥梁冀。梁冀的老爹梁商是大将军,妹妹梁氏是当朝皇后,作为一个正儿八经的皇亲国戚,梁冀从小就体现出一个祸国殃民的外戚应具有的一切素质。他成天游手好闲,贪杯好酒,特别喜欢打猎骑马斗鸡踢球,人长得不但影响市容,而且目光呆滞,口齿不清,本身的业务水平顶多能干个账房先生,却仗着家族势力当上了河南尹,变成了响当当的地方大员[1]。

梁冀当官水平虽然不行,下黑手的手段却不一般。他在地方残暴不仁,做了许多违法的事,他父亲梁商所亲信的宾客洛阳令吕放,跟梁商说了梁冀的问题,梁商因此责备了梁冀。明明是自己有错,梁冀却对敢指出自己错误的吕放怀恨在心,派人在路上刺杀了他。为了逃避罪责,梁冀把刺杀吕放的嫌疑,嫁祸给吕放的仇家,把这个所谓仇家的整个宗族及宾客一百多人全都杀掉,简直丧心病狂。就这样一个无德无才又心狠手辣的人还一路升官,在老爹梁商去世后成为朝廷的大将军。

公元 144 年,汉顺帝驾崩,梁太后立了一个一岁的小皇帝,就是汉冲帝。而这个小皇帝更是极大地拉低了东汉皇帝的平均寿命,才两岁就驾崩了。梁太后只好又立了一个八岁的小皇帝,就是汉质帝。知道的是立皇帝,不知道的还以为是开幼儿园呢。当然,找这个小朋友来当皇帝,就是为了方便梁太后和

1.《后汉书·梁统列传》。

梁冀控制朝政。

梁太后虽然地位尊贵，但说到底是个女人，平时都待在皇宫里。所以，在外面梁氏一族的代言人还是她的哥哥梁冀。梁太后本人其实并不坏，她虽然任用哥哥梁冀为大将军，但也把朝中名臣李固任命为太尉，很多事情都愿意听取李固的意见。

不过梁冀对妹妹这种胳膊肘向外拐的做法就很不乐意了。私底下，他给自己和家人拼命贪银子捞好处；朝堂上，他也是大权独揽，蛮横得不得了。

而汉质帝小朋友虽然年纪不大，却非常早熟。有一次他在朝堂上当着大臣们的面说梁冀是跋扈将军。才八岁就能看出梁冀的嚣张跋扈，汉质帝这么聪明伶俐，长大了未必不是一代英明之主。但是梁冀就不高兴了，小皇帝这么小就敢跟他叫板，要是长大了那还得了。反正杀人放火这种事梁冀平时也没少干，这次他决定挑战一下自己权臣生涯的天际线，体会一下杀皇帝是什么感觉。

梁冀找人在皇帝吃的煮饼里下了毒。古代把面食统称为饼，这个饼就包括我们现在吃的烙饼和面条等。而煮饼有一个"煮"字，肯定是带汤水的，应该是类似于汤面或者面疙瘩汤之类的主食。汉质帝中毒后疼得满地打滚，急忙召见李固进宫。李固一进门，汉质帝就对他说，我吃了汤面后中毒了，给我喝点水，也许还能活命。

但梁冀此时却在旁边说，不能喝水，喝了水会呕吐的。

皇帝已经这样了，梁冀的话听起来却好像只是心疼地板会被弄脏一样，说到底他也只是担心小皇帝这时候喝水会稀释毒药，所以才出声阻止的。

果然，还没等李固反应过来，九岁的汉质帝小朋友已经毒发身亡，梁冀成了秦汉时代外戚毒杀皇帝的第一人。

310

现在皇位又空了出来,这次又要选谁当皇帝呢?

正好梁太后和梁冀打算把自己的妹妹嫁给蠡吾侯刘志。梁冀一想,刘志马上就是自己的妹夫,而且才十五岁也非常好控制,就要立刘志为皇帝。

以李固为首的大臣们表示反对。本来选皇帝是件大事,应该在朝堂上大家一起商量,梁冀却在会议上直接拍板表示这事儿就这么定了,谁说也不好使,散会!简直就是把满朝文武当空气啊。

不过谁让梁冀一贯这么横,朝廷也成了他的一言堂,所以刘志就被立为皇帝,这就是后来的汉桓帝。这个皇帝是梁冀一手册立的,皇后也是老梁家的女儿,所以梁冀更是嚣张得要上天了。

他先是把一直和自己作对的太尉李固等人陷害致死,弄死了还不解恨,梁冀又把他们的尸体放在洛阳城的十字路口展览示众。他还特意放出话来,哪个不长眼的敢给李固他们收尸,我马上让别人来给他收尸!

但正义是不惧怕恫吓的。李固的学生汝南人郭亮,还有一个南阳人董班一同去吊丧哭泣,守着李固的尸体不走。

负责看守尸体的官员呵斥他们说,你们是不是读书读傻了,公然违抗命令,是想找死吗?郭亮哭着说,我们为老师的道义所感动,早就不怕死了,你甭拿死来威胁我们!

其实这个官员也是好心,想假借训斥把他们赶走,于是叹息道,唉,摊上这么个没天理的世道,天再高你也得弯腰,地再厚你也得踮着脚走,不合时宜的事别看也别听,更不要口不择言啊[1]!

梁冀听说后当然分分钟要给这两人收尸,但梁太后于心不忍,最后还是赦

1.《后汉书·李杜列传》。

免了他们，郭董二人从此天下闻名。

不过就算如此，梁冀依然权势滔天，不知收敛。他利用自己的权力到处安插亲信，把持朝堂，还各种大兴土木，兴建豪华的官邸和园林。为了捞钱，他罗织罪名，制造冤狱，把一些有钱人抄家灭族，然后将他们的巨额财产全都搬进自己家，可谓狠辣至极了。

不过神奇的是，梁冀杀人不眨眼，对萌宠却毫无免疫力。他修建了一个纵横数十里的大型动物园专门用来养兔子。这些兔子都是从全国各地征调来的，而且全都在毛发上被做了记号，别人要是敢伤害这些兔子，就和杀人罪一样论处。

曾经有一个从西域来经商的胡人不了解情况，就打了几只兔子吃，梁冀听说后勃然大怒，兔兔那么可爱你怎么可以吃兔兔，就把包括这个胡商在内的十几人全杀了给自己的兔兔偿命。

而新上位的汉桓帝因为来自梁冀的扶持，自然给了他更多的好处，让他的待遇直线上升，授予他"入朝不趋，剑履上殿，谒赞不名"的特殊礼遇。

"入朝不趋"：古代大臣拜见皇上，不能挺胸抬头昂首阔步地走路，只能弯着腰小步快走，这个动作就叫作"趋"，是表示下级对上级的尊重。享受"入朝不趋"特权后，就可以直起腰正常走路了。

"剑履上殿"：臣子进宫或者晚辈拜见长者，不仅要小步快走，还得脱掉鞋子，更不准携带兵器。如果地位差得不那么大可以穿着袜子，如果地位相差太悬殊则只能赤脚，称为"跣足"。而梁冀不但不用脱鞋，甚至直接佩着剑就去见皇帝。

"谒赞不名"：臣子要求见皇上也不是直接就往里闯，得先在宫门外等候。比如司仪官报告皇上："大将军梁冀求见！"皇上同意后，司仪官再喊："宣梁冀觐见！"但是享受"谒赞不名"的特权就无须被喊出名字，只报官衔。因为直呼其名是上级和长辈的特权，而只称呼官职则体现了皇帝对臣子的尊重。

汉桓帝给梁冀的礼遇，礼仪上能媲美西汉开国名相萧何，封地的富饶超过东汉开国功臣邓禹，赏赐的器物超过开启"昭宣中兴"的霍光，甚至梁冀上朝时都有单独的专座，这规格可以说是空前绝后、无人能比了。

但就这样梁冀还是觉得不满足。他要有绝对的话语权，朝廷大小事情，都要他来拍板；皇宫里的安保人员，都让他一手安排；皇宫里发生的每一件事，他都要一手掌握。以至于百官升迁调动，都得先去梁冀家打招呼拜码头表示感谢之后，才能去组织部门报到。如果你敢不去，后果非常严重，比如辽东太守侯猛接到任命后，没先去拜见梁冀，结果就被他找个借口判了个腰斩。

梁冀执掌大权二十多年，老梁家前后有七人封侯，出了三个皇后、六个贵人、两个大将军和三个驸马，其他各个等级的官员更是数都数不过来。梁冀自己也是横行宫廷内外，百姓不敢违抗他，百官不敢正视他，连皇帝都不敢得罪他。

但随着汉桓帝越长越大，他对梁冀的专权也越来越不满，于是他在厕所里策划了一场对梁冀的绝地反击。

那么，汉桓帝的厕所政变能成功吗？他为什么会选在厕所这个地方来策划反击战呢？

汉代的饼

在汉代,饼是所有面食的通称,跟现代的"饼"不太一样,蒸的叫"蒸饼",油炸的叫"油饼",煮成的面条或面块叫"汤饼",烧的大饼叫"烧饼"或"炉饼",加了芝麻的叫"麻饼"。汉代的饼主要是蒸饼,用麦粉蒸的叫饼,用米粉蒸的叫饵,此外还有用糯米粉做的糍粑。西汉元帝时用作教学童识字的常识课本《急就篇》中把饼和饵列为食物之首,可见其地位之高。

第四十七篇

党锢之祸

贤臣得罪谁了

对梁冀这样嚣张跋扈的外戚和权臣,任何一个心智正常的皇帝都忍不了。奈何梁冀不但在朝堂上党羽众多,在皇宫里也遍布耳目,汉桓帝身边也不知有多少人是梁冀安插的。这个皇帝当得是既没权力,又没隐私,他在自己的皇宫里,都找不到一个能说悄悄话的地方,更别说密谋策划干掉梁冀了。

办法总比困难多,汉桓帝还真就找到了一个绝对安全私密没人偷听的空间,那就是厕所。你梁冀势力再大,耳目再多,也不至于监听我每天早上去厕所嗯嗯吧。当然这并不是君主和臣子在厕所这个隐私空间里发生的唯一交集。

《史记·汲郑列传》中写过一句话:"大将军青侍中,上踞厕而视之。"有人就将这句话翻译为汉武帝在上厕所蹲坑的时候接见了卫青。《北史·文宣本纪》中也记载了北齐文宣帝高洋蹲坑,让宰相给自己送厕筹,也就是当时的手纸。而伟大的法国太阳王路易十四,据说也是个边蹲坑边接见大臣处理政务的劳模。

看来厕所这个地方不管空气质量如何,保密程度还是非常靠谱的。所以汉桓帝就找来心腹宦官唐衡，问他宦官里有没有谁跟梁大将军不对付。

这个唐衡在历史上没有留下什么浓墨重彩的痕迹，不过他招了个很牛的女婿，就是后来被曹操称为"吾之子房"的荀彧荀令君。

唐衡跟汉桓帝说除了自己，还有单超、具瑗等四人也和梁冀有矛盾。于是汉桓帝把其他人也找来。汉桓帝虽然是皇帝，做事却很社会，直接和这五个宦官歃血为盟结成了反对梁冀的统一阵线。当然皇帝的身体是不能随便流血的，所以汉桓帝是用牙咬破了单超的胳膊才完成的仪式，虽然流的不是自己的血，但好歹皇帝咬人的时候总算贡献了点口水，也算是很正式且隆重了。

计划制订后，汉桓帝先拔除了梁冀安排在宫里监视的眼线，然后紧急召集大臣，宣布要收拾梁冀。他一边派朝臣收回梁冀的符节，剥夺了梁冀的权力，另一边派具瑗带着部队包围梁冀的家，控制了梁冀的行动。皇帝的这次突然袭击非常奏效，局面很快就被控制住了。但他也没直接把梁冀怎么样，还封了他一个比景都乡侯，看上去好像梁冀就这么获得宽大处理了。但仔细一查就会发现，比景可不是一般地方，那是当时大汉南部边境的最远之地，在今天的越南中北部，搁当时绝对算是不适宜人类居住的荒蛮之地。

这处理比直接杀了梁冀还折磨人，所以梁冀很自觉，带着妻子当晚就自杀了，他们的宗族也全都被一网打尽。这还不算，其他公卿大臣受牵连而死的达几十人，和梁冀有关系的官员被罢免的有三百多人，整个中央政府的官员几乎被一扫而空，导致皇帝一开会都觉得场地特别空落落的。

梁冀这个外戚虽然被打倒了，可帮着皇帝的五个宦官又横了起来。他们仗着皇帝撑腰，各种胡作非为，一副顺我者昌逆我者亡的样子，搞得朝廷上下大气都不敢喘。送走了一个大浑蛋，又迎来了一群小浑蛋，这日子可真没法过了。

说起来东汉的大臣也是真的惨，总在外戚和宦官轮流上台的剧情中跑龙套，动不动还沦为刀下鬼替罪羊。大概是压抑久了，这次他们终于雄起了一把，联合在野的太学生和地方知识分子发动了一场轰轰烈烈的"清议"运动。类似于在微博上发布了一个超级话题，所有的读书人在里面品评人物，议论朝政，抨击宦官，制造了无数的话题和巨大的舆论声势。

中国古代将读书人或知识分子统称为士人。士人是中国古代特殊的精英群体，他们学习知识，传播文化，既是国家政治的参与者，也是传统文化的传承者。

现在朝野上下，所有的士人都联合起来，加入这场反对宦官专政的"清议"运动中来。其中最活跃的士人代表叫李膺。李膺担任司隶校尉，也就是整个首都公检法部门一把手的时候，大宦官张让的弟弟杀人后曾躲在张让家里，觉得自己哥哥这么牛谁敢把我怎么样！结果李膺还真就敢带着手下冲进张让的家里把犯人搜出来后处死。张让气不过向汉桓帝告状，汉桓帝也没招，说是你弟弟有罪啊，人家依法办事也没错。

这些宦官一看李膺这么硬气，连皇帝都不敢替他们出头，所以一个个都开始夹着尾巴做人，每天待在皇宫里连休息日都不出去。汉桓帝还很奇怪，说都休息了，你们怎么还在加班，赶紧出去休息，放松放松吧。

宦官们一听吓得眼泪都出来了，都哭着说害怕李膺不敢出去。能让这些无法无天的宦官都害怕，李膺在士大夫中间的名声越来越高，很多人都把登门拜见李膺作为莫大的荣誉，称之为"登龙门[1]"。李膺已经成为反对宦官斗争的领袖人物，自然也招来了宦官势力的疯狂报复。

公元166年，宦官向汉桓帝诬告李膺等人拉帮结党，诽谤朝廷，操纵舆论，

1.《后汉书·党锢列传·李膺》。

一看就是图谋不轨。汉桓帝大怒，诏令在全国逮捕这些所谓结党营私图谋不轨的"党人"，把李膺等二百多人全部关了起来。至于那些一时没抓到的，就全国悬赏，敢于和宦官斗争的士人几乎被一网打尽。

第二年，在皇帝老丈人窦武等人的求情下，汉桓帝对这群"党人"终究还是没下死手，下诏把他们都放回家。但死罪可免活罪难逃，规定所有"党人"都终身禁锢，再也不能出来做官，这就是著名的"党锢之祸[1]"。

为什么朝野上下几百名官员和上万名太学生，再加上地方上无数士人的集合体，还敌不过几个宦官呢？

不得不说，在政治斗争方面，宦官的确具有先天优势。

首先，他们更接近终极权力，也就是皇帝。大臣们和皇帝算工作关系，白天上班见个面，晚上就各回各家了。而宦官既是皇帝的工作拍档，也是皇帝的生活伙伴，所以他们可以更方便地取得皇帝的信任，更容易地影响皇帝的判断，最终让皇帝做出有利于自己的决策。

从更深层次来看，宦官所行使的权力其实就来自皇帝，他们代表的就是皇帝本人。皇帝为什么能够容忍外戚和宦官各种乱来，就因为不管怎么乱来他们都和皇权是一体的。而朝臣们背后所代表的，则是整个士大夫阶层和各地方的宗族势力，这也可以看作是皇权和臣权的矛盾。

这种矛盾自光武帝刘秀建立东汉以来就一直存在，因为光武帝本人就是在河北、南阳、颍川等地方实力派的支持下才登上皇位的，所以东汉和西汉相比，地方豪强对朝政的影响力更强。而在考试选官制度出现之前，朝臣大多出自地方的大家世族，这也是皇帝不能全身心信任他们的最大原因。党锢之祸不是宦

1.《资治通鉴·汉纪》。

官和士人打拳击，皇帝这个裁判向着宦官拉偏架，而是皇帝和宦官本来就是一个队伍的。

党锢之祸一下子砍掉了大量现任官员和预备官员的前途，那整个朝廷的运转不会出问题吗？那倒也不会。因为汉桓帝除了党锢以外，还卖官鬻爵，就是把一些官职和爵位公开拿出来拍卖，谁有钱谁买，至于买官的人有没有能力、有没有节操都无所谓，只要给钱就行。这下空出来这么多官职正好拿来卖，既填补了职位空缺又换来了钱，何乐而不为啊。

诸葛亮的《出师表》里写过这么一句话，"亲贤臣，远小人，此先汉所以兴隆也；亲小人，远贤臣，此后汉所以倾颓也。先帝在时，每与臣论此事，未尝不叹息痛恨于桓、灵也。"诸葛亮总结了后汉，也就是东汉朝局混乱、政治腐败的原因，就在于皇帝总是宠信外戚宦官等小人，而远离真正有才能的大臣，所以刘备和诸葛亮在谈到这个问题时，才对汉桓帝和汉灵帝的做法感到叹息和痛恨。

在刘备眼中，汉桓帝和汉灵帝都是败坏国家的一路货色。客观公允地说，汉桓帝虽然算不上明君，但比起汉灵帝还是要强出不少的。他虽然任用宦官，但也能控制住他们；他虽然开启了党锢之祸，但规模和惨烈程度都没过度；他虽然卖官鬻爵，但卖的也大多是一些闲散的爵位和无关紧要的官职。

汉灵帝则是昏君汉桓帝的升级强化版，那么汉灵帝又是一个怎样的皇帝，他又是怎样将东汉王朝一步步带入亡国深渊的呢？

第四十八篇

黄巾起义

大汉是怎么没的

公元167年，汉桓帝死后无子，大汉又一次陷入没有继承人的尴尬境地。当然由于剧情重复太多次，大家可能也都麻木了。

一切都按部就班地来。第一步，汉桓帝的窦皇后升级为窦太后；第二步，在皇族里找一个合适的刘姓子孙；第三步，把这位幸运儿扶上皇位，一切就搞定了。

于是在窦太后、窦太后的老爹大将军窦武和大臣们的拥立下，汉灵帝刘宏闪亮登场[1]。"灵"这个谥号表示乱而不损，就是国家出了乱子还放任不管摆不平，这属于一个妥妥的差评。那么，汉灵帝到底有多"灵"呢？

首先这位皇帝对宦官的宠信程度那绝对是顶级的。他在位的二十一年，也是宦官专权的二十一年，他不但把朝政全部托付给宦官，还打破常规，册立了十二名中常侍，甚至将宦官比作父母，可见他对宦官有多信任。

当然在汉灵帝刚上台的时候，说了算的还是窦氏外戚。大将军窦武其实算

1.《后汉书·孝灵帝纪》。

是比较有追求的，他依靠太傅陈蕃统领朝政，而陈蕃和党锢之祸中遭到迫害的士人关系比较好。毕竟大家都是读书人，文化水平政治理想个人品位诸多方面都比较接近，于是以李膺为代表的大量士人重新回到了朝堂上。这次外戚和朝臣联合起来，准备一起合作打垮宦官。但很不幸消息提前走漏，宦官们先下手为强发动政变，他们蒙骗年幼的汉灵帝，然后劫持太后假传命令，将窦武和陈蕃灭族[1]，窦太后也被剥夺了权力。

这一次虽然又是宦官获得了胜利，但是他们发现士人虽然平时只会读书不会打架，如果凑到一起就拥有巨大的声望和力量。所以宦官们就对汉灵帝说，像李膺这种士人，就是党人，他们都是大坏蛋，必须要处理他们。

汉灵帝就问：为什么他们是党人啊，又坏在哪里啊？

宦官们说：党人，就是说他们总是互相勾连，一看就图谋不轨啊！

汉灵帝又问：那他们究竟图谋点啥？

宦官们说：还能图谋啥，就是图谋陛下您的江山社稷啊！

汉灵帝一听这话那还得了，立即下令追查士人结党的事情。李膺等上百位德高望重的士人被处死，各地被囚禁、流放甚至折磨致死的士人更有六七百人。这就是第二次党锢之祸[2]。

这次党锢无论从程度、规模，还是在惨烈程度上都远超汉桓帝时代，不但造成了大量忠诚正直的大臣伤亡，汉灵帝更是把党锢的范围扩大，凡是这些党人的学生、下属、父子、兄弟，总之只要沾上一点边的，就全部免官，终生不得复出。这牵连波及了大量无辜的士人，自此之后朝廷上下的正义力量几乎被

1.《后汉书·窦何列传》。
2.《资治通鉴·汉纪》。

一扫而空，再也没人在皇帝耳边说三道四了。

除了宠信宦官和大兴党锢，在卖官鬻爵方面汉灵帝也更胜汉桓帝一筹。

一说起卖官鬻爵，很多人都觉得这是一些大贪官个人敛财的行为，其实还真不是，在中国历史上由皇帝牵头政府出面组织的大规模出售官职的事并不罕见。《史记·秦始皇本纪》里记载了秦王政四年，即公元前243年，国内发生蝗灾，嬴政就曾发布命令，"百姓内粟千石，拜爵一级"，准许老百姓献上一千石粮食，授给爵位一级；后来的汉惠帝、汉文帝和汉景帝时代也都曾允许百姓缴纳粮食换取爵位。但当时只是鬻爵，就相当于用粮食换一个荣誉称号，这样一方面可以弥补国家的物资紧张，一方面鼓励老百姓发展农业多种粮食。

后来光靠有名无实的爵位已经无法吸引人了，于是出售有实权的官位就是很自然的事情了。公元前123年，朝廷开卖武功爵。时武功爵于《茂陵中书》载共分为十一级，但从下往上只卖到第八级的"乐卿"。这爵位毕竟是虚的，市场反应并不热烈，为刺激消费拉动内需，朝廷便开始给购买爵位的人授予实际官职了[1]。

到了汉桓帝时代，出售的官职和爵位种类与级别虽然大大丰富，但总的来说还是一些小官而已。汉灵帝就不一样了，他是非常有商业气魄的，觉得这么小打小闹没意思，硬是把卖官鬻爵这门生意，从街边小卖部的规模扩展到大型连锁超市的程度。他专门在宫苑西园开设了邸舍，作为买卖官爵的专业交易所，史称"西邸"。

汉灵帝不但自己卖官，还发展下线和次级代理商，他的母亲、保姆、身边的太监，都可以往外卖官，算是把卖官的连锁店开到了五湖四海。

1.《汉书·食货志》。

规模空前不说，汉灵帝把卖官真正做成了一项事业。他规定卖官也要成体系地卖，要根据官爵所处职位的紧要程度、油水程度，甚至购买人的资产水平来制定价格。一般来说，官爵的标价和这个官位能拿到的俸禄是挂钩的，二千石的高官标价二千万钱，四百石的小官标价四百万钱，总之就是在后面加一个万就对了。

而且汉灵帝懂得分期付款的道理，允许先交一部分钱当定金，等官员正式上任后再慢慢把尾款补齐。而光这一部分的定金，就相当于这个官位几十年合法收入的总和。买官的人为了补齐尾款收回成本，在这个官位上会干点啥？那不就得拼命地贪污腐败刮地皮嘛。

也有人说，别人愿意买，我没钱也没那么无耻，我不买总行了吧？也不行，汉灵帝为了充分扩大市场，拉动内需，规定不管你名声多高，功劳多大，就算是正常的人事调动和职务升迁也要按价格给钱，总之是你想买也得买，不想买也得买。比如当时名将段颎、张温战功赫赫，但为了当上三公（时为太尉、司徒、司空），也必须掏钱买官。

汉灵帝当时将三公的价钱标为一千万钱，但有个名士崔烈通过灵帝保姆程夫人，只花费五百万钱就买来司徒一职。拜官之日，汉灵帝参加百官的升迁聚会，看到崔烈扬扬得意的样子不禁后悔地说，哎呀，要是坚持一下，本来可以卖到一千万钱。程夫人马上回答道，崔公那可是冀州名士啊，他起初原本不肯买官，还不是多亏我从中撮合，陛下才能赚到这五百万啊。

买官的消息传出，崔烈的名声也就臭了。对此崔烈应该也有所感觉，就问儿子崔钧说，儿啊，为父当上了三公，你知道大家是怎么说的吗？

崔钧回答说，父亲年轻时就有很高的声望，又当过太守，受人爱戴，大家都说你早就应该当上三公,而如今父亲当上司徒,天下人却对父亲很失望啊。

崔烈忙问,到底是因为什么啊?

崔钧说,因为大家都嫌弃父亲你有铜臭!

当着面直言不讳地怼自家老子,崔钧也是非常耿直了,气得崔烈把他打了一顿[1]。

但并不是所有人都那么无耻的。当时有个官员叫司马直,跟他的名字一样耿直,是个大大的清官。朝廷任命他为钜鹿太守,按照市场价太守要交"修宫钱"两千万钱,但汉灵帝考虑到司马直没什么钱,就一咬牙给他打了个八五折,够意思吧!

但再打折这钱司马直也出不起,他作为一个好官又不愿意去搜刮老百姓,就在赴任的途中自杀了,希望能用自己的死劝谏皇帝。

汉灵帝当然没有什么悔改的想法,他甚至为了让自己能更快更多地卖官,特意缩短了官员的任期。

之前买官臭了名声的崔烈改任太尉没多久,就被一个绝对的土豪用钱给砸了下去。这个人就是曹操的父亲曹嵩,他竟然花了一亿万钱买了个太尉当[2]。可是超白金客户曹嵩在太尉的位置上屁股还没坐热,就被汉灵帝找个理由拿下了。史书记载:"夏四月……太尉曹嵩罢。"而接替曹嵩的这位选手更是悲催,"五月,永乐少府樊陵为太尉","六月丙寅,大风。太尉樊陵罢"。这位叫樊陵的家伙也就成了东汉历史上任期时间最短的太尉。

缩短官员任期,就相当于提升资金回流和产品变现的速度,就可以更多更

1.《后汉书·崔骃列传》。
2.《后汉书·宦者列传》:"嵩灵帝时货赂中官及输西园钱一亿万,故位至太尉。"

快更好地卖官捞钱。汉灵帝刘宏卖官鬻爵前后长达十二年，时间长，规模大，体系全，敛财快，堪称史上第一人，要是放到今天绝对是叱咤电子商务界的大佬级人物。

但可惜汉灵帝生活在汉代，他的一通胡搞，加速了整个王朝末日的来临。由于朝政黑暗腐败，边疆战事不断，天灾人祸横行，老百姓已经没有了活路。

在这样的大背景下，有个巨鹿人叫张角，创立了一个叫"太平道"的宗教，在贫苦百姓之间传教和治病，发展了几十万教徒，张角通过管理手段把这些教徒组织起来，构成了一股强大的力量[1]。

张角宣称"苍天已死，黄天当立，岁在甲子，天下大吉"，意思是大汉代表的苍天已经死了，大家在甲子年起来造反，就一定能建立一个新世界！

他带领教徒于公元184年发动了起义，因为起义军在头上绑着黄头巾，所以这次起义也被称为黄巾起义。起义军攻陷城池，屠杀官吏，一时间东汉全国大多数州郡都陷入战火，极大地震动了东汉朝廷。

在黄巾军的迅猛攻势下，汉灵帝任命自己的大舅哥何进为大将军镇守京师，又命令各地召集义军，组织物资兵力镇压起义军。同时，为了防止党锢之祸中那些被收拾的士人和黄巾军联合，汉灵帝宣布大赦天下，解除对党人的禁锢。

黄巾军虽然人数众多，但缺乏专业军事人才的领导和明确的斗争纲领，只知道据城死守各自为战，最终在东汉政府军和地方豪强的双重打击下被各个击破。不到一年的时间，声势浩大的黄巾起义主力部队就被镇压了下去。

这次起义虽然失败了，却沉重打击了东汉政府的统治基础，后续各地的民变此起彼伏，东汉政府陷入手忙脚乱无力镇压的境地。

1.《后汉书·皇甫嵩朱儁列传》。

公元188年，汉灵帝接受太常刘焉的建议，取消部分州刺史，重置州牧，史称"废史立牧"，汉灵帝以刘焉为益州牧、黄琬为豫州牧，又以宗正刘虞为幽州牧，其中刘焉和刘虞都是刘姓宗室，黄琬是天下名臣。让这些宗室或重臣担任州牧，集中地方军政大权，以便加强地方政权的实力，集中力量镇压黄巾残部。但其结果在事实上造成了各地割据军阀的形成，包括刘焉在内的州牧上任后立马单飞了，基本不再受朝廷的控制，汉末军阀割据的局面就此正式上演。

可以说，黄巾起义后的大汉，已经开始了灭亡的倒计时，后来三国混战局面的形成，也在汉灵帝做出"废史立牧"这个决定时就已经注定。

但汉灵帝是看不到这一天了，废史立牧的第二年，三十三岁的他走到了生命的尽头。而在汉灵帝死后，宦官和外戚开始了又一轮的权力争霸战，这场争夺战也引出了中国历史上一对著名的美女与野兽组合，那就是貂蝉和董卓。

那么，貂蝉到底长什么样子，她又是怎么落到董卓手里的呢？

第四十九篇

董卓之乱

貂蝉到底长啥样

汉灵帝死后，何皇后生的儿子刘辩登上皇位，史称汉少帝，而大将军何进也就成了掌握最高权力的人。

何进是东汉外戚中比较另类的一个，之前的外戚如窦宪、梁冀等人都是出身贵族，后来也基本都以武将的身份在军队系统里往上爬。而何进只是个宰羊的屠夫出身[1]，一步步走仕途从文官体系升上来，当上大将军后才有了自己的武将班底。

更难得的是，士大夫阶层也被他招至麾下，如袁绍和刘表等出身名门的大咖都当过他的幕僚。既是皇帝的舅舅，又有武装力量在手，还有士人阶层的支持，可以说何进手里真是捏着一副"两王四个二"的好牌了。

但是打过牌的人都知道，就有人能把一手好牌打得稀烂。很不幸何进就是这样的人。

老何家的发迹本来靠的是宫中宦官势力的支持，但以袁绍为代表的士人群

1.《后汉书·窦武何进列传》。

体早就看这帮死太监不顺眼了。袁绍对何进说，当年窦武想干掉宦官，结果被宦官先下手干掉了，将军你现在是皇上的舅舅，又手握兵权，简直就是天赐良机啊，咱就直接冲进去把宦官都干掉，一定能名垂青史！

何进觉得有道理，就向自己的妹子何太后汇报了一下想法。没想到何太后却不同意说，宦官管理宫内的事，这也是老规矩。先帝刚死，我一个女人家总不能面对面地和那群士人商量事情吧，留几个宦官在宫中才方便啊。

何进觉得也有道理，就说要不杀两个带头的就得了？

袁绍劝他说，不行，这群宦官成天围在皇帝身边，指不定哪天就假传圣旨了，要是不全宰了肯定后患无穷啊！

何进一听好像这个更有道理，但是太后不发话，他也不好动手。

所以袁绍继续给何进出主意，太后不同意好办啊，咱吓唬吓唬她，找几个又凶又横的武将带兵向京城进军，太后一害怕肯定就同意了。

于是何进召集地方军队向京城逼近，一路杀人放火搞出好大的动静，用这招来逼何太后同意杀掉宦官们。

这真是个馊到不能再馊的主意了。就好比在牌桌上玩斗地主，明明手里有王炸只要甩出去就赢了，却偏偏打电话叫街上的小流氓来把对面的牌友打一顿。这么大的优势又何必求助场外观众呢，而且谁能保证小流氓来了，就不会直接掀桌子导致整个牌局都完蛋呢？

后来的事实证明，来的果然是个掀桌子的，这个人就是董卓。

董卓字仲颖，陇西人，从小就力大无穷，武艺精湛，能在马上左右开弓，战斗力非常强。他年轻的时候一直在西部和周边的少数民族作战，屡立战功，后来参加了平定黄巾起义的战斗[1]。

董卓手下的西凉兵战斗力很强,砍起敌人的脑袋来挡都挡不住,但同时军纪也很差,砍起自己人的脑袋来更是谁也拦不住。董卓本人是一个膀大腰圆、凶神恶煞的胖子,而且他做事简单粗暴,不计后果,一看就是个破坏社会和谐的不稳定因素。所以汉灵帝在病重时让董卓去当并州牧,这是当时全天下的第四个州牧,看起来很风光了,但实际上是要求董卓放弃兵权由武将变文官,是典型的"明升暗降"。而董卓偏偏抗旨不遵,最后竟然带着自己的凉州军去上任。不过董卓走到一半就停下了,因为汉灵帝死了,大将军何进召唤董卓率领部队进京。

董卓一看自己这几千人还有资格掺和到帝都的政治斗争中,觉得是个天大的好机会,立即带着人马杀向首都洛阳。而何太后听说有个特别凶的武将带着一群同样凶的军队杀向京城了,吓得赶紧同意了何进的计划,把宦官几乎全都赶出了宫去,送到何进的手边。这些被赶出来的宦官也吓坏了,就问何进想怎么处理他们。何进说,天下被搞得这么乱,都是你们的错啊,我告诉你们董卓可马上就要到了,你们还是赶紧各回各家得了!

其实按照袁绍的建议,这些宦官都送上门了,就一股脑消灭完事,但何进就是不同意。这时候宦官们就是砧板上的肉,想怎么剁就怎么剁,也不知道何进是怎么想的,居然犹豫了。被逼到墙角的宦官们可没那么犹豫,决定来个鱼死网破。他们找了个借口回到皇宫,然后趁何进进宫之时,在大宦官张让的带领下拿着兵器把何进堵了个正着。

张让等人责问何进说,如今天下大乱,难道都是我们的责任吗?当初先帝

1.《后汉书·董卓列传》。

与太后不和,是我们一边哭着求情,一边拿出家财千万来取悦先帝,才有你们老何家的今天,现在你竟然要把我们团灭,也太过分了!你说宫中藏污纳垢,外面的大臣又有几个是忠诚廉洁的?

于是众宦官一拥而上,在嘉德殿前把何进杀了。但何进的死,并没有改变宦官们的命运,袁绍带兵打进皇宫大杀宦官,死了两千多人,甚至很多人只是因为胡子少也被当成宦官给杀了。剩下的几个宦官裹挟着皇帝刘辩和陈留王刘协逃了没多远,也被领兵赶来的董卓给抓了。

这下子帝都的政治格局里,宦官和外戚基本上同归于尽,董卓代表的军阀力量和袁绍代表的朝臣势力就成了直接的对立面。

同时被何进召唤来的军阀还有丁原,他带领的并州军也非常能打,丁原入洛阳后当上了执金吾,就是刘秀当年很想当的那个官,掌管整个首都的防卫工作。丁原有个打架很厉害的干儿子叫吕布,就是我们都知道的三国第一猛将。这么一比,董卓的势力其实远不如丁原。

但董卓很懂得虚张声势。虽然只有三千人,但他命令部队晚上悄悄出城,白天再大张旗鼓地进城,就这三千人来回折腾,让人以为他的西凉兵马正源源不断地开进来,一下子吓住了其他人。

之后董卓收编了何进留下来的部队,收买吕布干掉了干爹丁原,丁原的并州军也被董卓收编,这样一来董卓就成了洛阳城里最大的军阀头子,有枪杆子撑腰的董卓腰杆子自然也就硬起来啦。他先是不断地给自己加官晋爵,甚至要废立皇帝。袁绍虽然反对,但奈何实力不济,反对无效不说,还害怕董卓事后报复,一溜烟逃出了洛阳,剩下的人更不敢反对了。

公元189年,董卓终于废了少帝刘辩,改立刘协为皇帝,这就是大汉的最后一个皇帝汉献帝。这时候董卓在洛阳城几乎是一手遮天，他手下的西凉兵在首都大肆奸淫掳掠他不管，他本人更是没事就冲到皇宫抢个公主回家，根本不把皇帝什么的放在眼里，至于公卿大臣平民百姓，他更是想杀就杀。

而逃到关东的袁绍组织了一支讨伐董卓的联军，并且被推举为盟主。不过这支联军真正诚心打董卓的一共就一个半人，半个人是奋武将军曹操，他虽然带着兵马勇敢出击，但等级太低被董卓打得很惨；一个人就是破虏将军孙坚，他一路西进，几次大败董卓的部队，逼得董卓收拾包袱从洛阳跑路。

董卓这一跑，还带上了皇帝、大臣和全城百姓，结果强制搬迁导致一路上死了好些人。这还不够，董卓临走前把历代皇帝的皇陵给挖了个遍，最后更是一把火把洛阳城给烧了，可以说是坏事做尽。

董卓回到了自己的关西大本营，一手攥着大汉皇帝，一手握着西凉铁骑，既有号令天下的名义，又有暴打天下的实力。但熟悉三国历史的小伙伴都知道后面的故事里可没有姓董这号人物啊，那董卓到底是怎么倒台的呢？

此时该一个关键人物出场了，就是美女貂蝉。

貂蝉原是宫中的宫女，后来流落到汉献帝的司徒王允府上做歌女。因为长得太美了，她在半夜祭拜月亮时，连月亮都羞得躲到云彩后面去了，所以才被称为"闭月"。王允收貂蝉为义女，然后利用她的美色设计了一个连环美人计，挑拨董卓和义子吕布的关系，最终策反吕布杀了董卓，为大汉除掉了恶贼。

听起来又是一个红颜祸水的老桥段，不过很遗憾，与貂蝉相关的内容并不是真的。貂蝉这个人不是真的，甚至连貂蝉这个名字都不是真的。先秦时期有一种官员的帽子就叫"貂蝉[1]"，指的是用貂尾与蝉羽做装饰的帽子。《汉书·刘

1.《艺文类聚》。

向传》里用戴"貂蝉冠"来形容西汉末年王氏外戚的显赫排场。成语"狗尾续貂[1]"说的就是这种"貂蝉冠"。后来在《宋史·舆服》和《明史·舆服志》等史料中都提到了这种名叫"貂蝉"的帽子。所以，貂蝉这两个字可能指的是在皇宫里管理"貂蝉冠"的宫女，压根儿不是人名。

那这个代号貂蝉的宫女是怎么成为王允美人计中的道具的呢？

按照《后汉书》等史料记载，吕布是负责董卓的贴身保卫工作的。因为太贴身了，他就和董卓的一个小妾发生了"贴身"的接触。可吕布也担心，万一哪天被董卓发现就麻烦了，于是他向王允倾诉了一下苦恼，王允就顺势怂恿吕布干掉董卓。

整件事是吕布给董卓戴绿帽子在先，王允挑拨在后，这个女子本是董卓的小妾，根本就不是王允献出来的。至于这位小妾姓甚名谁、长相如何、下场怎样，历史上并没有留下确切的记载。倒是后来的小说，把这个人物设定和剧情发展编写得跌宕起伏，也把貂蝉这位不存在的美女传唱得家喻户晓，还使她成了古代四大美女之一。

不过不管怎样，董卓还是死了。只是董卓之乱已经彻底剥掉了大汉朝廷最后的一丝体面和尊严，从此各路诸侯再也没人把朝廷和天子放在眼里，军阀割据混战的局面也愈演愈烈。在这个乱得不能再乱的时代，有一个人明明一直在努力地想要结束这种混战局面，但他所有的努力全都被人说成是居心叵测、图谋不轨，他也就无奈地被后世口诛笔伐了一千多年。

那么这个人是谁呢，他又有哪些无奈呢？

1.《晋书·赵王伦传》。

历史上的吕布

吕布，字奉先，五原郡九原县（今内蒙古包头市九原区）人。历史上吕布以勇武闻名，号称"飞将"，时有"人中吕布，马中赤兔"之说。《三国演义》及民间其他艺术形象中，吕布多被塑造成年轻英俊的三国第一猛将。吕布出生年份虽然不详，但据《英雄记》记载，他比刘备还要大，并有一个准备嫁人的女儿，怎么看也是大叔一辈的人物。

第五十篇
东汉末年分三国
曹操为什么被黑

关于三国的开始时间，史学界有不同说法。黄巾起义，董卓之祸，赤壁之战，曹丕代汉，孙权称帝都可以作为这段历史的起始点。但无论从哪个历史事件算起，这段不到百年的乱世在中国漫长的历史长河中只能算是一个很短的片段。只是由于《三国演义》这本小说及其衍生出来的电影、电视剧、游戏之类的周边产物实在是太多了，所以三国也就成为中国人最耳熟能详的一段历史。

每个人都有自己喜欢的三国人物，最强大脑诸葛亮，忍者神龟司马懿，第一猛将吕布，浑身是胆赵云，还有颜值担当的江东大小乔和洛神下凡的甄宓，各种款式应有尽有，简直可以说上三天三夜。

但有一个人明明很有魅力，对历史发展也起了巨大的推动作用，千百年来却被人唾骂，黑粉也与日俱增，戏剧舞台上都把他化成白脸丑角，这个人就是被追尊为魏武帝的曹操。

一代枭雄为什么有那么多黑粉呢？他们又都是怎么黑曹操的呢？

骂曹操的火力主要集中在他的个人品德和篡汉两点上，其中骂得最狠的就是陈琳。陈琳在归附曹操之前，原是袁绍手下的著名文学家、"建安七子"之一。官渡之战时他写了一篇《为袁绍檄豫州文》，算是把曹操三百六十度无死角地骂了个通透。

曹操出身不好。他爹曹嵩是宦官的养子，他就总被人骂"宦官之后"，和四世三公的袁绍、刘姓宗室的刘备完全不在一个档次上。陈琳这是拿他的家庭背景攻击他。

曹操很好色，而且特别喜欢人妻御姐。宛城之战中，张绣明明已经投降曹操，结果曹操看上他家婶婶，逼得张绣降而复叛，最后还害死了自己的长子曹昂和爱将典韦[1]。

曹操性格奸诈。《三国演义》里，他为了防止别人刺杀，对外说自己会梦游杀人，然后故意杀了给自己披被角的服务员；官渡之战缺粮的时候，他又把管后勤的官员推出去顶雷，还对这个冤死鬼说"汝妻子吾自养之，汝勿虑也"。意思就是你去死吧，我会照顾你老婆的。简直让人死不瞑目。

曹操杀过恩人，屠过城，还杀了好几个天下名士。名气最大的当数孔融，就是让梨的那个孔融。他是孔子的后代，以仁孝著称于世，曹操不但杀了他，还给他扣了个不孝的罪名[2]，真是体现了满满的恶趣味。

以上种种，无论怎么看，曹操的个人品德都实在堪忧。

而作为乱世中的一方诸侯，曹操的所作所为也让人喷得体无完肤。

他挟天子以令诸侯，打着汉献帝的名义东征西讨，扩充地盘，架空皇帝，逼得汉献帝只能用鲜血写成诏书偷偷缝进衣带里，让妃子董贵人的老爹董承带

---

1. 《资治通鉴·汉纪》。
2. 《后汉书·郑孔荀列传》。

出去集结人马弄死曹操。

结果事情败露，董承全家被杀，连怀了汉献帝骨肉的董贵人也被曹操宰了。后来汉献帝的伏皇后因为看不惯曹操的行为，就写信给自己的父亲想对付曹操，结果事败而死[1]，连皇后所生的两个皇子也没逃过一劫，汉献帝只能在一边眼巴巴地瞅着，这皇帝当得别提有多可怜了。

虽然最后篡汉的不是曹操，但他建立魏公国，定都邺城，可以说篡汉的所有准备工作其实都完成了。曹操自己也说，"若天命在吾，吾为周文王矣[2]"，这不是奸臣是什么？这样的不被骂才怪啊！

但是，曹操在历史上的形象，其实不是一直负面的，曾经他也是个正面主角。

在曹操刚出道的时候，他获得的评价其实非常高，大家都觉得他很靠谱。桓灵二帝时的名臣乔玄等人认为他不平凡，"天下将乱，非命世之才不能济也，能安之者，其在君乎"；南阳名士何颙也说"汉室将亡，安天下者，必此人也"。这些人都认为曹操会是拯救大汉安定天下的末世英雄。汉末非常著名的点评达人许劭也说曹操是"清平之奸贼，乱世之英雄[3]"，后来这句话演化成我们都熟悉的"治世之能臣，乱世之奸雄"。

但当乱世风云变化，诸侯之间各立山头实力开撕以后，对手的抹黑也就随之而来了。魏蜀吴三方鼎立，东吴君臣说曹操"名托汉相，实为汉贼"，刘备则处处把自己的靠谱和曹操的不讲究做对比，塑造自己高大上的人设，其他骂曹操的人更是数都数不过来。

这些带有主观色彩的攻击，可信度本就不高。而且历史总是胜利者书写的，

1.《后汉书·皇后纪》。
2.《魏氏春秋》。
3.《后汉书·许劭传》。

当年骂曹操的人都没笑到最后，所以在后来魏晋的史书中曹操的形象还是以正面为主，当然黑历史什么的也不是没有。

到了唐代，文人墨客在提笔创作时对曹操开始褒贬不一，毕竟个人选取的角度不同，想说明的东西不同，得到的结论自然也不同，总的来说这一时期曹操的形象是正负持平。

但到了宋代，情况就发生了巨大的变化。苏轼在《东坡志林》里就记载，老百姓坐在一块儿听说书人讲三国，听到刘备失败了就伤心，听到曹操失败了就高兴，宋人眼里的曹操已经是妥妥的反派嘴脸。

为什么宋代人会黑曹操呢？这和时代的历史特征有关。

北宋时期，儒家文化发展到一个新阶段，形成了理学。理学强调个人道德和品质，而曹操很明显既不是道德楷模，也不是忠臣良将，这种人设往那儿一放就容易招黑。

而且无论是北宋还是南宋，都面临北方辽、金、蒙古等国的军事压力，天然与三国里相对弱小的蜀国和吴国更有共鸣。到了南宋时期偏安江南，北方中原地区大片故土都丢了，那些有巨大象征意义的古代都城，像长安、洛阳、开封一个都不在手里，简直就是当年东吴加蜀汉的历史重演。而辽、金等占领的地区，正是当年曹操占据的地盘。所以两宋的文化界才会"尊刘抑曹"，因为只有玩命儿地攻击曹操，不断地拔高刘备，才能证明自身政权存在的合理性。

到了明清时期，理学的地位比两宋时还高，几乎成为全社会的思想共识。而明清两朝极端强调君权，就是皇帝一人说了算，连丞相制度都废除了，对"挟天子以令诸侯"的曹丞相，当然不会有好感。所以在民间差评的基础上，曹操被明清两个王朝官宣为"乱臣贼子"，算是获得了权威认证，从此只能戴着一张奸臣的白色脸谱，在历史和文学中继续扮演人人喊打的大反派了。

但是，这样黑曹操真的有理有据吗？

曹操虽出身宦官之家，但投胎又没法选择，以一个人的家庭背景来评判其高下本来就是不对的。

曹操是好色，这个毋庸置疑，不过那时候又不是一夫一妻制。之前我们也说过，汉代女子改嫁是很正常的，三国时期的贞洁观也没那么强，所以这种花边新闻意义不大。

而说他奸诈的，在乱世里，不奸诈估计早都死了多少回了，至少曹操从来不搞虚伪的掩饰，这样的真小人总比伪君子来得可爱。

曹操好杀人，但他也爱惜人才，比如骂他骂得最狠的陈琳后来就成了曹操的手下。作为一个政治家，曹操杀人不是凭借好恶，而是计较得失。

说曹操专权这个当然是真的，不过汉末的那几个皇帝本来就是被攥在宦官和外戚的手里，也没有几个能自己说了算的，怎么到曹操这儿就成了挨骂的理由呢？

至于衣带诏这件事，在《三国演义》里写得很精彩，但正史记载是董承自称获得了汉献帝的诏书，而这份诏书却自始至终都只停留在董承的嘴里，压根儿没出现过实物，是真是假都不知道。而且董承也不是疾恶如仇的正义化身，他要杀曹操不过是为了夺权，这种狗咬狗的事根本分不出谁对谁错。

那么曹操篡汉又怎么解释？

要说曹操从没有篡汉之心，这是不可能的。但要说曹操一开始就有篡汉的野心，就很牵强了。曹操刚出道时也是热血青年一个，立志匡扶汉室，最大的愿望不过是当个报效朝廷的征西将军[1]。但是黑暗的现实教训了他，当他为了应对乱世变得越来越强大时，当初的志向自然也就被野心所取代了。

总而言之，曹操当然不是圣人，但同时代的其他人也没干净到哪儿去。所谓阳光下没有新鲜事，能在历史上干出大功业的人中，有谁是白得的呢？

曹操的历史形象都已经真假难辨，那我们脑海中曹操的文学形象，又有多少真实性呢？大江东去浪淘尽，千古风流人物，故垒西边，一时多少豪杰。

不管喜不喜欢曹操，你都不得不承认，这个男人用自己的双手和努力，在汉末三国的乱世中，成功开启了下一个精彩的时代。

1.《让县自明本志令》。

京剧里的白脸

脸谱是中国传统戏曲中用各种颜色在演员面部勾画成的特殊谱式图案。脸谱分为各种脸色，白脸中的粉白脸，即用白粉涂面，表示不以真面示人，则象征着奸诈多疑的角色，多包含贬义，譬如"三国戏"里的曹操。除了曹操之外，严嵩、潘仁美、赵高、司马懿和纣王等角色也是经典的粉白脸。